高等院校汽车类创新型应用人才培养规划教材

汽车维修技术与设备
（第2版）

主　编　凌永成

内容简介

本书全面系统地阐述了作为汽车维修工程师应具备的基础知识和基本技能；在简要介绍汽车零件的失效形式、质量检验方法和修复方法之后，着重阐述和讲授汽车发动机、底盘、车身及电气系统的诊断和维修方法；同时，对我国现行的汽车维护制度、汽车修理制度及汽车维修质量的评定等内容也作了充分的介绍。

本书可作为高等院校汽车类专业教材，也可作为高等工程专科学校、高等职业技术学院及职业培训学校的汽车运用、汽车服务、汽车维修类专业教材，还可作为广大汽车工程技术人员和汽车维修人员的参考用书。

图书在版编目(CIP)数据

汽车维修技术与设备/凌永成主编. —2版. —北京：北京大学出版社，2015.6
(高等院校汽车类创新型应用人才培养规划教材)
ISBN 978-7-301-25846-0

Ⅰ.①汽⋯ Ⅱ.①凌⋯ Ⅲ.①汽车—车辆修理—高等学校—教材②汽车—车辆维修设备—高等学校—教材 Ⅳ.①U472.4

中国版本图书馆 CIP 数据核字(2011)第 190290 号

书　　　名	汽车维修技术与设备（第2版）
著作责任者	凌永成　主编
策划编辑	童君鑫
责任编辑	黄红珍
标准书号	ISBN 978-7-301-25846-0
出版发行	北京大学出版社
地　　　址	北京市海淀区成府路 205 号　100871
网　　　址	http://www.pup.cn　新浪微博：@北京大学出版社
电子信箱	pup_6@163.com
电　　话	邮购部 010-62752015　发行部 010-62750672　编辑部 010-62750667
印　刷　者	北京虎彩文化传播有限公司
经　销　者	新华书店
	787 毫米×1092 毫米　16 开本　17.75 印张　410 千字
	2008 年 8 月第 1 版
	2015 年 6 月第 2 版　2021 年 8 月第 4 次印刷
定　　　价	54.00 元

未经许可，不得以任何方式复制或抄袭本书之部分或全部内容。
版权所有，侵权必究
举报电话：010-62752024　电子信箱：fd@pup.pku.edu.cn
图书如有印装质量问题，请与出版部联系，电话：010-62756370

第 2 版前言

教材是教学之本,是教学质量稳步提高的基本保障。教材内容必须与时俱进,紧跟技术发展的步伐,反映工程技术领域的新结构、新工艺、新特点和新趋势。

随着近年来国内外汽车维修技术的迅猛发展和相关法律法规、国家标准的不断更新,《汽车维修技术与设备》的部分内容已显陈旧,需要删减和更新;同时,许多新技术和新设备的相关知识也需要补充和加强。为此,我们组织力量对《汽车维修技术与设备》进行了全面的修订。

本书条理清晰、层次分明、语言简练、图文并茂、重点突出、详略得当,内容的取舍以充分满足汽车维修工程师知识结构的要求为出发点,切实贴近以汽车 4S 店为主体的汽车修理企业的实际情况,特别注重理论与实践的紧密结合,内容具有极强的针对性和实用性,旨在切实培养和提高学生的技术应用能力,是一本具有鲜明特色的实用规划教材。

本书是按照授课时数约为 60 学时编写的。各学校选用本书作为教材时,可根据自己的教学大纲适当增、减学时。

本书由沈阳大学凌永成主编,沈阳大学李雪飞、崔永刚、戚基艳、曹师今、王丽新,吉林大学珠海学院张贺东参与了部分章节的编写工作。

辽宁快飞特汽车维修有限公司沈阳分公司技术总监卢洪雨、沈阳汇中宝汽车销售服务有限公司技术总监凌永胜、锦州立达汽车销售服务有限公司技术总监刘涛等,分别从汽车维修企业对应用型人才专业技能需求的角度出发,参与了写作大纲的讨论和草拟工作,使本书在内容、编写体例及实践能力的培养等方面与用人单位的实际需求紧密结合,进一步提升和突出了本书的实用性和实战性。

沈阳工学院赵海波教授作为主审,对全书进行了认真的审阅,并提出了许多宝贵意见,使本书结构更为严谨,在此深表感谢!

在本书编写过程中,得到许多专家和同行的热情支持,并参考和借鉴了许多国内外公开出版和发表的文献,在此一并致谢!

由于编者水平有限,书中难免存在不足或疏漏之处,恳请广大读者批评指正,以便再版时修正。

为方便选用本书作为教材的任课教师授课,编者还制作了与本书配套的电子课件。有需要的教师可登录北京大学出版社第六事业部的网站 http://www.pup6.cn 免费下载或者致信编者电子信箱 lyc903115@163.com 索取,编者会无偿提供。

编 者
2015 年 1 月

目 录

第1章 汽车维修概论 ………… 1
1.1 汽车技术状况的评价指标 ……… 2
1.1.1 评价汽车技术状况的主要指标 ……… 2
1.1.2 影响汽车技术状况的因素 ……… 2
1.2 我国汽车维护制度 ……… 3
1.2.1 我国汽车维护制度的原则 ……… 3
1.2.2 我国汽车维护等级划分及基本要求 ……… 4
1.2.3 汽车定期维护的技术规范 ……… 5
1.3 汽车修理制度及送修标准 ……… 5
1.3.1 汽车修理制度 ……… 5
1.3.2 汽车及总成大修的送修标志 ……… 6
1.3.3 汽车和总成送修的规定 ……… 7
1.4 汽车修理工艺的组织 ……… 7
1.4.1 汽车修理的基本方法 ……… 7
1.4.2 汽车修理的作业方式 ……… 9
1.4.3 汽车修理的劳动组织形式 ……… 10
1.5 机动车维修服务规范 ……… 10
1.5.1 总体要求 ……… 10
1.5.2 维修服务流程 ……… 11
1.5.3 服务质量管理 ……… 11
1.5.4 服务质量控制 ……… 11
1.6 汽车4S店 ……… 12
1.6.1 汽车4S店简介 ……… 12
1.6.2 汽车4S店的主要功能 ……… 12
1.6.3 汽车4S店维修车辆的基本流程 ……… 13
复习思考题 ……… 13

第2章 汽车零件的失效形式与规律 ……… 14
2.1 磨损与磨损规律 ……… 15
2.1.1 磨损的分类 ……… 15
2.1.2 防止或减轻磨损的方法和途径 ……… 16
2.2 腐蚀与穴蚀 ……… 17
2.2.1 腐蚀 ……… 17
2.2.2 穴蚀 ……… 18
2.3 断裂与变形 ……… 19
2.3.1 断裂 ……… 19
2.3.2 变形 ……… 20
2.4 气缸的磨损及其规律 ……… 21
2.4.1 气缸的磨损规律 ……… 21
2.4.2 气缸磨损的原因 ……… 22
复习思考题 ……… 23

第3章 汽车零件的修复方法 ……… 24
3.1 机械加工修理 ……… 25
3.1.1 机械加工修理的特点 ……… 25
3.1.2 机械加工修理方法 ……… 25
3.2 修理尺寸法 ……… 26
3.2.1 修理尺寸的级差 ……… 26
3.2.2 修理尺寸法的特点 ……… 26
3.2.3 修理尺寸法应用举例 ……… 26
3.3 镶套修理 ……… 28
3.3.1 基本方法介绍 ……… 28
3.3.2 镶套时应注意的问题 ……… 29
3.3.3 镶套法的特点 ……… 30
3.4 焊修 ……… 30
3.4.1 铸铁零件的焊修 ……… 30
3.4.2 铝合金零件的焊修 ……… 31
3.4.3 二氧化碳保护焊修 ……… 32
3.5 粘接修复 ……… 34

3.5.1 粘接原理	…………	34
3.5.2 粘接剂	…………	34
3.5.3 粘接工艺	…………	35
3.5.4 影响粘接质量的因素	……	36
3.6 零件修复方法的选择	…………	37
3.6.1 工艺上的可行性	…………	37
3.6.2 质量上的可靠性	…………	37
3.6.3 经济上的合理性	…………	37
复习思考题	…………	37

第4章 汽车的接收、清洗和解体 ……… 39

4.1 汽车的接收、外部清洗	……	40
4.1.1 汽车的接收	…………	40
4.1.2 汽车的外部清洗	………	41
4.2 汽车的解体	…………	42
4.2.1 合理组织拆卸作业	……	42
4.2.2 合理安排工艺顺序	……	42
4.2.3 正确使用拆装工具和设备	……	43
4.2.4 注意零件间的相互位置关系	……	45
4.2.5 其他应注意的问题	……	45
4.3 汽车零件的清洗	…………	45
4.3.1 清除油污	…………	46
4.3.2 清除积炭	…………	47
4.3.3 清除水垢	…………	49
复习思考题	…………	50

第5章 汽车零件的质量检验 ……… 51

5.1 概述	…………	52
5.1.1 保证零件检验质量的措施	……	52
5.1.2 零件检验的主要内容	……	52
5.1.3 零件检验的方法	………	53
5.2 汽车零件的感觉检验	……	53
5.2.1 视觉检验	…………	53
5.2.2 听觉检验	…………	53
5.2.3 触觉检验	…………	53
5.3 汽车零件的量具检验	……	54
5.3.1 常用检验量具	…………	54

5.3.2 零件磨损的检验	………	55
5.4 零件形状和位置误差的检测	…	57
5.4.1 轴线直线度误差的检测	…	58
5.4.2 平面度误差的检测	……	58
5.4.3 同轴度误差的检测	……	59
5.4.4 圆跳动的检测	…………	60
5.4.5 平行度误差的检测	……	61
5.4.6 垂直度误差的检测	……	64
5.5 零件隐伤的检验	…………	65
5.5.1 磁力探伤	…………	65
5.5.2 渗透法探伤	…………	67
5.5.3 超声波探伤	…………	69
5.5.4 水压试验探伤	…………	70
5.5.5 浸油敲击探伤	…………	70
5.6 零件平衡的检验	…………	70
5.6.1 静平衡	…………	71
5.6.2 动平衡	…………	71
5.6.3 汽车主要零件及合件的平衡	……	73
复习思考题	…………	74

第6章 汽车发动机维修 ……… 75

6.1 发动机总成修理工艺	……	76
6.1.1 发动机总成大修技术条件	……	76
6.1.2 发动机大修前的检测	……	76
6.1.3 发动机大修工艺过程	……	84
6.2 气缸体、气缸盖和曲柄连杆机构的修理	……	92
6.2.1 气缸体和气缸盖的检修	…	92
6.2.2 曲轴-飞轮组的检修	……	96
6.2.3 活塞连杆组的检修	……	100
6.3 配气机构的修理	…………	103
6.3.1 气门组零件的检修	……	104
6.3.2 气门传动组零件的检修	……	109
6.3.3 气门间隙的检查与调整	……	113
6.4 发动机总装配及磨合	……	115
6.4.1 发动机总装配	…………	115

6.4.2 发动机的磨合与试验 …… 117
6.4.3 发动机总成大修验收的技术要求 …… 120
复习思考题 …… 120

第7章 汽车底盘维修 …… 121

7.1 离合器的维修 …… 122
7.1.1 离合器故障排除分析 …… 122
7.1.2 离合器的拆卸、检查和安装 …… 123

7.2 手动变速器的维修 …… 129
7.2.1 手动变速器常见故障与排除 …… 129
7.2.2 手动变速器的装配与调整 …… 132
7.2.3 变速器的磨合与试验 …… 133

7.3 金属带式无级变速器的维修 …… 134
7.3.1 金属带式无级变速器的原理 …… 134
7.3.2 CVT 的优点 …… 134
7.3.3 CVT 的应用 …… 135
7.3.4 CVT 的维修 …… 135

7.4 自动变速器的维修 …… 137
7.4.1 自动变速器的类型与结构 …… 137
7.4.2 电控自动变速器的使用 …… 139
7.4.3 电控自动变速器的基础检查 …… 141
7.4.4 失速试验 …… 143
7.4.5 时滞试验 …… 144
7.4.6 油压试验 …… 145
7.4.7 手动换挡试验 …… 146
7.4.8 道路试验 …… 147
7.4.9 自动变速器故障诊断流程 …… 148
7.4.10 典型故障的诊断与排除 …… 149
7.4.11 从车上拆卸自动变速器 …… 155
7.4.12 自动变速器的分解 …… 157
7.4.13 自动变速器的零部件检修 …… 159
7.4.14 自动变速器的组装 …… 162
7.4.15 自动变速器的安装与调整 …… 165
7.4.16 自动变速器的路试 …… 167

7.5 主减速器和差速器的维修 …… 167
7.5.1 失效形式及故障分析 …… 167
7.5.2 主减速器和差速器的拆装与检修 …… 168
7.5.3 典型驱动桥的装配与调整 …… 175
7.5.4 驱动桥试验 …… 180

7.6 悬架系统的维修 …… 180
7.6.1 失效形式及处理方法 …… 181
7.6.2 悬架系统构件的维修 …… 181

7.7 转向系统的维修 …… 182
7.7.1 失效形式及故障分析 …… 183
7.7.2 转向系统的检查 …… 184
7.7.3 转向系统构件的维修 …… 186

7.8 制动系统的维修 …… 187
7.8.1 制动系统的故障原因和排除方法 …… 187
7.8.2 制动系统的检查与维护 …… 190

复习思考题 …… 193

第8章 汽车车身维修 …… 194

8.1 汽车车身结构与常见损伤形式 …… 195
8.1.1 乘用车车身的结构形式 …… 195
8.1.2 乘用车车身的组成 …… 195
8.1.3 大客车及货车车身 …… 198
8.1.4 汽车车身常见的损伤形式 …… 199
8.1.5 车身尺寸的测量 …… 200

8.2 乘用车车身的校正 …… 203
8.2.1 车身校正注意事项 …… 203
8.2.2 校正设备 …… 204
8.2.3 校正修理 …… 207

8.3 覆盖件及构件的修复 …… 209

        8.3.1 覆盖件及构件的手工
              成形工艺 ………… 209
        8.3.2 钣金修理 ……………… 210
        8.3.3 钣金件的连接方法 …… 213
        8.3.4 结构板件的切割与
              修复 ………………… 214
    8.4 车身表面涂层的修复 ………… 215
        8.4.1 涂层修复设备 ………… 215
        8.4.2 涂层修复材料 ………… 217
        8.4.3 漆面的修复工艺 ……… 218
    复习思考题 ……………………… 220

第9章 汽车电气系统维修 ………… 221
    9.1 自诊断系统 …………………… 222
        9.1.1 自诊断系统的基本
              功能 ………………… 222
        9.1.2 自诊断系统的备用
              功能 ………………… 223
    9.2 故障自诊断测试 ……………… 223
        9.2.1 自诊断测试方式 ……… 223
        9.2.2 自诊断测试内容 ……… 224
        9.2.3 自诊断测试工具 ……… 225
        9.2.4 自诊断测试过程 ……… 227
    9.3 OBD-Ⅱ车载自诊断系统 …… 240

        9.3.1 OBD-Ⅱ车载自诊断
              系统简介 …………… 240
        9.3.2 OBD-Ⅱ车载自诊断
              系统的特点 ………… 241
        9.3.3 故障码 ………………… 243
        9.3.4 故障码的读取 ………… 246
        9.3.5 故障码的清除 ………… 247
    9.4 数据流与波形分析 …………… 247
        9.4.1 汽车数据流 …………… 247
        9.4.2 数据流的读取 ………… 248
        9.4.3 数据流的分析 ………… 249
        9.4.4 波形分析 ……………… 254
    复习思考题 ……………………… 254

第10章 汽车维修质量的评定 ……… 255
    10.1 发动机大修竣工出厂技术
         条件 ………………………… 256
    10.2 汽车大修竣工出厂技术条件 … 258
    10.3 汽车修理质量检查评定方法 … 263
        10.3.1 评定要求 …………… 263
        10.3.2 评定规则 …………… 270
    复习思考题 ……………………… 271

参考文献 ……………………………… 273

第1章 汽车维修概论

 教学提示

正确掌握汽车使用过程中技术状况的变化规律，及时实施维修，对减缓汽车零件的失效、延长汽车使用寿命、提高运输效率、实现安全行车具有重要意义。

 教学要求

本章主要介绍汽车技术状况的评价指标、我国汽车维护制度和汽车修理制度，重点内容是我国汽车维护制度和汽车修理制度。要求学生了解汽车维修工艺的组织方法，熟悉汽车技术状况的评价指标，掌握我国汽车维护制度和汽车修理制度的具体要求。

1.1 汽车技术状况的评价指标

1.1.1 评价汽车技术状况的主要指标

汽车的任一总成、合件、零件的失效都会引起汽车使用性能的下降，但工程上是不可能通过对汽车的所有总成、合件、零件逐一检查其在使用过程中的失效情况，最后来确定汽车的技术状况的，通常既简便又准确的办法是用汽车的使用性能来予以评价。

汽车使用性能的主要评价指标有以下几方面。

1. 动力性

汽车动力性是指发动机的有效功率和有效转矩在发挥汽车运行能力时的表现，主要包括汽车的最高行驶速度、最大爬坡能力和加速性能等。汽车动力性变坏将导致汽车最高行驶速度下降、最大爬坡能力变差、加速时间变长。

汽车动力性除与发动机输出功率有关外，还与汽车传动系统有关，如离合器打滑、车轮制动器的制动鼓与蹄片间隙过小、犯卡、动配合副阻滞等，都会降低汽车的运行能力，使动力性变坏。

2. 经济性

汽车经济性是指汽车完成一定的工作量（如每百吨千米）所耗费的成本，耗费成本越少，汽车经济性越好。耗费的主要成本应包括燃料及润滑材料的成本。

此外，离合器打滑、轮胎磨损过快、小修费用增加等，也使汽车运行成本提高，经济性降低。

3. 可靠性

汽车可靠性是指汽车在规定的条件下和规定的时间内能稳定、安全行驶的性能。

汽车在运行中故障增多（如机件损坏而停车、制动不灵、方向跑偏、起动困难、漏水、漏气、漏油、异响等现象增多），使汽车行驶无安全保证，说明汽车可靠性变差。

对汽车实施维修的目的，就是要恢复和维持汽车的动力性、经济性和可靠性，使汽车保持良好的技术状况。

1.1.2 影响汽车技术状况的因素

汽车在行驶过程中，其技术状况会逐渐变坏。只有正确掌握影响汽车技术状况的因素，才能采取相应措施来延缓汽车技术状况的恶化。影响汽车技术状况的主要因素包括以下诸方面。

1. 汽车零件的质量

汽车零件结构设计的合理性、零件材料的性质、零件表面的性质、零件制造的工艺水平和加工质量等，都直接影响汽车的技术状况。

2. 汽车运行条件

汽车运行时的气候条件、道路状况、燃料及润滑材料质量、货物装载情况、驾驶人操作水平等都会影响汽车的技术状况。

3. 汽车的维修质量

汽车维修质量包括零件加工质量，总成、合件的装配质量、检测质量、调整质量、润滑质量，汽车总装配质量等。良好的维修质量应该使修理后的汽车保持足够的行驶里程而无故障。在汽车修理过程中，必须实行严格的操作工艺、严格的修理技术标准、严格的质量检测制度，才能使修竣的汽车具有良好的技术状况。

1.2 我国汽车维护制度

1.2.1 我国汽车维护制度的原则

国家标准 GB/T 18344—2001《汽车维护、检测、诊断技术规范》中明确提出了将"预防为主、定期检测、强制维护、视情修理"作为实施汽车维护制度的原则。

1. 定期检测

定期检测是利用现代化的技术手段，应用现代化的汽车检测诊断设备，定期对汽车进行检查测试，以正确判断汽车的技术状况。

定期检测的贯彻与实施是由道路运政管理机构和汽车维修企业共同完成的。

一是道路运政管理机构对所有从事运输的汽车按其类型、新旧程度、使用条件和强度等情况制定具体的定期检测制度，使各种车辆在行驶一定里程或时间后，按时进行综合性能检测。

二是定期检测要求汽车维修企业结合汽车的维护周期进行，以此来确定附加作业项目，掌握汽车技术状况的变化规律；同时通过对汽车的检测诊断和技术鉴定，确定汽车需要修理的部分。

2. 强制维护

强制维护是在计划预防维护（定期维护）的基础上进行状态检测的维护制度。之所以将过去的定期维护改为现在的强制维护，就是为了进一步强调维护的重要性，以防止因忽视及时维护而造成汽车技术状况急剧恶化的现象出现。

强制维护要求车辆行驶一定里程或时间后，到维修企业进行二级维护作业，以保障车辆安全运行。

3. 视情修理

视情修理是随着汽车检测与诊断技术的发展和维修市场的变化而提出的。过去的"计划修理"经常会出现修理不及时或提前修理的情况，其结果不是造成车辆技术状况恶化，就是造成浪费。

视情修理的实质是由原来的以行驶里程为基础确定汽车修理方式改变为以汽车实际技

术状况为基础的修理方式,汽车的修理内容、作业范围是通过检测诊断确定的。

因此,检测诊断是实现视情修理的技术保证,视情修理体现了技术与经济相结合的原则。

1.2.2 我国汽车维护等级划分及基本要求

我国现行的汽车维护制度主要分为定期维护和非定期维护两大类。其中,定期维护又分为日常维护、一级维护和二级维护三类;非定期维护分为换季维护和走合期维护两类。

此外,还有车辆的封存和启用维护等。

1. 汽车日常维护及其基本要求

1) 汽车日常维护

汽车日常维护是以清洁、补给和安全检视为作业中心内容,由驾驶人负责执行的车辆维护作业。日常维护是发挥车辆效率、减少行车事故、节约维修成本、降低能源消耗和延长车辆使用寿命的重要环节。

2) 日常维护的基本要求

汽车日常维护的目的是保证车辆各部分清洁和润滑,各总成、部件工作正常,尤其是要掌握车辆安全部件的技术状况。具体要求做到车容整洁,工作介质(燃油、润滑油、动力传动液、冷却液、制动液及蓄电池电解液等)充足,密封良好,水、电、油、气无泄漏,附件齐全无松动,制动可靠,转向灵敏,灯光、电喇叭等工作正常。

2. 汽车一级维护及其基本要求

1) 汽车一级维护

汽车一级维护是指除完成日常维护作业外,以清洁、润滑、紧固为作业中心内容,并检查有关制动、操作等安全部件,由汽车维修企业负责执行的车辆维护作业。

2) 汽车一级维护的基本要求

随着汽车行驶里程的增加,有些零部件可能会出现松脱,润滑部位出现缺油、漏油等不良现象,对汽车的操作安全性造成一定的隐患。

汽车的一级维护就是为了及时消除这些隐患而实施的一项运行性维护作业。随着现代汽车维修技术的发展,汽车免解体清洗技术及汽车检测诊断仪器的运用,使得汽车维护作业的技术含量正在逐步提高。

因此,一级维护必须由汽车维修企业的专业维护人员来完成,这对加强车辆维护工作的管理,确保车辆技术状况都具有重要意义。

3. 汽车二级维护及其基本要求

1) 汽车二级维护

汽车二级维护是指除完成一级维护作业外,以检查、调整转向节、转向摇臂和悬架等经过一定时间使用后容易磨损或变形的安全部件为主,并拆检轮胎,进行轮胎换位;检查调整发动机工况和排气污染控制装置等,由维修企业负责执行的车辆维护作业。

2) 汽车二级维护的基本要求

汽车二级维护是一次以消除隐患为目的的性能恢复性作业,尤其是恢复达标的排放性能和恢复安全性能。因此,保证汽车二级维护作业的全面性和彻底性非常重要。故应抓好以下三个方面。

（1）全面完成二级维护检测诊断项目。要充分运用现代汽车免解体检测诊断技术和先进的仪器仪表设备，认真完成所有二级维护作业的检测项目。

（2）加强对汽车二级维护作业过程的检验。

（3）认真执行汽车维护竣工出厂检验制度。

4. 汽车维护周期

（1）汽车日常维护的周期。汽车日常维护的周期为出车前、行车中和收车后。

（2）汽车一、二级维护周期。汽车一、二级维护周期的确定，应以汽车行驶里程为基本依据，对于不便于用行驶里程统计、考核的汽车，可用时间间隔确定。采用时间间隔时，可依据汽车使用强度和条件的不同，参照汽车一、二级维护行驶里程周期确定。

1.2.3 汽车定期维护的技术规范

按照 GB/T 18344—2001《汽车维护、检测、诊断技术规范》的规定，汽车定期维护的内容主要包括以下几项。

（1）汽车日常维护作业。

（2）汽车一级维护的项目、作业内容和技术要求。

（3）汽车二级维护的作业过程。

（4）汽车二级维护检测、诊断及其附加项目的确定。

（5）汽车二级维护过程检验。

（6）汽车二级维护的基本维护项目、作业内容和技术要求。

（7）汽车二级维护竣工检验项目和技术要求。

这 7 项主要内容的核心是汽车二级维护的检测、诊断，并根据检测结果，确定附加作业项目，以恢复汽车的正常技术状况。

1.3 汽车修理制度及送修标准

1.3.1 汽车修理制度

根据 GB/T 18344—2001《汽车维护、检测、诊断技术规范》的要求，汽车修理应贯彻视情修理的原则，即根据汽车检测诊断和技术鉴定的结果，视情况按不同作业范围和深度进行，既要防止拖延造成车况恶化，又要防止提前修理造成浪费。汽车修理时，必须按国家和交通部门发布的有关规定和修理技术标准进行，以确保修理质量。

汽车修理按作业内容分为车辆大修、总成大修、车辆小修和零件修理四类。

1. 车辆大修

车辆大修是指新车或经过大修后的汽车在行驶一定里程（或时间）后，经检测诊断和技术鉴定，用修理或更换任何零部件的方法恢复其完好技术状况，使之完全或接近完全恢复汽车技术性能的恢复性修理。

2. 总成大修

总成大修是汽车的主要总成经过一定使用里程(或时间)后,用修理或更换总成中任何零部件(包括基础件)的方法,使之恢复其完好技术状况的恢复性修理。

3. 车辆小修

车辆小修是用修理或更换个别零件的方法,保证或恢复汽车工作能力的运行性修理。其目的主要是消除汽车在运行中或维护作业中发生的临时故障或局部隐患。对于已掌握自然磨损规律的某些零件或总成外部象征,能预先估计到的小修项目(如研磨气门、刮缸口台阶、换活塞环等),可集中组织一次有计划的小修作业,并结合相应的保养进行。

4. 零件修理

零件修理是指对因磨损、腐蚀、变形等而不能继续使用的零件,采用各种加工工艺以恢复其使用性能的有关修理作业。

1.3.2 汽车及总成大修的送修标志

1. 汽车大修的送修标志

载货汽车大修的送修标志是以发动机总成为主,结合车架总成或其他两个总成符合大修条件(即总成全部解体、修理和装复)。

客车大修的送修标志是以客车车厢总成为主,结合发动机总成符合大修条件。

2. 挂车大修的送修标志

挂车车架(包括转盘)和货厢符合大修条件,挂车应大修。

定车牵引的半挂车和铰接式大客车,按照汽车的大修标志与牵引车同时进厂大修。

3. 总成大修的送修标志

1) 发动机(带离合器)总成

当气缸破裂或气缸壁磨损(圆柱度或圆度)超过极限,气缸压力下降、动力性能降低、燃料及润滑油料消耗量显著增加,以及发动机工作时轴承发响和产生活塞敲缸等杂音时,发动机应大修。

2) 车架总成

当车架断裂、锈蚀、弯曲、扭曲变形逾限,大部分铆钉松动或铆钉孔磨损,必须拆卸其他总成后才能进行校正、修理或重铆时,车架总成应大修。

3) 变速器(包括分动器)附传动轴总成

变速器壳体变形、破裂,轴承孔磨损逾限,变速齿轮及轴恶性磨损、损坏,轴线位移、座孔、万向节严重磨损或破裂,传动轴扭曲、凹陷等,变速器总成应大修。

4) 驱动桥(包括前、中、后桥)总成

桥壳、主减速器壳、差速器壳、导向杆、平衡轴及附件等变形、破裂,半轴套管、齿轮、制动鼓、轮毂等磨损、破裂,驱动桥总成应大修。

5）前桥附转向器总成

前轴裂纹、变形，主销孔磨损逾限，转向器损坏，转向节臂破裂、磨损、松旷，前桥附转向器总成应大修。

6）货车车身总成

驾驶室锈蚀、变形严重、破裂，或货厢纵、横梁腐蚀，底板、栏板破损面积较大，货车车身应大修。

7）客车车身总成

车厢骨架断裂、锈蚀、变形严重，蒙皮破损面积较大、凹陷、渗漏，门框、窗框变形，客车车身需大修。

8）制动系统

气压制动系统的空气压缩机、气控机构，液压制动系统的制动主缸和轮缸，车轮制动器等工作效能低或部件磨损严重，制动系统应大修。

9）电气系统

点火、起动、照明、信号系统和仪表等腐蚀、烧蚀、损坏、松动或失调，电气系统应大修。

1.3.3 汽车和总成送修的规定

汽车和总成送修时，承修单位与送修单位应签订合同，商定送修要求、修理车日和质量保证等。合同签订后须严格执行。

汽车送修时，应具备行驶功能，装备齐全，不得拆换。

总成送修时，应在装合状态，附件、零件均不得拆换和短缺。

因肇事或因特殊原因而不能行驶或短缺零部件的汽车，签订合同时应作出相应的规定和说明。

汽车和总成送修时，应将其有关的技术档案一并送承修单位。

1.4 汽车修理工艺的组织

汽车修理工艺组织的好坏，直接影响修车质量、成本、生产率和停场车日等。各汽车修理企业应根据生产规模、设备条件、技术水平、修理对象及备件、材料供应情况，进行合理组织。

汽车修理工艺组织内容包括修理基本方法、作业方式和劳动组织形式三方面。

1.4.1 汽车修理的基本方法

汽车修理的基本方法分为就车修理法和总成互换修理法两种。

1. 就车修理法

就车修理法是指从车上拆下的零件、合件、总成，凡能修复的，经修复后仍装回原车，不进行互换的修理方法。这种修理方法由于各总成、合件、零件的修复所需时间不等，影响汽车总装的连续进行，因此，汽车停车修理的时间长，生产效率低，适用于承修车型种类多、生产量不大的小型汽车修理企业。

就车修理法的汽车大修工艺过程如图 1.1 所示。

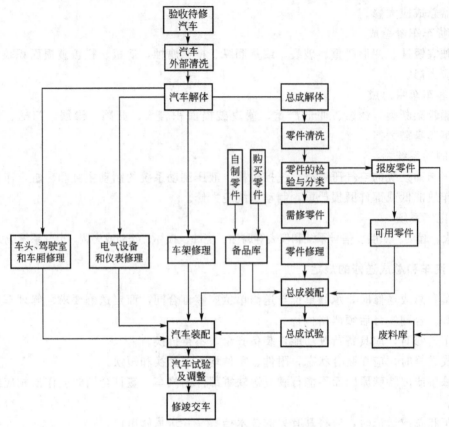

图 1.1 就车修理法的汽车大修工艺过程

2. 总成互换修理法

总成互换修理法是指除车架和车身经修复仍装回原车外，其余需修的总成、合件、零件均换用储备件，而替换下来的总成、合件、零件修复后送入备品库作为储备件的修理方法。

这种修理方法减少了因修理总成、合件、零件所耽搁的时间，保证了总装的连续性，大大缩短了停车修理时间，提高了生产效率，有利于组织流水作业，适用于车型少、生产量大、配件储备充足的大、中型汽车修理企业。

总成互换修理法的汽车大修工艺过程如图 1.2 所示。

目前，国内汽车修理企业很少单纯采用就车修理法或者总成互换修理法，而一般多采用两种修理法相结合的混装修理法（综合修理法），其中有的以总成互换修理方法为主，有的以就车修理方法为主。

需要指出的是，军用车辆在野战状态下的车辆修理均采用总成互换修理法，直接更换损坏的总成或者零件，以求缩短车辆维修时间，确保战斗力。车辆总成、备件及维修机具装在如图 1.3 所示的维修方舱内，随同战斗车辆前进，切实做到后勤保障有力。

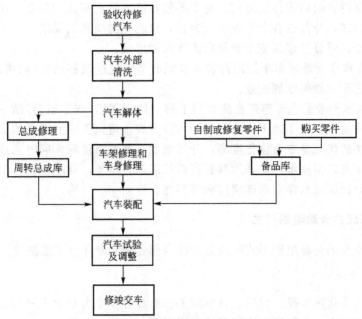

图 1.2 总成互换修理法的汽车大修工艺过程

图 1.3 军用维修方舱

1.4.2 汽车修理的作业方式

汽车修理的作业方式一般分为定位作业法和流水作业法两种。

1. 定位作业法

定位作业法是将汽车拆散和装配的作业固定在一定的工作位置(即车架不变动位置)来完成,而拆散后的修理作业仍分散到各专业工组进行修理的作业方式。

这种作业方式的优点是占地面积小,所需设备简单,拆装作业不受连续性限制,生产的调度与调整比较方便。缺点是总成及笨重零件要来回运输,劳动强度大。一般适用于规模不大或承修车型种类较多的修理企业。

2. 流水作业法

流水作业法是将汽车的拆散和装配的作业沿着流水顺序,分别在各个专业工组或工位上逐步完成全部拆装的修理作业方式。对于不能在流水线上完成的作业，应设法配合流水作业连续性的要求，分散在各个专业工组进行，以避免出现窝工现象。

流水作业法又可分为连续流水和间歇流水两种形式。

(1) 连续流水作业是汽车车架沿拆装流水线有节奏地连续移动（可利用连续传送机构）的作业方式，适于大规模修理企业。

(2) 间歇流水作业是汽车车架在流水线上移到每个工组（或工段）停歇一定时间，让该工组的作业完成后，再移动到下一个工组的作业方式，适用于中型规模的修理企业。

流水作业法的优点是专业化程度高，分工细致，修车质量好，同时总成和大件运输距离短，生产效率高；但流水作业必须具有完善的工艺、设备，要求承修车型单一并有足够的备用总成，以保证流水作业的连续性和节奏性。

1.4.3 汽车修理的劳动组织形式

汽车修理作业的劳动组织形式一般分为综合作业法和专业分工法两种。

1. 综合作业法

综合作业法是指除车身、轮胎、机械加工和锻焊等作业由专业工种配合完成外，其余全部拆装修理工作由一个修理工组完成的组织形式。

这种作业法由于一个工组的作业内容广，对工人的操作技术要求全面，难度大，因此生产效率难以提高，仅适于生产量不大、承修车型复杂的小型汽车修理企业。

2. 专业分工法

专业分工法是指按工种、工位、总成、合件或工序划分为若干作业单元，每个单元由一个或一组工人来专门负责修理工作，而各单元之间互相紧密关联，以适应流水作业节奏需要的组织形式。作业单元划分越细，专业化程度越高。这种作业方法易于提高工人单项作业的技术熟练程度，便于采用专用机具，易于提高修理质量，提高生产效率。

1.5 机动车维修服务规范

为确保机动车维修服务质量，切实保护消费者的合法权益，JT/T 816—2011《机动车维修服务规范》对机动车维修服务的总体要求、维修服务流程、服务质量管理及服务质量控制提出了明确的要求。

1.5.1 总体要求

机动车维修服务商（即机动车维修服务业务的经营者）应按照GB/T 16739.1—2014《汽车维修业开业条件 第1部分：汽车整车维修企业》和GB/T 16739.2—2014《汽车维修业开业条件 第2部分：汽车综合小修及专项维修业户》的规定，根据维修车型种类、服务能力和经营项目，具备相应的人员、组织管理、安全生产、环境保护、设施、设备等条件，并取得机动车维修经营许可证等证件。

机动车维修服务商应依法经营、诚实守信、公平竞争、优质服务，在经营场所的醒目位置悬挂全国统一式样的机动车维修标志牌，并将主要维修项目收费价格、维修工时定额、工时单价报所在地道路运输管理机构备案。

机动车维修服务商应在业务接待室等场所的醒目位置公示以下信息：

（1）机动车维修经营许可证、工商营业执照、税务登记证明及企业所在地道路运输管理机构的监督、投诉电话。

（2）业务受理程序。

（3）经过备案的主要维修项目收费标准、零配件价格、工时定额及紧急救援的服务时限、收费标准等。

对于原厂配件（纳入车辆生产厂家售后服务体系和配件供应体系的配件）、副厂配件（未经车辆生产厂家授权和认证的，车辆配件生产厂家生产并符合相关技术标准的配件）和修复配件（修复后，经过检验达到相应技术标准要求的配件）应明码标价，并提供常用配件的产地、生产商及质量保障期等相关信息。

（4）服务质量承诺、维修质量保证期及客户意见受理程序和受理电话（邮箱）等。

1.5.2 维修服务流程

规范的机动车维修服务流程如图1.4所示。经营者可依据自身企业规模、作业特点建立适用于本企业的维修服务流程。

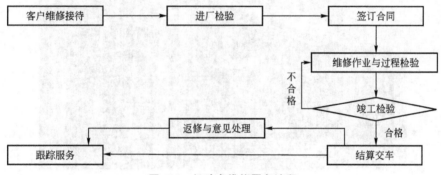

图1.4 机动车维修服务流程

1.5.3 服务质量管理

服务质量管理体系的主要内容包括人员管理、设施设备管理、配件管理、安全管理、环保管理、现场管理和资料档案管理等。

为了不断提高服务质量，机动车维修服务商应建立完善的服务质量管理体系，并认真贯彻、落实。

1.5.4 服务质量控制

机动车维修服务商应在已经建立的服务质量管理体系的基础上，明确服务质量方针，切实加以贯彻、实施，并持续进行改进、提高。

机动车维修服务商应认真开展客户满意度调查，收集、整理客户反馈意见，加强服务质量控制。

机动车维修服务商应定期对维修服务实际成果进行检查，并记录检查结果，对在检查中发现的问题,应采取有效措施进行整改,以期不断提高服务质量。

1.6 汽车 4S 店

1.6.1 汽车 4S 店简介

据统计,在整个汽车产业链的利润组成中,整车制造、销售、配件、维修的比例结构为 3∶2∶1∶4。可见,汽车维修服务获利是汽车产业获利的主要部分。

汽车 4S 店(图 1.5)是汽车市场激烈竞争的产物,也是一种新兴的汽车服务方式。所谓汽车 4S 店是指将 4S(整车销售——Sale,零配件——Spareparts,售后服务——Service,信息反馈——Survey)功能集于一体的汽车服务企业,4S 就是上述四项功能的英文单词的缩写。

图 1.5 汽车 4S 店

由于 4S 店与汽车制造商之间建立了紧密的产销关系,具有环境优美、品牌意识强、服务质量高等优势,因此,建立和完善汽车 4S 店已经成为汽车销售服务行业的发展趋势。

目前,一些实力强大的汽车服务企业已经在 4S 的基础上增加了两个 S,即二手车置换(Second-handcar exchange)和技术培训学校(School)。具备上述 4S+1S 或 4S+2S 功能的汽车服务企业称为汽车 5S 店或汽车 6S 店。

1.6.2 汽车 4S 店的主要功能

汽车 4S 店的主要功能包括汽车营销管理、汽车配件供应、汽车售后服务和信息反馈四项。

(1)汽车营销管理。汽车营销管理的内容主要包括整车采购、入库流程,整车销售、出库流程和整车销售报表等。

(2)汽车配件供应。汽车配件供应的内容主要包括仓库设置,备件采购、入库,维修领料及备件盘点等。

(3) 汽车售后服务。汽车售后服务的内容主要包括车辆维修流程，用户回访及接待并解决用户投诉等。

(4) 信息反馈。信息反馈的内容主要包括主数据管理、客户关系管理及销售活动信息化管理等。

1.6.3 汽车 4S 店维修车辆的基本流程

1. 迎宾接待

(1) 用户车辆到达本店门口。
(2) 服务顾问出门迎接，放置车辆护具，做进厂检验。
(3) 根据用户所述项目生成派工单，解释维修项目，估价及所需维修时间，用户签字确认，安排用户在本店休息或者离店，维修完毕后电话联系用户。

2. 维修过程

(1) 服务顾问开车进车间派工，向班组长下达作业派工单。
(2) 班组长根据派工单所列项目，严格按照技术规范进行作业。
(3) 班组进行工位自检。
(4) 完工后班组长进行质量验收。
(5) 车辆清洗，班组长开车至交车区域，并通知服务顾问接车。

3. 交车结算

(1) 服务顾问联络用户到交车区，陪同用户验车，并取下车辆护具。
(2) 回到前台，打印结算单。向用户解释项目及价格，并提醒用户注意事项，用户签字确认。
(3) 陪同用户结账，开具出门证。
(4) 服务顾问陪同用户到交车区，保安验收出门证。

复习思考题

1. 评价汽车技术状况的主要指标有哪些？
2. 影响汽车技术状况的因素有哪些？
3. 简述我国汽车维护制度的原则。
4. 简述我国现行的汽车维护等级划分及基本要求。
5. 简述我国现行的汽车修理制度的主要内容。
6. 简述汽车修理工艺组织的基本内容。
7. 简述汽车 4S 店的主要功能。

第2章
汽车零件的失效形式与规律

  熟悉汽车零件的常见失效形式和影响因素,掌握汽车零件的失效规律,对于正确使用和维护车辆具有重要意义。

  本章主要介绍汽车零件的常见失效形式和汽车零件的失效规律。重点内容是汽车零件的常见失效形式、影响因素和汽车零件的失效规律。要求学生了解汽车零件的常见失效形式,熟悉汽车零件失效的影响因素,掌握汽车零件的失效规律。

2.1 磨损与磨损规律

零件摩擦表面的金属在相对运动过程中不断损失的现象称为磨损。对于一个表面的磨损，可能是由于单独的磨损机理造成的，也可能是由于综合的磨损机理造成的。

磨损的发生将造成零件形状、尺寸及表面性质的变化，使零件的工作性能逐渐降低。

2.1.1 磨损的分类

磨损是一个相当复杂的过程。根据零件磨损机理的不同，可分为黏着磨损、磨料磨损、表面疲劳磨损、腐蚀磨损。

1. 黏着磨损

由于摩擦表面间接触点的黏着作用，使一个零件表面的金属转移到另一个零件表面所引起的磨损，称为黏着磨损。

汽车发动机中所发生的黏着磨损，多数是由于配合间隙过小，运动零件表面加工纹理还没有磨合好，就过早地增大负荷，使发动机工作温度过高，缺乏足够的冷却条件，造成零件的黏着磨损。

2. 磨料磨损

在摩擦表面间，由于硬质固体颗粒使相对运动的零件表面产生磨损，称为磨料磨损。这些硬质固体颗粒称为磨料。

磨料来自空气中的尘埃、燃油及润滑油中的杂质及黏着磨损脱落的金属颗粒。磨料磨损的现象是在两个工作表面上存在许多直线槽，它们可以是很轻的擦痕或是很深的沟槽。

为了减轻零件的磨料磨损，一般从两个方面采取措施：一是防止或减少空气、燃料和润滑油中的磨料进入摩擦表面；二是保证零件的表面质量，提高其耐磨性。

3. 表面疲劳磨损

两接触面作滚动或在同时带有滑动的滚动摩擦条件下，使材料表面疲劳而产生物质损失的现象叫作表面疲劳磨损。其特点是由于循环接触应力的作用，首先在表层内产生疲劳裂纹，然后裂纹沿着与表面成锐角的方向发展，达到某一深度后，又越出表面，最后脱离，使零件表面形成了小坑。

4. 腐蚀磨损

在摩擦过程中，由于介质的性质、介质的作用与摩擦材料性能的不同，在腐蚀和磨损共同作用下导致零件表面物质的损失，称为腐蚀磨损。腐蚀磨损的产生是由于摩擦零件的表面在腐蚀气体或液体环境中工作时会产生化学反应，在零件表面上生成化学反应膜，化学反应膜通常与基体金属结合不牢，零件工作时，可能使表面氧化膜分离，这些氧化膜脱落后，又成为微小磨料。

腐蚀磨损可分为氧化磨损、微动磨损和化学腐蚀磨损三种。

2.1.2 防止或减轻磨损的方法和途径

汽车零件的磨损通常是多种磨损形式共同作用的结果，其磨损强度与零件的材料性能、加工质量及工作条件等因素有关。根据磨损的理论研究和生产实践经验，防止或减轻磨损的方法和途径有以下几个方面。

1. 正确选择材料

正确选择材料是提高耐磨性的关键之一，应选择疲劳强度高、防腐性能好、耐磨耐高温的新钢种新材料。配合副零件应尽量采用不同的材料制造，注意配对材料的互溶性。

2. 进行表面强化

通过适当的表面强化方法，如表面热处理(钢的表面淬火等)、表面化学热处理(钢的表面渗碳、渗氮等)、喷涂、喷焊、镀层、滚压、喷丸等，使配合副零件具有不同的表面性质，提高零件表面的耐磨性。

3. 改善工作环境

选用合适的润滑剂和润滑方法，尽量建立液体摩擦条件；尽量避免过大的载荷、过快的运动速度和过高的工作温度，创造良好的环境条件。

4. 合理的结构设计

正确合理的结构设计是减少磨损和提高耐磨性的有效途径。正确合理的结构设计有利于摩擦副表面保护膜的形成和恢复压力的均匀分布、磨屑的排出，以及防止外界磨粒、灰尘的进入等。

5. 提高零件的加工质量

零件的加工质量是指其表面粗糙度和几何形状误差。几何形状误差过大将造成零件工作过程中受力不均，或产生附加载荷，使磨损加剧。表面粗糙度过大会破坏油膜的连续性，造成零件表面凸起点的直接接触，使磨损加快。在一般情况下，磨损速度随零件表面粗糙度的减小而减小；但表面粗糙度减小到一定程度后，磨损速度反而随表面粗糙度的减小而增大，如图2.1所示。这是因为，表面粗糙度过小使零件表面的含油性降低，不利于油膜的形成，润滑条件变差，磨损加剧。

由此可见，对于不同条件下工作的零件，都应有适当的表面粗糙度。提高修复质量、装配质量，以及正确地使用和维护，都是防止和减少磨损的有效措施。

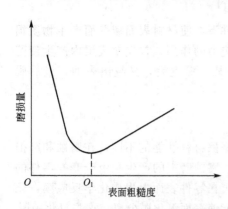

图2.1 表面粗糙度对磨损的影响

2.2 腐蚀与穴蚀

2.2.1 腐蚀

1. 腐蚀的特点及危害

金属零件的腐蚀是指表面与周围介质起化学或电化学作用而发生的表面破坏现象。腐蚀损伤总是从金属表面开始,然后或快或慢地往里深入,并使表面的外形发生变化,出现不规则形状的凹洞、斑点等破坏区域。腐蚀的结果使金属表面产生新物质,时间长久将导致零件破坏。

2. 减轻腐蚀的措施

腐蚀过程虽然是缓慢的,但是它所带来的危害却相当大,破坏汽车的正常工作,降低使用寿命甚至使汽车报废,是一个带有普遍性的严重问题。因此,如何减轻腐蚀的危害又成为一个重要课题。主要措施有以下几方面。

1) 合理选材和设计

合理选材,即根据环境介质和使用条件,选择合适的材料。如选用含有镍、铬、硅、钛等元素的合金钢;在条件许可的情况下,尽量选用尼龙、塑料、陶瓷等材料。

合理设计,在设计过程中,虽然应用了较优良的材料,但是如果在结构设计上不考虑金属的防腐蚀措施,常会引起机械应力、热应力及流体的停滞和聚集、局部过热等现象,从而加速腐蚀过程。不同的金属、气相空间、热量和应力不均及体系中各部位间的其他差别,都会引起腐蚀破坏。因此,设计时应努力使整个体系的所有条件尽可能地均匀一致,零件表面粗糙度合适,设计结构合理,外形简化。

2) 覆盖保护层

它是以表面薄膜的形式在金属表面上附加一层不同的材料,改变零件的表面结构,使金属与介质隔离开来,用以防止腐蚀。

(1) 金属保护层。采用电镀喷焊、化学镀等方法,在金属表面覆盖一层如镍、铬、锡、锌等金属或合金作为保护层。

(2) 非金属保护层。常用的有油漆、涂料、玻璃钢、硬软聚氯乙烯、耐酸酚醛塑料等,临时性防腐可涂油或油脂。

(3) 化学保护层。用化学或电化学方法在金属表面覆盖一层化合物薄膜。如磷化、发蓝、钝化、氧化等。

(4) 表面合金化。如渗氮、渗铬、渗铝等。

3) 改变环境条件

采用通风除湿等措施去除环境中的腐蚀介质,减轻腐蚀作用。对金属材料来讲,把相对湿度控制在临界湿度(50%~70%)以下,可显著减缓大气腐蚀。

在腐蚀介质中加入少量降低腐蚀速度的缓蚀剂,可减轻金属的腐蚀。

2.2.2 穴蚀

1. 穴蚀的特点及危害

相对于液体运动的固体表面，因气泡破裂产生局部冲击高压或局部高温所引起的零件表面金属剥落现象称为穴蚀。

柴油发动机湿式气缸套的外壁经常发生穴蚀，也称气蚀，如图 2.2～图 2.4 所示，现象为在局部地方集中出现蜂窝状的孔穴。

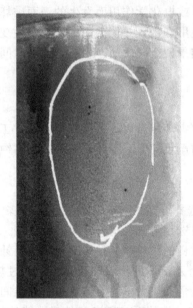

图 2.2 轻微的穴蚀

图 2.3 严重的穴蚀

图 2.4 严重的穴蚀（特写）

穴蚀现象在滑动轴承、水泵零件、水轮机叶片、液压泵中时常发生。随着发动机向高速发展，穴蚀破坏会越来越突出。

2. 减轻穴蚀的措施

减轻穴蚀的措施主要有以下几种。

（1）增加零件的刚性，改善支承，采取吸振措施，以减小液体接触表面的振动，减少水击现象的发生。

（2）选用耐穴蚀的材料，如球状或团状石墨的铸铁、不锈钢、尼龙。可在零件表面涂塑料、陶瓷等防穴蚀材料。

（3）改进零件的结构，提高表面质量，减少液体流动时产生的涡流或断流现象。

（4）在水中添加乳化油，减小气泡爆破时的冲击力。

2.3 断裂与变形

2.3.1 断裂

断裂是零件在机械力、热、磁、声响、腐蚀等单独或联合作用下，发生局部开裂或分成几部分的现象。断裂是零件使用过程中的一种最危险的破坏形式。断裂往往会造成重大事故，产生严重后果。

1. 断裂的分类

根据对断口的不同观察方法和形状特征，断裂可以有不同的分类方法。

按零件断裂后的自然表面即断口的宏观形态特征，可分为塑性断裂和脆性断裂；按断口的微观形态特征，可分为晶间断裂和穿晶断裂；按零件断裂前所承受载荷的性质，可分为一次加载断裂和疲劳断裂。

2. 疲劳断裂

零件在较长的时间内，在交变载荷作用下，才发生突然断裂的现象称为疲劳断裂。汽车上零件的裂纹及断裂，绝大多数是由疲劳引起的，疲劳断裂占整个断裂的 70%~80%。疲劳断裂的类型很多，包括拉压疲劳、弯曲疲劳、扭转疲劳、接触疲劳、振动疲劳等。疲劳又可根据循环次数的多少，分为高周疲劳和低周疲劳。

零件的疲劳断裂与静载荷下的断裂不同，其特点是破坏时的应力远低于材料的抗拉强度，甚至低于材料的屈服强度。不论是塑性材料还是脆性材料，疲劳断裂时，不产生明显的塑性变形，均表现为脆性断裂。

3. 减轻断裂的措施

减轻断裂的措施主要有以下几点。

1) 减少局部应力集中

大部分疲劳断裂都是起源于应力集中严重的部位，因此减少局部应力集中是减轻或防止疲劳断裂的有效措施之一。在零件材料选择时，应尽量减少材料缺陷；设计中必须改善零件的结构形状，并注意减少局部应力集中。

2) 减少残余应力影响

各种加工和热处理工艺过程，如机械加工、冲压、弯曲、热处理等都能引起残余应力。一般残余拉应力是有害的，但残余压应力则是有益的。渗碳、渗氮、喷丸和表面滚压加工等工艺过程均可产生残余压应力，它们将抵消一部分由外载荷引起的拉应力，因而减少了发生断裂的可能性。

3) 控制载荷防止超载

载荷对断裂有直接影响。在使用过程中，要注意零件所受载荷的大小、性质，降低其超载程度。

4) 其他措施

使用时应注意尽早发现裂纹，定期进行无损探伤和监测。尽量减轻零件的腐蚀损伤，尽量避免热应力。维修时应注意操作规程，避免因拆装、存放、加工而使零件受损伤。裂纹和断裂零件可用焊接、粘接、铆接等方法修复。对不重要零件上的裂纹，可钻止裂孔，防止或延缓其扩展。

2.3.2 变形

机械零件在工作过程中，由于受力的作用而使零件的尺寸和形状发生改变的现象称为变形。大量的维修实践表明，将磨损的零件进行修复，虽然恢复了原来的尺寸、形状和配合性质，但装配后仍达不到预期的效果。出现这种情况，通常是由于零件变形，特别是基础零件变形，使零部件之间的相互位置精度遭到破坏，影响了各组成零件之间的相互关系。

在汽车结构越来越复杂、精密的今天，零件变形问题越来越突出，已经成为维修质量低、大修周期短的一个重要原因。

1. 变形的分类

变形分为弹性变形和塑性变形两种。

1) 弹性变形

弹性变形是指外力去除后能完全恢复的那部分变形。汽车零部件中，通常经过冷校直的零件（如曲轴）经一段时间使用后又发生弯曲，这种现象是由弹性后效所引起的，所以校直后的零件都应进行退火处理。所谓弹性后效，是指金属材料在低于弹性极限应力作用下会产生应变并逐渐恢复，但总是落后于应力的现象。

2) 塑性变形

塑性变形是指外力去除后不能恢复的那部分变形。在变形中，塑性变形对零件的性能和使用寿命有很大影响。

2. 变形的危害

汽车零件的变形，特别是各总成基础件的变形，将导致各零件正常的配合性质被破坏，润滑条件变差，并产生一定的附加载荷，使零件的磨损加剧，使用寿命降低，甚至导致各零件不能正常运动，失去工作能力。因此，在汽车修理中，零件的变形问题应引起足够的重视。

3. 基础件变形对总成的影响

1) 气缸体变形的影响

气缸体变形可能引起气缸轴线与曲轴轴线的垂直度、曲轴轴线与凸轮轴轴线的平行度、曲轴主轴颈轴线的同轴度，以及气缸体上下平面的平行度、气缸轴线与汽缸体下平面的垂直度等的改变。

气缸轴线对曲轴轴线的垂直度偏差，将引起活塞连杆组零件在气缸内的倾斜，使活塞环与气缸壁之间的磨损加剧，发动机的使用寿命降低。主轴承座孔的同轴度偏差，将引起曲轴在座孔中的挠曲，从而影响润滑油膜的形成和增加曲轴的附加负荷，加速了曲轴及轴承的磨损。

2) 变速器壳体变形的影响

修理实践表明，变速器壳体的变形也是比较严重的。

变速器壳体的变形主要表现为轴承座孔轴线的同轴度、平行度及与前后端面的垂直度等超过公差要求。变速器壳体变形后，可能引起上、下轴承座孔轴线的平行度和前后两端面的平行度的变化，影响变速器的正常工作和使用寿命。

变速器壳体上、下轴承座孔轴线平行度超过允许范围，将使变速器传递转矩产生较大的不均匀性，同时产生动载荷，工作时产生噪声。

变速器上下轴承座孔不平行，破坏了齿轮的正常啮合，造成齿面偏磨，产生较大的轴向力，不仅加剧了齿轮的磨损，有时还造成跳挡和掉挡。

2.4 气缸的磨损及其规律

气缸的磨损程度是判断发动机技术状况是否良好、是否需要大修的重要依据。气缸磨损至一定程度，发动机动力性能显著下降，油耗急剧增加，工作性能变坏，甚至不能正常工作。

因此，了解气缸磨损原因和规律，不仅能正确地对其进行修理，而且对于正确使用和管理汽车，减少气缸的磨损，延长发动机的使用寿命，具有重要的指导意义。

2.4.1 气缸的磨损规律

气缸是在润滑不良、高温、高压、交变载荷和腐蚀性物质作用下工作的。气缸磨损是不均匀的，但正常情况下有一定的规律性。

1. 轴向截面的磨损规律

从气缸的纵断面看，活塞环行程内的磨损一般是上大下小即称为"锥形"或"锥体"，如图 2.5 所示。磨损的最大部位在活塞位于上止点时第一道活塞环所对应的缸壁。

2. 径向截面的磨损规律

从气缸横断面来看，气缸的磨损也是不均匀的，磨损成不规则的椭圆形，如图 2.6 所示。

各气缸沿圆周方向的最大磨损部位随气缸结构、车型、使用条件的不同而异。一般是进气门对面附近缸壁磨损最大。

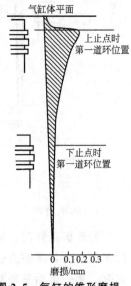

图 2.5 气缸的锥形磨损

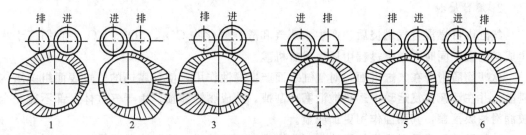

图 2.6 气缸的椭圆形磨损

在气缸内活塞环接触不到的上口,没有磨损而形成了明显的台阶,称为"缸阶"或"缸肩",如图2.5所示。气缸下部活塞运动区域外的气缸壁,由于润滑条件比较好,温度适中,没有活塞环摩擦作用,气缸也几乎没有磨损。

在特殊情况下,气缸的磨损不在上部,而是在中部,形成中间大的"腰鼓形"磨损,如图2.7所示。在同一台发动机上,不同气缸磨损情况不尽相同,一般水冷却发动机的第一缸前壁和最后一缸的后壁处磨损较为严重。

2.4.2 气缸磨损的原因

气缸磨损主要是由机械磨损、腐蚀磨损和磨料磨损等造成的,如图2.8所示。

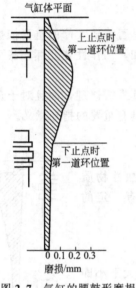

图2.7 气缸的腰鼓形磨损

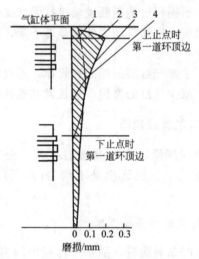

图2.8 气缸磨损示意图
1—金属磨料磨损;2—机械磨损;
3—灰尘磨料磨损;4—酸性腐蚀磨损

1. 机械磨损

发动机工作时,活塞环由于自身弹力和高压气体窜入活塞环背面致使活塞环对气缸壁的正压力大,摩擦力也大,润滑油膜被破坏,形成半干摩擦或干摩擦,造成活塞位于上止点时,第一道活塞环对应的气缸壁磨损最为严重,形成沿气缸轴向上大下小的锥形磨损。

2. 腐蚀磨损

气缸内可燃混合气燃烧后,产生水蒸气和酸性氧化物 CO_2、SO_2、NO_2。它们溶于水生成矿物酸,同时在燃烧过程中还生成有机酸。

这些物质附着在气缸表面,对气缸表面产生腐蚀作用,使受腐蚀的气缸表面组织结构松散,并在活塞往复运动中逐步被活塞环刮掉,造成腐蚀磨损。由于气缸体上部不能完全被润滑油膜覆盖,其腐蚀作用更加明显。

矿物酸的生成及对磨损的影响与工作温度有直接关系。冷却液温度低于80℃时,在气缸体表面易形成水珠,酸性氧化物溶于水而生成酸,这一作用随发动机冷却液温度的降低而增加。

发动机未达到工作温度时，其负荷不要过大，并且应尽量缩短低温运转时间，加快发动机的升温，以减少腐蚀磨损。

对于多缸发动机，各缸磨损也不均匀。如6缸发动机，由于1缸和6缸前后壁冷却效率较高和进气门对面被较冷的可燃混合气冲刷，润滑油膜难以形成，致使这些部位受到严重的腐蚀磨损。这是气缸上部磨损大并形成明显椭圆的主要原因。

3. 磨料磨损

空气中的尘埃，润滑油中的机械杂质和发动机自身的磨屑等进入气缸壁间造成磨料磨损。空气中的灰尘被吸入气缸上部，其棱角也锋利，因而气缸上部磨损最大。

在风沙严重的地区，大量的灰尘进入气缸后，由于活塞在气缸中部运动速度最大，致使气缸磨成"腰鼓形"。

复习思考题

1. 根据汽车零件磨损机理的不同，磨损可分为哪几类？
2. 防止或减轻汽车零件磨损的方法和途径有哪些？
3. 减轻腐蚀的措施有哪些？
4. 汽车零件穴蚀有何危害？
5. 减轻汽车零件穴蚀的措施有哪些？
6. 减轻汽车零件断裂的措施有哪些？
7. 简述基础件变形对汽车总成性能的影响。
8. 简述气缸的磨损规律和原因。

第3章
汽车零件的修复方法

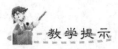
教学提示

目前，在汽车维修中常用的零件修复方法有机械加工、焊修、粘接等方法。

教学要求

本章主要介绍在汽车维修中常用的零件修复方法。重点内容是机械加工修理法和修理尺寸法。要求学生了解各种零件修复方法的特点，熟悉各种零件修复方法的适用范围，掌握各种零件修复方法的操作技能。

3.1 机械加工修理

3.1.1 机械加工修理的特点

机械零件修复后,要保证修复零件使用的可靠性和互换性,应和新零件一样满足图样所规定的尺寸、形状和位置公差、精度及表面质量要求。

但零件修复中的机械加工与制造新的零件存在很大不同。其特点是:加工批量小,有时甚至单件生产;相对加工余量较小,有时只对零件的某一部分进行加工;一般情况下,工件表面要进行加工前的准备工作,并且技术条件与新零件相似。

3.1.2 机械加工修理方法

1. 钳工加工法

1) 铰孔

利用铰刀进行精密孔加工和修整,能得到较小的表面粗糙度和很高的尺寸精度。铰孔主要用来修复各种配合孔。

2) 研磨

用具有良好嵌砂性能的研具,加上研磨剂,在工件表面上进行研磨,磨去一层极薄的金属,获得一定的加工精度和表面粗糙度。研磨常用于修复高精度的配合表面。

3) 刮削

刮削是用刮刀从零件表面上刮去一层很薄的金属的手工操作。它一般在机械加工之后进行,刮后表面的精度较高,表面粗糙度较小。常用于零件上相互配合的重要滑动表面。

4) 珩磨

用若干根细磨料砂条组成可胀缩的珩磨头,对被加工的孔作既旋转又上下沿轴线往复的综合运动,磨去一层薄的金属。珩磨后,孔的表面粗糙度变小,精度得到很大提高,珩磨主要用于修复圆柱内表面。

2. 局部更换法

当零件的某部位局部损坏严重,而其他部位仍完好时,一般不将整个零件作报废处理。可把损坏的部分除去,重新制作一个新的部分,并以一定的方法使新换上的部分与原有零件的基本部分连接在一起成为整体,从而恢复零件的工作能力。

3. 翻转修理法(换位法)

有些零件由于使用的特点,通常产生单边磨损,或磨损有明显的方向性。对称的另一边磨损较小的零件,可以利用零件未磨损的一边,将它换一个方向安装继续使用。

4. 附加零件法(镶套法)

把内衬套或外衬套以一定的过盈量装在磨损的轴承孔或轴颈上,然后加工到最初的基本尺寸或中间的修理尺寸,从而恢复组合件的配合间隙。

5. 调整法

用增减垫片或调整螺钉的方法来弥补由于零件磨损而引起的配合间隙的增大。这是维修和机械技术保养中常用的方法。发动机的配气机构由于凸轮挺杆及气门脚磨损，引起气门脚间隙增大，导致发动机配气相位的改变。修理时可通过调整法恢复到正常状态。

6. 修理尺寸法

将零件磨损表面通过机械加工恢复其正确的几何形状并与相配合零件恢复配合性质的一种加工方法。修理尺寸法是修复配合副零件磨损的常用方法。

3.2 修理尺寸法

修理尺寸法的实质是修复尺寸链。修理时不考虑原来的设计尺寸，采用切削加工和其他加工方法恢复其形状精度、位置精度、表面粗糙度和其他技术条件，从而获得一个新尺寸。

确定修理尺寸（即去除表面层厚度）时，首先应考虑零件结构上的可能性和修理后零件的强度、刚度是否满足需要。加工后的尺寸不同于零件的基本尺寸，而只是获得一个新的尺寸（对轴来说尺寸变小了，对孔来说尺寸变大了）。然后选配具有相应尺寸的另一配件与之配合，以保证原有的配合性质不变。

3.2.1 修理尺寸的级差

为了增加修理次数，延长主要件和基础件的使用寿命，根据实际使用中磨损情况及材料强度和结构限制，可以将修理尺寸分为若干级。

对于缸套和缸筒：汽油车分为 6 级修理尺寸，柴油车分为 8 级修理尺寸；对于曲轴主轴颈、连杆轴颈：汽油车分为 8 级修理尺寸，柴油车分为 13 级修理尺寸；活塞销分为 4 级修理尺寸；凸轮轴轴承孔内径分为 2 级修理尺寸。每级级差也不尽相同，但以每级级差为 0.25mm 的最多。

3.2.2 修理尺寸法的特点

修理尺寸法使各级修理尺寸标准化，便于加工和供应配件及修理，但它要求零件加工后有正确的几何形状和表面粗糙度，而且要按规定标准加工，这就造成加工余量大，使修理次数减少。

修理尺寸法能大大延长复杂零件和基础件的使用寿命，简便易行，经济性好，但为了保证零件有足够的强度，尺寸的增大（孔）或缩小（轴）应有一个限度。

当采用修理尺寸法到最后一级时，就采用镶套、堆焊、喷涂、电镀等方法使零件恢复到基本尺寸。

3.2.3 修理尺寸法应用举例

以轴和孔修理尺寸的计算为例。轴和孔的基本尺寸，磨损后及用修理尺寸法修复的情况，如图 3.1 所示。

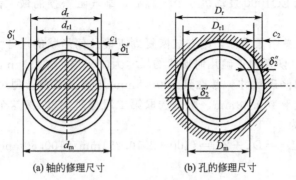

图 3.1 轴和孔的修理尺寸

轴孔各级修理尺寸计算为

$$\text{轴} \quad d_{r1}=d_m-2(\rho_1\delta_1+c_1) \quad (3-1)$$

$$\text{孔} \quad D_{r1}=D_m+2(\rho_2\delta_2+c_2) \quad (3-2)$$

$$\text{而} \quad r_B=2(\rho_1\delta_1+c_1)$$
$$r_o=2(\rho_2\delta_2+c_2) \quad (3-3)$$

所以各级修理尺寸为

$$\begin{aligned} d_{r1}&=d_m-r_B & D_{r1}&=D_m+r_o \\ d_{r2}&=d_m-2r_B & D_{r2}&=D_m+2r_o \\ &\vdots & &\vdots \\ d_{rn}&=d_m-nr_B & D_{rn}&=D_m+nr_o \end{aligned} \quad (3-4)$$

在图 3.1 和式(3-1)～式(3-4)中

d_m——轴的基本尺寸；

c_1——轴的加工余量；

δ_1''——轴的极限磨损量；

r_B——轴的修理尺寸级差；

d_r——轴磨损后的尺寸；

d_{r1}——轴的第 1 级修理尺寸；

d_{rn}——轴的第 n 级修理尺寸；

ρ_1——轴的不均匀磨损系数；

δ_1(即 $\delta_1'+\delta_1''$)——轴径向总磨损量；

D_m——孔的基本尺寸；

c_2——孔的加工余量；

δ_2''——孔的极限磨损量；

r_o——孔的修理尺寸级差；

D_r——孔磨损后的尺寸；

D_{r1}——孔的第 1 级修理尺寸；

D_{rn}——孔的第 n 级修理尺寸；

ρ_2——孔的不均匀磨损系数；

δ_1(即 $\delta_1'+\delta_2''$)——孔径向总磨损量。

例如，测量东风 EQ1090 发动机 6 个气缸后，某气缸磨损的最大值为 100.38mm，修理等级如下。

设气缸机械加工总余量为 C，则气缸恢复到正确几何形状的尺寸为：100.38mm+C。C 取 0.1mm，则气缸恢复到正确几何形状的尺寸为(100.38+0.1)mm=100.48mm。但气缸必须加工至规定的修理尺寸。考虑到 100.48mm 与气缸二级修理尺寸(加大+0.5mm)比较接近，而且又大于 100.48mm，所以选取第二级修理尺寸(按这个尺寸加工各缸均能恢复正确几何形状)为

$$D_{r2}=D_m+2r_o=(100+2\times0.25)\text{mm}=100.50\text{mm} \tag{3-5}$$

3.3 镶套修理

零件的镶套修理是汽车零件修复中常用的修复方法，如气缸套、气门座圈、气门导管、飞轮齿圈及各种铜套的镶配，都可采用此法。

有些零件(如气缸)在结构设计和制造上就已经考虑了镶套法，有些零件(如气门导管和座圈)本身就可以镶换。

3.3.1 基本方法介绍

1. 镶套原理

在所修复的零件允许减小轴颈(扩大孔)的情况下可采用附加内衬套(附加外衬套)的方法镶套。

图 3.2(a)和图 3.2(b)分别表示附加内衬套和外衬套承受磨损扭矩 $M_{扭}$ 的情形。内外衬套均用过盈配合装到被修复的零件上，其配合过盈量的大小应根据所受力矩和摩擦力进行计算。有时还可用螺钉点焊或其他方法固定。如果需要提高内外衬套的硬度，则应在压入前先对其进行热处理。

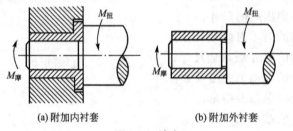

(a) 附加内衬套　　　(b) 附加外衬套

图 3.2 镶套

2. 气缸的镶套

气缸镗削超过最后一级修理尺寸，或气缸壁上有特殊损伤时，可在气缸体内镶换新的气缸套。第一次镶套时，应选用外径尺寸最小的气缸套，这样可以增加发动机的修理次数。发动机气缸的镶套可分为干式气缸套的镶配和湿式气缸套的镶配两种。

1) 干式气缸套的镶配方法

首先用专用工具将旧套取出或用镗缸机镗削掉。第一次镶套应选用标准尺寸的气缸

套；再根据所选气缸套的外径尺寸镗削承孔，镗削后的气缸体承孔表面粗糙度 Ra 应不大于 $2.5\mu m$，并留有适当的过盈量；最后将承孔和气缸套外壁涂以机油，放正气缸套，再加上平整垫木，用压床将气缸套徐徐压入承孔。

在初始压入时，用 90°角尺进行测量，确认气缸套垂直于气缸体平面时，再缓慢加力。压入过程中如压力突然增加，应立即进行检查，可能是气缸套偏斜或过盈量太大，配合过紧。如果压入时压力过低，可能是气缸体承孔尺寸过大，配合过松。

气缸套压入后应与气缸体上平面平齐，不得低于上平面。如高出少许，可用锉削或磨削修平。装配结束再进行水压试验。

2）湿式气缸套的镶配方法

镶配时，首先轻轻敲击旧缸套底部，用手或拉具拉出旧缸套，除去气缸体承孔结合面上的铁锈污物，用砂布擦至露出金属光泽为止，再试装新缸套。

将未装密封圈的气缸套装入气缸体内，压紧后检查气缸套端面高出气缸体平面的距离，使其符合规定；取出新缸套，经检查确认其与承孔的结合面正常后，将镗磨好的气缸套装上水封圈，并涂以密封胶，检查各道水封圈与气缸体的接触是否平整，然后稍加压力即可装入气缸体的承孔内；压入气缸套后，应进行水压试验，检查水封圈的密封性。

3.3.2 镶套时应注意的问题

1. 材料

镶套的材料要根据镶套部位的工作条件来选择。如在高温下工作的部位，镶套材料应与基体一致或相近似，使它们的线膨胀系数相同；材料热稳定性要好，以保证零件工作时的稳定性。为了获得好的耐磨性能，也可镶比基体金属好的耐磨材料。

2. 过盈量

镶套过盈量应选择合适，必要时要经过强度计算。因为过盈量太大，易使零件变形或挤裂；过盈量不足，又易松动和脱落。

根据相对过盈量的大小，镶套配合分为轻级、中级、重级和特重级。

轻级镶套配合的特点是能传递较小扭矩，保持相对位置，当受力大时需另行固定。主要用于转向节指轴（镶后焊牢）、变速器中间轴齿圈（镶后焊牢）。

中级镶套配合的特点是能承受一定的扭矩及冲击，分组选择装配，受力过大时仍需另行紧固。主要应用于干缸套、气门导管、变速器及后桥壳上孔、主销孔、变速器中间轴齿轮。

重级、特重级镶套配合的特点是能承受很大的扭矩、动负荷，不需加固，分组装配，加热包容件，冷却被包容件。主要用于飞轮齿圈、气门座圈、转向节指轴（不焊）。

3. 加工精度及表面粗糙度

在零件镶套时，各零件的表面粗糙度和加工精度应根据图样要求选择。一般情况下，镶缸套外圆表面粗糙度为 $Ra1.25\mu m$，缸套承孔为 $Ra2.5\mu m$，气门座圈外表面为 $Ra2.5\mu m$，气门座承孔为 $Ra1.25\mu m$。为了保证准确的过盈量，配合面加工精度要求较高，通常采用 IT6、IT7 级。

4. 镶套的操作

镶套是谨慎细致的钳工操作。镶套前应仔细地检查配合件的尺寸及形状误差，检查倒角、表面粗糙度，并做好除锈、除油等清洁工作；在允许的圆柱度范围内，座孔应大头朝上，镶入件应小头朝下，平稳压入；忌用榔头敲击；压入过程中应注意检查压入件是否歪斜，压力是否正常。

3.3.3 镶套法的特点

镶套法可以恢复基础件的局部磨损，延长基础件的使用寿命；应用镶套法一次可以使磨损了的零件恢复到基本尺寸，为以后的修理提供了方便；工艺简单，易操作，不需大型设备，成本低，质量易保证；由于不需要高温，零件不易变形；但它的应用受到零件结构和强度的限制。

3.4 焊 修

焊接技术用于维修工作时称为焊修，它是汽车修理工作中应用较广的零件修复方法。焊修法是基体与焊条或焊粉在热能的作用下一起熔化，并得到良好的晶内结合，以填补零件的磨损和恢复零件的完整的一种维修方法。

在汽车零件修复中，铸铁零件的焊修、铝合金的焊修、二氧化碳保护焊修等方法应用较多，而且各具特点。下面介绍这几种焊修方法。

3.4.1 铸铁零件的焊修

铸铁是制造形状复杂、尺寸庞大、易于加工、防振减磨的基础零件的主要材料。汽车上应用最多的是灰铸铁，其次是球墨铸铁和可锻铸铁。

1. 铸铁零件的焊接特点

铸铁零件焊修时最易产生的问题是白口和裂纹。为此，焊修时可采取如下措施。

1) 防止白口

(1) 将工件预热，以减缓焊缝的冷却速度。

(2) 采用石墨化型焊条、镍基焊条等专用焊条，或在焊条中加入促进石墨化元素，防止渗碳体的生成。

2) 防止裂纹

(1) 减少焊接应力，预热工件，采用加热减应焊法。

(2) 采用塑性、延性好的金属焊条，减少焊缝的拉应力。

2. 铸铁零件的焊修方法

根据对焊件加热的情况不同，可以分为热焊法、冷焊法和加热减应区法三种。根据热源的不同，可以分为气焊和电焊两种。

气焊(图3.3)就是氧乙炔火焰焊。铸铁气焊熔池冷却速度慢，并且可以适当控制，能做到使焊缝金属与基

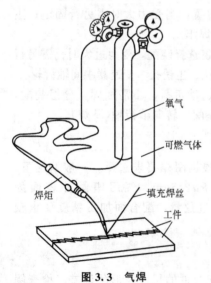

图 3.3 气焊

体材料相近似，工艺简单；但气焊劳动强度大，生产率低，零件受热变形大。气焊主要适用于中小零件的焊修，特别适合于薄板的焊补。

电焊(图3.4)就是借助电焊机(图3.5)进行的手工电弧焊。铸铁电焊施焊速度快，生产率高，零件变形小，但焊缝机械加工性能比气焊差，焊缝硬而脆。

 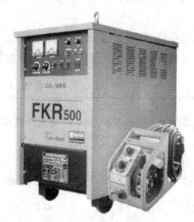

图3.4　电焊　　　　　　　　　　　　图3.5　电焊机

热焊是在焊前将工件预热，并在热状态下施焊和焊后缓冷。一般可预热到600～700℃之间，施焊中温度应不低于400℃；这种方法可以有效地防止白口和裂纹。铸铁热焊可以采用铸铁心或钢心石墨化焊条进行电焊，也可以用气焊。汽车热焊多采用气焊。

冷焊就是焊前不对工件预热或预热温度低于400℃情况下进行的焊修。这种方法不对工件预热或预热温度低，焊后变形小，成本低，生产率高且劳动条件好，具有更大的应用范围。一般铸铁件多采用冷焊。同样，它既可以采用电焊，也可以采用气焊。

加热减应焊又称对称加热法，其实质是一种对零件选定部位(减应区)加热的焊补方法，只不过要巧妙地选择加热部位而已。

如图3.6所示的一个带有裂纹的零件，若直接施焊而不采用加热减应，焊后焊缝很可能被拉断，即使不被拉断零件也会产生很大的变形。如在减应区加热，焊缝与减应区在受热时一起膨胀，冷却时又一起收缩，就会大大减轻焊补应力。

加热减应焊具有气焊和电弧冷焊两者的优点，焊缝质量高，零件变形小，成本低，劳动条件好。发动机缸体的裂纹、气门座孔内的裂纹、曲轴箱内的裂纹及气缸上平面的裂纹，均可采用加热减应焊。

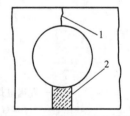

图3.6　加热减应区的选择
1—裂纹；2—减应区

3.4.2　铝合金零件的焊修

随着技术的进步，汽车上铝合金零件日益增多，如活塞、气缸体、气缸盖、飞轮壳、水泵壳体，轿车的桥壳、变速器壳，公共汽车的窗户框等。

因此，铝合金零件的焊修在汽车零件的修复中也日趋增多，尤其是铝型材的钎焊，在客车车身的修复中已得到广泛应用。

为保证焊接质量，铝合金焊接通常采用电弧焊和氩弧焊。大型铝及铝合金工件的焊补宜采用电弧焊。

氩弧焊是以氩气为保护气体的一种电弧焊接法。氩气的密度大于空气，它既不与金属起化学反应，又不溶解于液体金属。氩弧焊有保护效果好、焊接热量集中、零件变形较小等优点。在铝合金焊修中，氩弧焊是一种比较完美的方法，因此得到了广泛应用。

氩弧焊前要做好焊丝和工件的清洁工作；焊接过程中要求焊炬运行平稳，送丝均匀，保护电弧稳定燃烧。手工钨极氩弧焊参数见表 3-1，焊接工作原理如图 3.7 所示。

表 3-1 手工钨极氩弧焊参数

工件厚度/mm	钨极直径/mm	焊接电流/A	焊丝直径/mm	氩气 流量/(L/min)	喷嘴直径/mm
3～5	3～4	120～200	3	8～10	8～12
6～8	4～5	140～220	3～4	10～14	10～14
8～12	4～5	220～280	4	12～16	12～16
>12	5～6	160～300	4～5	14～18	14～16

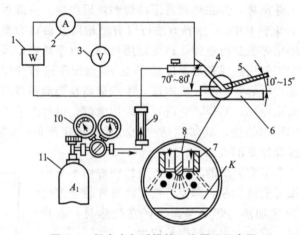

图 3.7 铝合金氩弧焊的工作原理示意图
1—直流电焊机；2—电流表；3—电压表；4—焊炬；5—焊丝；6—工件；
7—气流罩；8—钨极；9—流量计；10—调压表；11—氩气瓶

焊接采用直流反接时（即工件接负极），能有效地破坏铝合金表面的氧化膜。因为氩气电离，正离子高速冲击工件破坏了氧化膜，但钨极烧伤严重。如采用直流正接，钨极烧蚀小，电弧稳，但无冲击作用。可见，钨极氩弧焊使用的电源以交流电源为宜。

3.4.3 二氧化碳保护焊修

1. CO_2 保护焊的特点

CO_2 保护焊常用于修复耐磨性要求不高的零件。它既可以用细焊丝代替气焊焊接薄钢板,又能堆焊曲轴、焊补铸铁,因此在汽车修理中被广泛应用。

2. CO_2 保护焊的工作原理

CO_2 保护焊的工作原理示意图如图3.8所示。

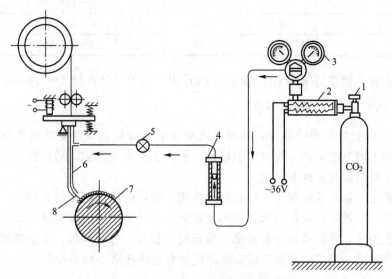

图3.8 CO_2 保护焊的工作原理示意图

1—开关;2—干燥器;3—调压表;4—浮子流量计;
5—电子气阀;6—焊嘴;7—工件;8—焊丝

钢瓶装高压液体 CO_2 经预热干燥器、压力调节器、流量计被送进焊嘴。新充的瓶压为7000~8000kPa,当用到2000kPa左右时不能再用,因为这时气体中含水量过多,将使焊缝出现大量气孔。由于 CO_2 液体在汽化时吸热,在 CO_2 中的水蒸气会使出气阀结冰,阻塞通道,所以在出气阀处装有干燥器,可防止 CO_2 中的水分进入焊缝而增加焊缝的气孔。一般用含有钛、锰、硅等元素的焊丝,注意不要用普通的碳钢焊丝。

CO_2 保护焊焊丝伸出长度应适当。伸出过小,飞溅的金属会粘住焊嘴;伸出过长,CO_2 保护作用减弱,飞溅加大,焊接过程不稳定,焊缝中出现气孔。

3. 细丝 CO_2 保护焊焊接薄钢板

在 CO_2 保护焊中,直径小于1.6mm的焊丝为细焊丝。细丝 CO_2 保护焊在汽车制造和修理中被广泛应用。所用细丝直径为0.5~1.2mm,焊接钢板的厚度为0.8~4mm。常采用国产GD-200型 CO_2 保护焊焊机,其焊接参数见表3-2。

表3-2 国产GD-200型 CO_2 保护焊焊机的焊接参数

板厚/mm	焊丝直径/mm	焊接电压/V	焊接电流/A	电感	CO_2 压力/kPa	流量/(L/min)
0.8	0.5	17~18	45	小	$(0.5\sim1)\times10^2$	6~8
1.2	0.8	19	75	中	$(1\sim2)\times10^2$	6~8
1.5	0.8	19~20	80	中	$(1\sim2)\times10^2$	6~8

(续)

板厚/mm	焊丝直径/mm	焊接电压/V	焊接电流/A	电感	CO_2 压力/kPa	流量/(L/min)
2.0	0.8	20	100	中	$(1\sim2)\times10^2$	6~8
3.0	1.0	21	110	大	$(1\sim2)\times10^2$	8~10
4.0	1.0	21~22	150	大	$(1\sim2)\times10^2$	8~10

焊车架纵梁、横梁可采用 GD-300 型 CO_2 保护焊焊机及直径 1~1.6mm 的焊丝。

4. 细丝 CO_2 保护焊冷焊铸铁件

细丝 CO_2 保护焊冷焊铸铁件，可使焊缝中含碳量降低为中碳钢或高碳钢，与基体材料平滑过渡而无明显的白口。焊丝中的锰、硅进行了脱氧及除硫、磷的反应，精炼了焊缝金属，提高了焊缝的抗振性和强度。

由于焊第二、第三层时对第一层的回火作用，焊层硬度与基体材料相近，焊接时热量不大，电弧短，临近焊缝的铸铁基体来不及熔化而未经相变，因而焊缝的加工性能好。

施焊速度要快，多层焊每层都要薄。填充过程要对称分段施焊，焊道要窄，每焊完一道要停 30s 再焊另一道，以防由于铸铁与焊缝材料受热膨胀不同而拉裂。

3.5 粘接修复

粘接是利用粘接剂把两个分离、断裂或磨损的零件进行连接、修复或补偿尺寸的一种工艺方法。

3.5.1 粘接原理

粘接是依靠粘接剂渗入物体表面粗糙不平的空隙中，固化产生机械镶嵌作用；粘接剂分子之间存在着物理吸附作用，粘接剂的分子成链状结构且不停地运动，存在互相扩散作用；还有化学反应产生的化学键作用等共同作用下，将两个被粘物体连接在一起的。

实际上，粘接剂与被粘接物体之间的粘合是由机械连接、物理吸附、分子间互相扩散与化学键等多种形式综合作用的结果。

3.5.2 粘接剂

粘接剂简称胶，是由基料、增塑剂、固化剂、填料和溶剂等配制而成的。汽车修理中常用的有机粘接剂有环氧树脂、酚醛树脂、Y-150 厌氧胶、J-19 高强度粘接剂。常用的无机粘接剂主要是磷酸-氧化铜粘接剂。

1. 环氧树脂粘接剂

环氧树脂粘接剂(图 3.9)因高分子材料中含有环氧基而得名。环氧基是一个极性基团，在粘接中能与某些物质发生化学反应而形成很强的分子作用力。

因此，环氧树脂粘接剂具有强度较高、粘附力强、耐磨、耐蚀、绝缘性好等优点，适用于工作温度在150℃以下机件的粘接，是应用最广的一种粘接剂。

在汽车修理中，常用于修补气缸体、水套裂纹，修复磨损的孔、轴颈、镶套等。

2. 酚醛树脂粘接剂

酚类和醛类有机物发生缩合反应即生成酚醛树脂。酚醛树脂具有较高的粘接强度，具有比环氧树脂高的耐温性能，某些改性的酚醛树脂可以长期在200℃以上的温度下工作。

但酚醛树脂粘接剂存在着脆性大和不耐冲击的缺点，因此一般在改性后使用。例如丁腈改性酚醛树脂，其特点是韧性好、耐热、耐水、耐油、耐老化，可用于汽车各种轴、轴承的修复，以及离合器摩擦片、制动蹄片的粘接。

图3.9 环氧树脂粘接剂

3. Y-150厌氧胶

Y-150厌氧胶是以甲基丙烯酸酯或丙烯酸双酯及它们的衍生物为粘料，加入由氧化剂或还原剂组成的催化剂和增稠剂等组成的。

Y-150厌氧胶毒性小，低强度，使用方便，工艺性好，常用于螺栓紧固、轴承定位、堵塞裂纹、密封等。

4. 磷酸-氧化铜粘接剂

磷酸-氧化铜粘接剂是一种无机粘接剂，由氧化铜粉末和磷酸与氢氧化铝配制的磷酸铝溶液组成。这种粘接剂能承受较高的温度（600～850℃），粘接性能好，制造工艺简单，成本低。

但磷酸-氧化铜粘接剂脆性大，耐酸、耐碱的性能差。磷酸-氧化铜粘接剂可用于粘接发动机缸盖进排气门座过梁上的裂纹及硬质合金刀头。

3.5.3 粘接工艺

对于粘接剂修补的零件，应根据损坏程度、结构、性能及客观条件确定粘接方案，正确选用粘接剂，合理设计粘接接头。主要工艺要点如下。

1. 粘接剂的选用

粘接必须根据被粘物的材质、结构、形状、载荷大小和环境条件来选择剂。被粘物的表面致密强度高，可选用改性酚醛胶、改性环氧胶、聚氨酯胶；橡胶材料粘接或其他材料粘接，应选用橡胶型粘接剂；热塑性塑料粘接可用溶剂或热熔性粘接剂；热固性塑料粘接必须选用与粘接材料相同的粘接剂。

2. 接头设计

粘接接头设计应尽可能增大粘接面积，提高粘接力。接头的受力方向应在粘接强度的最大方向上，并尽量使其承受切应力。接头的结构尽量采用套接、嵌接或扣合连接的形式。接头设计应尽量避免对接形式。如条件允许，可采用粘-铆、粘-焊、粘-螺纹连接等复合形式的接头。几种粘接接头形式如图 3.10 所示。

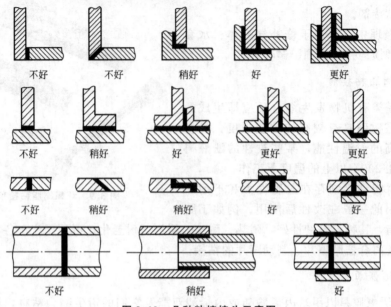

图 3.10 几种粘接接头示意图

3. 粘接前的表面处理

粘接前的表面情况对粘接质量有很大影响。粘接前要求被粘表面无油、无锈和其他杂质，有合适的表面粗糙度且表面尽可能活化。

表面准备工作包括表面清洗、机械加工、去脂处理、活化处理等工序。表面处理后与粘合的时间间隔不宜太久，以免沾污粘接表面。

4. 粘合和固化

粘合时，首先要对相互粘合的表面均匀涂抹粘接剂，防止有漏涂或局部涂抹过厚的现象。胶层一般控制在 0.05~0.35mm 为最佳。

粘合后的固化一般需在一定的压力和温度条件下进行，并有一定的时间要求。

固化后要缓慢冷却，以免产生应力。

3.5.4 影响粘接质量的因素

影响粘接质量的因素很多，其中粘接前的表面准备是决定粘接结合强度的关键。粘接表面要做到无油、无锈，并保证一定的表面粗糙度。对于高强度的重要零件，应进行化学表面处理。

合理设计粘接接头是提高粘接强度的重要途径。用环氧树脂胶粘接时，其抗拉强度和抗剪强度比较好，剥离和冲击强度低，故在设计接头形式时，要进行受力分析，增加粘接面积，提高其强度。粘接剂是保证粘接质量的关键因素之一，要根据粘接工件的工作要求选择粘接剂，配方的比例要严格控制。

粘合和固化质量的好坏直接影响粘接强度，涂胶要均匀，严格控制固化温度、压力和时间。

3.6 零件修复方法的选择

合理选择零件修复方法是汽车修理中的一个重要问题，特别是对于一种零件存在多种损坏形式，或一种损坏形式可用几种修复方法的情况，选择最佳修复方法更加重要。选择零件的修复方法主要考虑：工艺上的可行性；质量上的可靠性；经济上的合理性。

3.6.1 工艺上的可行性

根据零件的修复要求尽量采用新技术、新方法，按照零件的工作条件、损坏程度、特征、精度和性能及生产条件，合理选择可行的修复方法，并能充分发挥该修复方法的优点。

(1) 工作条件。零件在工作时的载荷、速度、温度、润滑、配合、工作面间介质等不同，采用的修复方法也不相同。例如，气缸体冻裂一般用粘接修复；而后桥和变速器壳体、轴承座孔间的裂纹，就不能用粘接修复。滑动配合的零件表面承受的接触应力较低，各种修复方法都可选用；承受冲击载荷的零件，宜采用喷焊等工艺修复。

(2) 磨损程度。各种零件由于磨损程度不同，修复时要补偿的修复层厚度也各异。因此，选择修复方法时必须牢记各种修复方法所能达到的修复层厚度。

(3) 零件特征。在选择修复方法时，还要考虑零件的材料、尺寸、结构、形状及热处理等因素。零件本身的尺寸结构和热处理特性也限制了某些修复方法的采用。

(4) 精度和性能。修复方法对零件的精度及力学性能均有不同程度的影响，选择修复方法时也应该考虑修复层的硬度、加工性、耐磨性、精度等。

(5) 生产条件。包括设备、设施、人员、安全、环保等有关条件。

3.6.2 质量上的可靠性

质量上的可靠性是指修复质量要符合零件修复的各项技术指标要求(主要是指结合强度、耐磨性、疲劳强度等)，而且要保证质量。因此，最终确定的零件修复方法和修复工艺一定要切实可行，并严格按照操作规范操作，加强质量检查，确保修复质量。

3.6.3 经济上的合理性

经济上的合理性是指不单纯考虑修复的直接消耗，即修复费用低，同时还要考虑零件的使用寿命。若修复件的单位使用寿命所需用的修复费用低于新制造件的单位使用寿命所需用的制造费用，就可以认为选用的修复工艺是经济的。有的工艺虽然修复成本很高，但其使用寿命却高出新件很多，则应认为是经济合算的工艺。

复习思考题

1. 常用的机械加工修理方法有哪些？

2. 修理尺寸法有何特点？
3. 如何对干式气缸套进行镶配修理？
4. 简述铸铁零件的焊修方法。
5. 简述铝合金零件的焊修方法。
6. 在汽车修理中，常用的粘接剂有几类？简述其各自的适用范围。
7. 在汽车修理中，如何合理选择零件修复方法？

第 4 章
汽车的接收、清洗和解体

汽车的接收、清洗和解体是汽车修理工艺中必不可少的工艺过程，熟悉这一工艺过程对确保汽车维修质量具有重要意义。

本章主要介绍汽车的接收、清洗和解体工艺过程。重点内容是汽车零件的清洗方法和汽车解体的注意事项。要求学生了解汽车的接收和外部清洗方法，熟悉汽车解体的注意事项，掌握汽车零件的清洗方法。

4.1 汽车的接收、外部清洗

4.1.1 汽车的接收

车辆或总成维修时应符合送修规定,并经检测诊断评定技术状况,确定维修作业范围,填写进厂检验单,办理交接车手续,签订维修合同。

检测诊断与技术评定是指对车辆在不解体情况下,通过仪器设备和人工进行检测诊断,并通过向驾驶人了解、查阅车辆技术档案及调查车辆使用情况等措施,对车辆技术状况进行的综合评定,它是确定修理作业范围的依据。

1. 调查汽车的使用情况

通过对驾驶人或送修人员的询问和查阅车辆技术档案,了解送修车辆的修理和维护情况、经常发生的故障、燃润料的消耗、轮胎的磨损及车辆的动力性等方面的情况,作为判定车辆技术状况的初步依据。

2. 仪器设备检测诊断

为实施视情修理和强制维护制度,车辆大修的检测诊断主要是通过免解体检测设备进行的。没有检测手段的企业,汽车大修前的检测诊断应到交通主管部门认定的检测站进行,以便全面检测,准确确定修理的深度和广度。

检测诊断的主要内容包括汽车的动力性(车速、加速能力、底盘输出功率、发动机功率、转矩和供给系统、点火系统的状况等)、安全性(制动、侧滑、转向、前照灯等)、可靠性(异响、磨损、变形、裂纹等)、经济性(燃料消耗)及噪声和废气排放状况等。能表征上述内容的具体检测参数及其数值除部分通用者外,大多数都需要根据不同车辆的结构特点、故障规律和使用条件,通过大量的测试数据记录来加以确定。

检测诊断结果是对待修车辆技术状况和技术性能进行技术评定的重要依据。

3. 人工检查与试验

除仪器设备检测外,还必须由人工进行外部检查。必要时,还可进行路试。在不具备完善的检测设备时,人工检查和道路试验就成为入厂检验的主要手段。

1) 车辆的外部检视

外部检视除进一步确定送修车辆的技术状况外,还可以判明送修车辆是否装备齐全,是否有过拆换现象。检视的重点应放在车辆的关键基础件有无破裂、渗漏、变形等方面,尤其要注意车架和悬架有无明显的断裂、变形和连接松动。另外,轮胎的失效情况也应检查。

2) 道路试验检验

通过道路试验检验可以进一步判明汽车及各总成的技术状况。道路试验检验的内容大致如下。

(1) 汽车起步前,查看各仪表工作是否正常,检看转向盘游隙的大小,以及离合器和车轮制动器踏板自由行程,检查手制动器的情况。

(2) 汽车起步时,检查离合器情况,判定其是否存在异响、打滑和发抖现象。

(3) 汽车行驶中，尤其是在车速变换时，查听发动机和变速器等有无异响，变速器是否存在自动脱挡现象，传动轴及驱动桥是否有异响。

(4) 汽车行驶中是否有跑偏和方向不稳现象，转向操纵机构是否轻便灵活，制动情况如何。

(5) 汽车行驶中，检查整车的振动和车内噪声情况。

4. 技术鉴定

通过以上检测诊断并参照对驾驶人的调查和技术档案记录，最后对车辆技术状况进行综合评定，确定修理作业范围。

最后，承修单位与送修单位应签订合同，商定送修要求、修理车日和质量保证等。合同签订后必须严格执行并填写进厂检验单。

4.1.2 汽车的外部清洗

在汽车大修检测诊断前，应进行外部清洗。其目的在于清除外部灰尘、泥垢和油污，便于汽车检测和拆卸工作的顺利进行，并保持作业工位整洁。

外部清洗设备的结构形式分为固定式和可移式两类。

1. 固定式外部清洗设备

固定式清洗设备具有清洗效率高、劳动强度低等优点，可应用于大批量汽车的外部清洗作业。

就其清洗方式而言，可分为喷射冲洗式和滚刷刷洗式两种。喷射冲洗依靠压力水的冲击清除汽车车身及底盘部分的泥土污垢，主要适用于载货汽车的外部清洗作业；滚刷刷洗则主要依靠滚刷与车身表面的刷洗摩擦作用清除车身表面的灰尘、污垢，主要适用于轿车、旅行车和大客车等的车身表面清洗作业。

图 4.1 所示为目前汽车维修企业常用的大型通道式洗车机，图 4.2 所示为龙门式洗车机。

图 4.1 大型通道式洗车机

图 4.2 龙门式洗车机

2. 可移式外部清洗设备

可移式外部清洗设备是小型的清洗设备，其清洗装置及电动机、水泵等均安装在可移动的小车上，机动灵活，使用方便，但由于采用单喷嘴且出口流量小，所以清洗效率较低，一般只适用于维修作业量不大的企业。图 4.3 所示为目前汽车维修企业常用的可移式汽车清洗设备。

图 4.3 可移式汽车清洗设备

可移式喷刷清洗机既能清洗汽车底盘部分的油污，又能刷洗除净车身表面的尘埃，故可广泛用于各类车辆的外部清洗。

汽车外部清洗设备按水的利用程度不同可分为循环用水式和非循环用水式两种。前者用水量少，节约水资源，并有利于保护环境，但为避免水管和喷嘴堵塞，需要有污泥沉淀器，油水分离器等辅助设备。

同时，为保证正常的水循环，还需设置足够大的储水池。至于后者，由于水只利用一次就被排掉，不需要循环水的处理装置，因而结构较简单，但是其耗水量大，不经济，而且不利于环境保护。

汽车的外部清洗大多采用冷水清洗。对乘用车、旅行车、大客车等车辆，常采用化学溶液以加速清洗过程，强化清洗效果，化学清洗液可用含量(质量分数)为 2%～3% 的中性皂液与热水相混合。

用化学溶液清洗车身表面前，一般先用清水将车身淋湿，然后喷液刷洗。清洗后要用清水冲净。对于车身外表的装饰性镀铬表面，为保证其光泽还应用干燥的软布揩干。

4.2 汽车的解体

送修车辆经外部清洗后进行解体，即将整车拆成总成，然后将各总成拆成零部件。在修理作业中，拆装工作量约占总工作量的 40%。而汽车和总成拆卸工作的生产效率、质量及工人的劳动强度，在很大程度上取决于作业组织、工艺安排、操作技术、工具及设备使用、作业机械化程度等。

4.2.1 合理组织拆卸作业

本书第 1 章汽车维修概论中介绍了汽车修理的流水作业法和定位作业法。对汽车和总成的拆卸作业，可根据生产规模的大小分别采用上述两种方法。

4.2.2 合理安排工艺顺序

整车解体通常是将整车分成若干个拆卸单元，按部位进行分工并以平行交叉的作业方式进行。这样可使整个拆卸过程交叉配合、密闭衔接，既缩短了拆卸时间，又减少了其他辅助时间。

汽车拆卸的工艺顺序取决于汽车的结构和工位的组织形式。对某一具体车型只有反复实践后才能制订出最优的拆卸工艺顺序。

4.2.3 正确使用拆装工具和设备

在汽车拆装作业中，螺纹连接的拆装工作量占总拆装工作量的50%～60%，过盈配合连接和轴承的拆装工作量约占总拆装工作量的20%。为提高作业效率保证拆卸质量，改善劳动条件，应正确使用拆装工具和拆卸设备。

螺纹连接件的拆装工具应尽量选用合适的固定式扳手或套筒扳手，以保护拆卸螺栓、螺母的六方。

拆装设备种类繁多，常用的有手持式和移动式两类。手持式设备小巧，使用方便，如电动扳手(图4.4)、气动扳手(图4.5)、液动扳手等。

图 4.4　电动扳手　　　　　　　　图 4.5　气动扳手

移动式设备主要用于拆装扭紧力矩较大的螺纹连接件，其工作特点决定了它的结构较复杂、体积较大，故装有小轮供移位之用。移动式设备大多为专用，如轮胎螺母拆装机(图4.6)、U形螺栓螺母拆装机(图4.7)等。

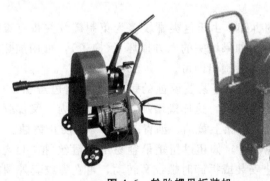

图 4.6　轮胎螺母拆装机

过盈配合连接件的拆装应使用拉压器或压力机以提高工作效率，避免损坏机件和破坏配合性质。

拆卸半轴套管可使用半轴套管拉压器(图4.8)，拆卸轴承可使用轴承拉器(俗称抓子或扒子，如图4.9所示)。

图4.7　U形螺栓螺母拆装机

图4.8　半轴套管拉压器

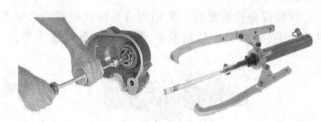

图4.9　轴承拉器

若用手锤敲击方式拆卸，应垫以软金属或硬木。不可垫硬金属，以免损坏机件。更不可垫一字(或十字)螺钉旋具或凿子等钢类手工工具，因其不仅会损坏机件、工具，而且脆断的碎块可能会造成人身伤害。使用手锤敲击拆卸任何机件时均不可直接敲击机件的工作表面。

拆装螺纹连接件应注意的问题有以下几点。

(1) 有预紧力螺纹连接件的拆装。当有预紧力螺纹连接件(如气缸盖螺栓)拆卸有困难时，不能硬拆，应用锤子(梛头)敲打、振松后再拆，并且用力要均匀，也可先向相反方向旋转，然后再拆；如果是热机可待机冷却后再拆卸。对于双头螺栓，安装时应用力均匀，旋转至规定的预紧力。

(2) 缸体上各螺纹堵头的拆卸。由于这类螺纹多为英制螺纹并带有锥度，因此只要一经拧动即可拆下。对于铝缸体，如果堵头的六方损坏了(撸了)，可用加热法拆卸，也可用一个螺母套焊在堵头上，待冷却后旋出即可。

(3) 易受腐蚀的螺栓的安装。对于易受腐蚀的螺栓(如水道边盖螺栓)，在安装时可将螺栓涂上黄油，使螺纹之间形成油膜，这样既增加了防锈蚀能力，又加强了密封性能。安装后裸露在外部的螺栓、螺母，可涂上黄油、沥青或油漆等，防止锈蚀。

(4) 安装铝制机体上的螺栓时，如超过扭矩最容易出现滑丝(撸扣)现象，因此，最好改镶加大的钢材螺纹。为防止安装或拆卸时螺纹套转动，可在螺纹套外圈加止动螺钉。

(5) 有机材料中各种折断螺栓的拆卸。用电烙铁搭在折断的螺栓尾部停留片刻，用尖嘴钳即可取出折断的螺栓。

(6) 泥螺栓怕水，锈螺栓怕油。

① 泥螺栓怕水。汽车行驶一定时间后，钢板弹簧U形螺栓、传动轴螺栓及转向横拉杆、直拉杆螺栓等均粘上了污泥砂子，拆卸时很困难。如果将裸露的泥螺杆先用钢丝刷初步清理，再用水将泥螺杆浸湿、清洗，螺母就很容易被拆卸下来。

② 锈螺栓怕油。拆卸锈蚀螺栓同样先用钢丝刷清洗锈迹，再用汽油、煤油（汽油、煤油渗透性强）或稀释的机油浸渍片刻，拆卸起来就比较轻松。当然，如果使用专用的螺栓松动剂，效果就更好了。

4.2.4 注意零件间的相互位置关系

汽车上有些零件的相互位置和方向是不可错乱的，有些零件是不可互换的。为此，应采取不同措施，以防拆乱。

（1）组合加工件。组合加工件是指在组合状态下进行最后加工的零件，如主轴承盖和气缸体、连杆与其轴承盖、气缸体与飞轮壳、主减速器壳与差速器侧轴承盖、组合式差速器壳等。若发生错乱，便会破坏有关的形位公差。

（2）平衡件。高速旋转的重要组合件都进行过平衡试验，如离合器盖与压盘、离合器总成与飞轮和曲轴等。若发生错乱，则会破坏动平衡。

（3）正（定）时件。主要是配气正（定）时和柴油机喷油正（定）时传动件，若发生错乱，则会破坏正确的配气正（定）时和喷油正（定）时。轻者会造成发动机无法起动，重者会出现活塞顶气门等恶性事故。

以上3类零件为防止错乱一般都有装配标记，拆卸时应注意查看。若无标记，应补做记号。

（4）配合副。关键配合副，如气门挺杆与导孔、轴瓦与曲轴、活塞与气缸、气门与导管等，特别是一些选配后再经研磨加工的配合副，如主减速器锥齿轮、柴油机供油系统的偶件（针阀-针阀体、柱塞-柱塞套、出油阀-出油阀座等），不得随意互换，否则会破坏配合特性和配合技术状况。

（5）调整垫片。如调整主减速器、变速器、转向器中一些轴向间隙的调整垫片，以及调整轴承预紧度、齿轮啮合状况等的调整垫片，这些垫片一旦发生错乱，就会给调整工作带来麻烦。

对以上两类零件，除有记号的应查看记号外，不可做记号的可采用铁丝捆、串及成对装配存放等措施，以防错乱。

除上述措施外，凡不妨碍后续作业的拆卸，拆后应尽快装回原位。这样可以有效地防止错乱，如组合加工件和非通用的螺栓螺母等。

4.2.5 其他应注意的问题

（1）应趁热放油。发动机、变速器、主减速器等总成中的润滑油，应在汽车刚停车时趁热放油，以使废油彻底放尽。

（2）应在40℃以下拆散发动机，以防气缸盖和进、排气歧管变形。

（3）为防止零件变形，对于多螺栓的紧固件，如气缸盖，离合器盖等，应按照从四周至中央的顺序或对称交叉的顺序分次均匀地旋下螺栓。安装时，则按相反顺序进行。

4.3 汽车零件的清洗

汽车零件拆卸后，应进行清洗，清除其上的油污、积炭和水垢等，以保证零件的检验分类、修理及总成和整车的装配工作能顺利进行。

4.3.1 清除油污

汽车零件上的油污多为不可皂化的矿物油。这类油污的清除一般使用3类清洗介质，即金属清洗剂、碱溶液和有机溶剂。在前两类清洗介质中，有一定量的可以降低油污表面张力的物质，即表面活性剂。后一种清洗介质则是利用其溶解油污的能力来除油的。

1. 金属清洗剂

在汽车零件清洗过程中，采用加有表面活性物质的金属清洗剂或溶液后，表面活性物质的作用加强了清洗液对油污的浸润作用。图4.10所示为几种常用的金属清洗剂。

图 4.10 几种常用的金属清洗剂

金属清洗剂无腐蚀性，使用安全方便，因而在少量零件清洗中被广泛采用。

2. 碱溶液

碱溶液成本较低，虽腐蚀性强，但对钢铁零件清洗效果还比较理想，因而在生产规模较大的汽车维修企业得到长期使用；但使用中必须十分注意安全。常用的碱清洗液配方见表4-1。

表4-1 常用的碱清洗液配方

配　方	品　　名	质量/kg
配　方　一	氢氧化钠（NaOH）	0.75
	碳酸钠（Na_2CO_3）	5
	磷酸三钠（Na_3PO_4）	1
	肥皂	0.15
	水	100
配　方　二	氢氧化钠（NaOH）	2
	磷酸三钠（Na_3PO_4）	5
	硅酸钠（Na_2SiO_3）	3
	水	100

3. 有机溶剂

目前，有不少维修企业在清洗小件、散件时仍使用有机溶液，如汽油、煤油等。这种做法既浪费了宝贵的能源，又造成环境污染，还影响作业安全，而且成本也高，因而不应提倡。有些企业也曾使用过二氯乙烯有机清洗剂。

有机溶剂清洗剂虽有较好的清洗效果，但由于对人体有害，并且在清洗过程中大约有20%的清洗剂弥散到空气中，对环境造成严重污染，所以其应用也受到了限制。

4. 超声波清洗

近年来，超声波清洗获得了一定程度的推广和应用。超声波清洗是一种高效和高生产率的清洗方法。

超声波清洗的优点在于它能快速清除零件表面的各种污垢，能清洗具有难以接近的空腔和油道等形状复杂的零件。而且它可以采用各种洗涤剂，在常温下或适当加热条件下就可以进行清洗，易于实现机械化和自动化操作。

超声波清洗装置示意图如图4.11所示，超声波清洗机实物照片如图4.12所示。

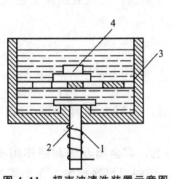

图 4.11　超声波清洗装置示意图　　图 4.12　超声波清洗机
1—高频电流线圈；2—镍棒；
3—洗槽；4—被清洗零件

清洗时，由低频超声振动发生器发出超声波，作用于被清洗零件的表面而形成细小的气泡，气泡直径为 $50 \sim 500 \mu m$。一部分气泡在出现后不久突然破裂，产生局部液力冲击，使污垢被破坏，自零件表面上脱落下来；另一部分未破裂的气泡在超声场的作用下和液流一起加剧液体的脉动及搅拌，从而加强了清洗作用。

影响汽车零件超声波清洗过程的主要因素有超声波的频率和强度、清洗液的性质和温度及零件相对于超声振动发生器的位置。一般来说，$20 \sim 25 kHz$ 的频率是最合适的频率，而超声能量密度以 $1 \sim 2 V/cm^2$ 为宜。

另外，在以氯代烃和石油溶剂为基础的洗涤剂溶液中，温度范围可掌握在 $20 \sim 50℃$，将被清洗零件的表面向着超声振动发生器时清洗效果最好。

4.3.2　清除积炭

1. 积炭的形成及其性质

积炭是润滑油和燃料在燃烧室高温及氧的作用下产生的。在燃烧室中，局部缺氧使燃料及窜入的润滑油不能完全燃烧，产生油烟和烧焦的润滑油微粒。混有大量这类物质的润滑油等在燃烧室中被氧化成一种黏稠的胶状液体，进一步氧化就变为牢固粘附在发动机燃烧室、活塞顶等表面上的半流体树脂状物质，在高温和氧的持续作用下，最终成为硬质胶结炭，即积炭。图 4.13 所示为严重积炭的活塞与新活塞的对比。

图 4.13　严重积炭的活塞与新活塞的对比

积炭的成分很复杂。其中以不易挥发的成分居多，如沥青质、焦油质、灰分等，发动机工作温度越高，润滑油和燃料中不易挥发成分的含量越高，生成的积炭层越致密坚硬，与金属零件的结合也越牢。

2. 除炭方法

清除积炭的方法有机械法和化学法两种。

1) 机械法

用机械方法清除积炭，可借助于金属丝刷或刮刀，也可采用喷核屑、液体喷砂等手段。

金属丝刷通常安装在手提式电动装置（如手电钻）上，靠金属丝的刮削作用将积炭除去；但对于丝刷难以接近的部位，此种方法就不适用。用刮刀清除积炭，在小型汽车修理企业颇为常见，但这种方法效果欠佳，并且在零件光滑表面上会不可避免地留下刮痕，极易成为新的积炭中心。

用喷核屑或液体喷砂方法除炭，依靠的是核屑或砂粒的冲击能量，其除炭效率高，效果也较好，液体喷砂的环境也清洁。

2) 化学法

化学方法除炭的本质是靠化学和物理作用，使积炭层逐渐松弛软化，并使其与金属表面结合强度降低，软化后的积炭很容易被擦掉。

化学除炭剂的除炭过程是：将零件浸泡于除炭溶液中，除炭剂先在积炭层表面形成吸附层，而后由于分子之间的运动和极性分子的作用使化学溶剂向积炭层内渗透，促使积炭层膨胀、疏松而软化，同时降低了与金属表面的结合强度，于是积炭便很容易被擦掉。

化学除炭剂可分为无机和有机两大类。无机除炭剂来源方便且成本低，但除炭效果较差，需加温使用。使用不当时对某些有色金属零件会产生腐蚀作用。如苛性钠只能用于清除钢铁零件而不适用于清除铝合金零件表面的积炭。

用无机除炭剂除炭的工艺要点是：溶液温度 80～95℃，零件在溶液中浸泡 2～3h，用毛刷或抹布擦拭掉积炭后再用热水（水中加 0.1%～0.3% 的重铬酸钾）将零件清洗干净，并用压缩空气吹干。

一种用于清除铝合金零件表面积炭的除炭溶液配方见表4-2。

表4-2 除炭溶液(用于清除铝合金零件表面积炭)配方

品　名	质量/g	品　名	质量/g
碳酸钠	18.5	重铬酸钾	5
肥皂	10	水	1000
硅酸钠	8	—	—

有机除炭剂具有除炭能力强、常温使用、对有色金属无腐蚀的特点，但成本高毒性较大，使其使用受到限制。即使使用也应加强防护。

3) 汽车节气门清洗

对于汽车节气门脏污、积炭，可使用专用的化油器清洗剂(图4.14)进行清洗，如图4.15所示。

图4.14 专用的化油器清洗剂

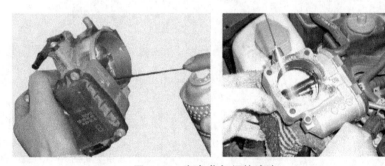

图4.15 汽车节气门的清洗

4.3.3 清除水垢

发动机冷却系统中如果长期加注硬水，在水套和散热器内壁将形成水垢，影响发动机正常工作。随车辆使用地区的不同冷却水质也不尽相同，因而形成的水垢也各异，但其主要成分通常为碳酸钙($CaCO_3$)、硫酸钙($CaSO_4$)等。

清除水垢可采用酸洗法或碱洗法，即通过酸或碱的作用使水垢转化为溶于水的成分或极疏松的组织，并在随之而来的清洗水流冲击下被清除掉。可采用如图4.16所示的汽车水箱专用清洗剂配水进行清洗,效果很好。

图 4.16　汽车水箱专用清洗剂

复习思考题

1. 接收待修车时,应进行哪些检查和鉴定?
2. 常用的汽车清洗设备有哪些?
3. 常用的汽车拆装工具和设备有哪些?各有何特点?
4. 在进行汽车解体作业时,应该注意哪些问题?
5. 常用的清除积炭的方法有哪些?各有何特点?
6. 如何清除汽车水垢?

第5章
汽车零件的质量检验

教学提示

零件的检验分类是汽车大修工艺过程中的重要工序，零件的检验分类准确与否，将直接影响汽车的修理质量和修理成本。

教学要求

本章主要介绍汽车零件的质量检验方法。重点内容是零件的量具检验、零件形状和位置误差的检测。要求学生了解汽车零件检验的主要内容，熟悉汽车零件的常用检验方法，掌握汽车零件检验的基本技能。

5.1 概　　述

对清洗后的汽车零件，应按技术要求对其进行检验，将其确定为可用的、需修的及报废零件3类，此项工序称为零件的检验及分类。

可用零件是指虽有一定的损伤，但其尺寸及形状位置误差均在允许范围内，符合大修技术标准，仍可继续使用的零件。如果零件已无法修复或修复成本不符合经济要求时，这种零件为报废零件。如果通过修理能达到大修技术标准，而且保证使用寿命又符合经济要求时，这些零件为需修零件。

5.1.1 保证零件检验质量的措施

零件检验工作的根本目的是要保证零件的质量。质量合格的零件应既具有可靠的与汽车技术性能相适应的工作性能，又具有与汽车其他零件相平衡的使用寿命。为保证零件检验质量，应贯彻、执行以下措施。

(1) 严格掌握零件的技术标准。零件检验工作的主要依据是零件的技术标准。在尚无可靠依据认为需要修改零件技术标准的情况下，一定要严格遵守这些标准，绝不允许降低标准而将不合格的零件投入使用。

(2) 按零件的技术要求正确选用相应的检验设备及工具。只有当用于检验设备的精度高于被检验零件要求的精度时，才能满足零件质量检验精度的要求。

(3) 提高检验操作技术水平。检验操作技术水平将直接影响检验质量，因此要求操作者能熟练地掌握所使用的检验设备、工具，明确检验对象的检验要求。要重视检验技术的提高。检验人员应相对稳定。对特殊的和重要的检验设备的使用人员，应进行专门培训。

(4) 防止检验误差。任何检验结果都不可避免地存在误差。应特别注意以下3方面工作。

① 检验设备应定期进行维护保养，定期进行校正，使其保持应有的精度。

② 注意温度对检验结果的影响，必要时需进行修正。

③ 应该取多次测量结果的平均值，这样可大大降低由于操作不当或读数不准而引起的误差。

(5) 建立合理的检验规章制度。合理的检验规章制度是提高检验质量的组织保证。要建立岗位责任制度、验收交接制度、计量校准制度，明确职责，人人把关。

5.1.2 零件检验的主要内容

在汽车修理中一般应对其零件逐个进行检验，检验的主要内容有以下几方面。

(1) 几何精度的检验。几何精度包括尺寸精度和形状位置精度及零件间的相互配合精度。汽车修理中常见的形状位置精度包括直线度、平面度、圆度、圆柱度、同轴度、平行度、垂直度等。

(2) 表面质量的检验。零件表面质量检验除包括表面粗糙度检验外，还包括表面有无擦伤、烧损、拉毛等缺陷的检验。

(3) 力学性能的检验。力学性能的检验主要是指对零件材料硬度的检验。此外，针对不同零件还要进行某些专项检验,如平衡状况、弹簧刚度等的检验。

(4) 隐蔽缺陷的检验。隐蔽缺陷是指不能直接从一般的观察和测量中发现的缺陷,如内部夹渣、空洞及使用中出现的微观裂纹等。隐蔽缺陷的检验即指对这类缺陷所进行的检验。

5.1.3 零件检验的方法

零件检验方法主要可以归纳为以下3种。

(1) 感觉检验法。感觉检验法是指检验人员只凭直观感觉(基本不用检验设备)来鉴别零件技术状况的一种方法。这种方法简便,费用低,但此法不能进行定量检验,不能用来检验精度要求较高的零件,而且要求检验人员具有较丰富的经验。

(2) 仪器、工具检验法。大量检验工作是用仪器、工具进行的。根据仪器、工具的工作原理、种类的不同,可以分为通用量具、专用量具、机械仪器和仪表、光学仪器、电子仪器等。

(3) 物理检验法。物理检验法是指利用电、磁、声、光、热等物理量通过工件引起的变化来检测零件技术状况的检验方法。这种方法的实现要与仪器、工具检验法结合进行,多用来检验零件内部的隐蔽缺陷。这种检验对零件本身无损坏作用,故称为无损伤检验。无损伤检验近年来发展迅速,目前生产中广泛应用的有磁粉法、渗透法、超声波法等多种方法。

5.2 汽车零件的感觉检验

5.2.1 视觉检验

视觉检验是感觉检验的主要方法。零件的许多失效现象,如断裂和宏观裂纹,明显的弯曲、扭曲、翘曲变形,表面烧蚀、擦伤,严重磨损等,通常都可以用肉眼直接观察鉴别出来。

在汽车修理中,各种壳体、车身、车架、发动机气缸套,以及各种摩擦片、摩擦盘、齿轮齿面等的失效情况,均可以用这种方法检验出来。为提高视觉检验的精度,有时还可借助放大镜、内窥镜来检查。

5.2.2 听觉检验

听觉检验是凭借操作者的听觉能力来检验零件缺陷的一种方法。检验时对工件进行敲击,根据声响判断零件有无缺陷。敲击无缺陷的壳体、轴类等零件时,声响很清脆;内部有裂纹时,声响较嘶哑;内部有缩孔时,声响很低沉。

5.2.3 触觉检验

用手触摸零件的表面,可以感觉它的表面状况;摇动配合件,可以感觉它们的配合情况;用手触摸有相对运动的零件,可以感知其发热情况,从而判断其有无异常现象。

5.3 汽车零件的量具检验

5.3.1 常用检验量具

检验零件的量具种类很多,一般可分为普通量具和精密量具两大类。普通量具包括钢直尺、90°角尺、卷尺和折尺等。精密量具分为可调节的和固定的两种。

精密可调节的量具中使用最广泛的有游标卡尺(图5.1)、千分尺(可分为内径千分尺和外径千分尺两大类,如图5.2所示)、百分表和千分表(图5.3)及塞尺(图5.4)等。

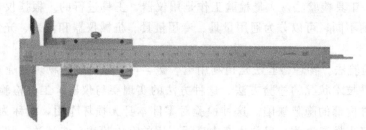

图5.1 游标卡尺

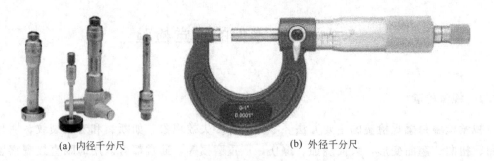

(a) 内径千分尺　　　　　　　　(b) 外径千分尺

图5.2 千分尺

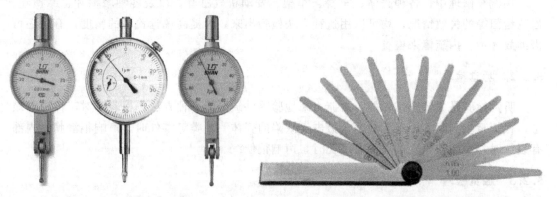

图5.3 百分表和千分表　　　　　图5.4 塞尺(间隙测量片)

5.3.2 零件磨损的检验

汽车上各种类型零件的结构、形状和工作部位各不相同,它们因工作而产生磨损的部位及磨损情况也有差异,其检验方法和要求也不相同,可将零件按磨损部位大致分为轴形、孔形、齿形及其他形等几种形式来说明其不同类型的检验方法和要求。

1. 轴形部位的检验

具有轴形部位的零件很多,如曲轴(曲拐状)、半轴套管(管状)、转向节主销(棒状)等,它们主要的损伤是轴颈工作表面磨损,破坏了轴颈的正确几何形状,产生圆度及圆柱度偏差。圆度、圆柱度偏差可以用千分尺、游标卡尺或百分表等测量。

在汽车维修中,经常用两点法测量轴颈、圆孔的圆度及圆柱度误差。以垂直于轴线的同一横截面上的最大与最小两直径差值的一半作为圆度误差值。

在实际工作中,通常用垂直和水平两方向直径最大差值的一半作为圆度误差值,沿轴线长度上不同方位最大与最小直径差值的一半为圆柱度误差值。实践证明,用两点法测量的结果完全可满足生产要求,但是用两点法检测圆柱度误差时,不能包括轴线的直线度误差。

检测圆柱度也可以用V形块法,此法只适用于轴类零件。图5.5为利用V形块检测活塞销圆柱度的方法示意图(也可测量圆度)。

在活塞销回转一周的过程中,测量某一横截面上的最高处最大读数和最低处最小读数。依次连续测量多个横截面,从中取测量读数中的最大读数与最小读数差值的一半,作为活塞销的圆柱度误差值。这种测量方法的测量结果中包含了轴线直线度误差的影响,因此比两点法更准确,但对圆柱面的锥度所引起的圆柱度误差有夸大的效果。

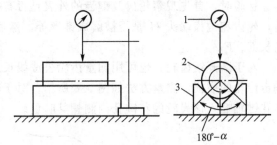

图 5.5 活塞销圆柱度的测量
1—百分表;2—活塞销;3—V形块

当轴颈的一端或两端有承受推力的台肩端面(如曲轴的连杆轴颈)时,此端面磨损会改变轴颈的长度。检验时应测量轴颈的长度和圆角半径。

对于生产规模大、车型少的汽车修理厂,可以采用各种专用的界限量规来测量轴颈的磨损量,可大大提高工作效率。

2. 孔形部位的检验

壳体零件上一般都有一些不同工作条件的孔,随工作条件不同对孔的检验项目也不相同。如发动机气缸体的气缸磨损不仅在圆周上不均匀,而且沿气缸长度上也不均匀,因此必须同时测量气缸的圆度和圆柱度。

至于如变速器壳体的轴承座孔、前后轮毂的轴承座孔等,由于孔的长度短,只需测量其最大直径及圆度即可。

测量孔可采用千分尺、游标卡尺、内径百分表(如量缸表)及塞规(测量较小的孔)。

3. 齿形部位的检验

具有齿形部位的零件包括齿轮的外齿和内齿、花键轴和孔的键齿、蜗轮蜗杆及螺纹牙等。图 5.6 所示为变速器齿轮，它有轮齿 A、B，又有键齿 C。

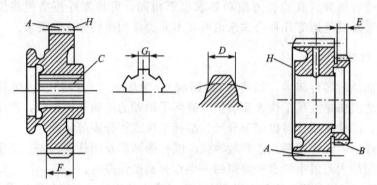

图 5.6　变速器齿轮

A、B—轮齿；C—键齿；D—齿厚；E、F—齿长；G—花键槽宽；H—齿端

检验时，首先观察轮齿及键齿的外表是否有折断、裂纹、沟痕、斑点及渗碳淬火层剥落，轮齿和键齿端头 H 是否被磨成锥形等，然后用测齿游标卡尺（图 5.7）测量齿厚 D 及齿长 E、F。

对于渐开线齿轮，也可用测量齿轮公法线长度并与新齿轮公法线长度相比较的方法来确定齿轮的磨损，测量方法如图 5.8 所示。对于花键孔，应测量键齿宽，也可用花键规或新花键轴插入该齿轮的花键孔内测量其旷量。

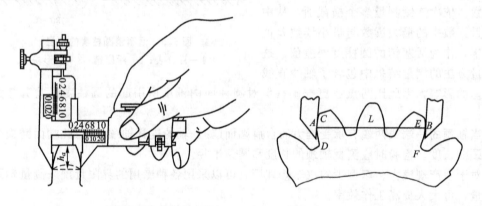

图 5.7　用测齿游标卡尺测齿厚　　　图 5.8　齿轮公法线长度的测量

对于蜗轮蜗杆、螺旋轮齿及螺纹牙，首先应观察其外表损伤情况，然后用测齿游标卡尺、量规、样板量规等测量轮齿厚度。

螺纹牙不必测量其尺寸变化，但应注意保证连接零件的螺纹部分的强度，拧入铸铁零件的深度不应小于螺栓或螺柱直径的 1.5 倍；拧入钢零件的深度不应小于直径的 0.8~1.0 倍。当螺纹的有效工作长度不够时就应更换新件。

对于特别重要的螺栓（如连杆螺栓），即使仅仅损坏一扣螺纹，也应更换新件。一般螺纹损坏不应超过两扣。

4. 其他部位的检验

有些零件的某一工作部位不为轴形、孔形、齿形,而是一种特殊的外形。例如凸轮轴的凸轮和偏心轮,应根据规定的外廓尺寸进行检测;又如进、排气门头部的锥面和圆柱面部分及气门杆端头,其磨损程度一般由观察来确定,必要时可采用专用样板量规检验。

有些零件是一个组合体,一般不允许拆散进行检验。例如对于某些滚动轴承,首先应进行外观检验,仔细观察内外圈滚道和滚动体表面,其表面应光滑,接触均匀,无裂纹、针孔、斑点及鳞片状脱层,不应有退火颜色,保持架不应有断裂和破损。滚动轴承的间隙应符合技术要求,轴向间隙的检验方法如图5.9所示。

用压板1将滚动轴承6的外圈压紧,轴承内圈由弹簧2的弹力顶起,用力压下内圈,通过塞杆3推动杠杆4,此时百分表5的指针摆差即为轴承的轴向间隙。

滚动轴承径向间隙的检验方法如图5.10所示。

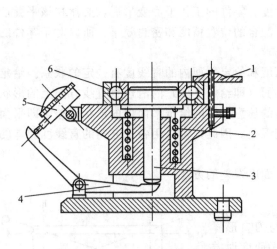
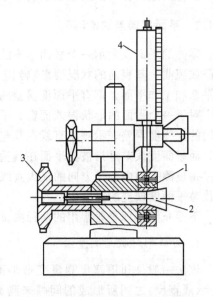

图5.9 滚动轴承轴向间隙的检验
1—压板;2—弹簧;3—塞杆;4—杠杆;
5—百分表;6—滚动轴承

图5.10 滚动轴承径向间隙的检验
1—被检轴承;2—锥形定位心轴;
3—定位手柄;4—百分表

通过锥形定位心轴2将被检轴承1的内圈压紧,然后将百分表4的挺杆落在轴承外圈上。边转动边上下推动轴承外圈,百分表指针的摆动即显示了轴承的径向间隙。若没有上述检具,可用手感检查轴向及径向间隙。轴承应无卡住现象,转动均匀,声响均匀,无撞击声。

5.4 零件形状和位置误差的检测

零件形位误差的检测是汽车修理技术检验中的一项重要内容,直接关系到汽车修理的质量和零件的使用寿命。

5.4.1 轴线直线度误差的检测

轴线的直线度是指轴线中心要素的形状误差。符合轴线直线度定义的测量方法是非常难实现的。在实际检测中，常用简单的径向圆跳动来代替轴线的直线度误差，这样测得的数值是近似的，在一般的生产中已能满足技术要求的精确度。

直线度误差的检测多用于在工作时易于产生弯曲变形和可以校直的等直轴类零件。

图 5.11 所示为传动轴轴线直线度误差的检测。

首先检查和校正中心孔的位置，使两端中心线位于同一水平高度。检测时转动传动轴，百分表指针最大、最小读数之差即为该测量平面的径向圆跳动误差。在轴向的不同位置进行同样测量，测得的最大径向圆跳动数值的一半即可作为其轴线直线度误差。

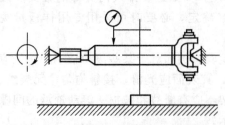

图 5.11　传动轴轴线直线度误差的检测

5.4.2 平面度误差的检测

零件的平面度表示一个平面不平的程度。零件的工作平面变形后，必然在该平面产生凹凸或翘曲，其表面的状况要影响到零件配合的位置精度和密封效果，所以对于零件的配合平面和工作平面，都有平面度误差的要求。

对于一个平面的形状误差而言，平面度和给定平面内的直线度有一定的联系。给定平面内的直线度误差表示被测直线在其包容面（即给定平面）内沿理想直线方向上的形状误差；而平面度误差是指被测平面在其垂直的任意方向的给定平面内的形状误差，即平面度误差是被测平面内各个方向的最大直线度误差。因此，可以用各个方向的直线度误差的检测代替平面度误差的检测。

下面介绍修理企业常用的两种测量平面度误差的方法。

1. 刀口形样板尺测量法

该法一般是利用塞尺测量变形平面与刀口形样板尺（或直尺）之间所形成的间隙来测量平面度误差的。多用于测量气缸体、气缸盖平面。测量时应利用长度等于或略大于被测平面全长的刀口形样板尺。

图 5.12 所示为用刀口形样板尺检测气缸盖平面的平面度误差，将样板尺与被测平面密切接触，沿测量直线 AA、A_1A_1、BB、B_1B_1、CC、C_1C_1 用塞尺测量样板尺与被测平面之间的间隙，其最大值可作为该平面的平面度误差。

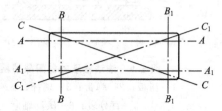

图 5.12　气缸盖平面度误差的检测

利用该法测量时，对于中凹的平面，接触位置在两端，可形成稳定的接触；而对于中凸的平面，接触位置在中间，不能形成稳定的接触。此时检测，应将两端的间隙调成相等后再进行测量，否则测量误差将过大。该法测量值是一个近似值，但由于设备简单，测量方便，故在生产中得到了广泛应用。

2. 工字平尺与百分表测量法

如图 5.13 所示，工字平尺的上、下面为测量基准平面。百分表通过表座平放在工字平尺上平面并与工字平尺的侧面密切贴合。

检测时在保持表座基准面与工字平尺平面密切贴合的情况下滑动表座，百分表的测头在被测面上移动，其表上读得的最大跳动量为气缸体上平面在该方向上的平面度误差。变换工字平尺的方位，测得不同方向的平面度误差，其中最大值即为气缸体上平面的平面度误差。

上述利用被测平面各个方向的直线度误差代替其平面的平面度误差，仅对被测表面是实心的气缸体、气缸盖平面等是合理的，而对变速器壳体的接盖平面、气缸体的底平面等不规则的环形窄平面来说，就不合适了。

通常是将变速器壳体扣放在检验平台上，使其稳定接触后用塞尺测量，其最大间隙即为表面的平面度误差。若不呈稳定接触，其最大间隙与该部位摆动时的间隙变动量值一半的差值即为平面度误差。

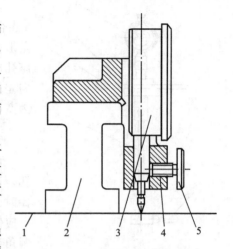

图 5.13　气缸体平面度的检测
1—气缸体上平面；2—工字平尺；
3—百分表；4—表座；
5—紧固螺栓

5.4.3　同轴度误差的检测

同轴度是指被测轴线对基准轴线的误差。它是指两个轴线之间的位置关系，在数值上等于被测轴线偏离基准轴线最大距离的两倍。

同轴度的检测多用于阶梯轴、孔类零件。对同一根轴，当选择的基准不同时，测量的同轴度误差会有很大变化。因此，检测同轴度误差时必须选择好基准。

发动机气缸体上的曲轴轴承座孔有多个，工作时磨损、变形或修理加工时的误差等原因，会引起座孔沿曲轴垂直方向的位置偏差。

在轴承不进行同轴镗削的情况下，将产生曲轴的附加弯曲交变载荷；在轴承进行同轴镗削的情况下，会导致轴承合金层厚度不均匀，致使轴承丧失应有的性能。因此，大修时要对轴承孔进行同轴度检验。

下面介绍汽车维修企业常用的两种检测同轴度的方法。

1. 同轴度检验仪检测

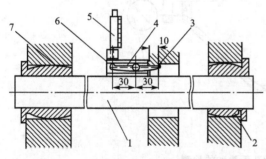

图 5.14　气缸体曲轴轴承座孔同轴度的检测
1—定心轴；2、7—定心轴套；3—球形触头；
4—等臂杠杆；5—百分表；6—本体

图 5.14 所示为用同轴度检验仪检测气缸体曲轴轴承座孔的同轴度误差。

定心轴 1 支承在定心轴套 2、7 内，可以沿轴向滑动，定心轴上装有本体 6、等臂杠杆 4 及百分表 5。测量时，使等臂杠杆的球形触头 3 触及被测孔的表面，当转动定心轴时，如果孔不同轴，等臂杠杆的球形触头便产生径向移动，其移动量经杠杆传给百分表，便测出孔的同轴度误差。

图 5.15 所示为变速器壳体轴承座孔同轴度检验仪的结构简图。

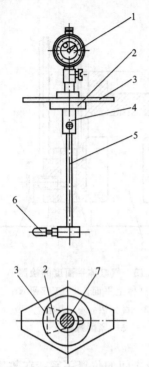

图 5.15 变速器壳体轴承座孔同轴度检验仪的结构简图
1—百分表；2—定位板；3—平板；
4—垂直套筒；5—传动杆套管；
6—触头；7—百分表座孔

当检测变速器壳体每对座孔时，将该检验仪的平板3靠合在壳体的一个座孔的端面上，定位板2的等腰三角形两底角靠合在座孔的内表面，触头6与相对的另一座孔内表面接触，如果触头6在座孔内表面产生不同径向差值并反映在百分表1上，表针所指的最大读数，即为变速器壳体的两轴承座孔的同轴度误差。

2. 同轴度量棒检测

该检测法是将与被测座孔尺寸相同的量棒插入座孔，若各座孔在同轴线内，则量棒能顺利插入。制造量棒时，为避免其可能通过轴线不同心的座孔，量棒前端不应做出导锥或宽的倒角，只能做成不大的圆角（一般圆角半径 $R<0.5\text{mm}$），以免破坏孔的表面。

对于气缸体曲轴主轴承座孔的同轴度要求，由于每相邻两座孔的同轴度误差与全部座孔的同轴度误差的数值不相等，故其量棒应制成长短不同的两种。

5.4.4 圆跳动的检测

圆跳动包括径向圆跳动和端面全跳动两项。

1. 径向圆跳动

被测表面对基准轴线径向圆跳动的检测方法已在前边"轴线直线度误差的检测"中介绍过。图5.16所示为飞轮壳承孔对曲轴承孔轴线径向圆跳动的检测。

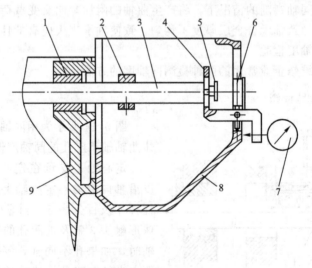

图 5.16 飞轮壳承孔圆跳动的检测
1—定心套；2—轴向定位套；3—心轴；4—表架；
5—紧固螺钉；6、7—百分表；8—飞轮壳；9—气缸体

将心轴3安装在定心套1内，表架4用紧固螺钉5固定在心轴的端面，表架的径向位置是可调的，将百分表6装上并进行调整，读数适当后，通过轴向定位套2进行轴向定位，旋转心轴一周，由百分表6便获得被测承孔的径向圆跳动量。

2. 端面全跳动

如果旋转零件的平面偏离其旋转平面（与旋转轴线相垂直的平面），必然在平面的端面上产生跳动，其跳动程度即为端面全跳动量。图5.17所示为旋转平面端面全跳动的测量。

转动零件1，从百分表2上测得该零件的端面全跳动量。测点的半径越大，所得的跳动量也越大。一般在检验技术条件中规定在一定的半径范围内所应有的跳动量。

对于图5.16所示的飞轮壳承孔圆跳动的检测，飞轮壳8后端面的端面全跳动检测，可利用百分表7进行。检测时将轴向定位套2的端面靠在定心套1的端面后，旋转心轴一周，即可从百分表7上测得飞轮壳8后端面的端面全跳动量。

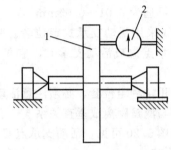

图 5.17　旋转平面端面全跳动的测量
1—零件；2—百分表

5.4.5　平行度误差的检测

壳体件因产生变形或因修理加工精度低，使壳体的轴线与轴线、轴线与平面、平面与平面间的平行度变差。

如气缸体的曲轴主轴颈承孔轴线与凸轮轴承孔轴线的平行度超过允许限度；变速器壳体上、下轴承孔的平行度超过允许限度等。

平行度的检测方法可分为直接测量和间接测量两种。

1. 直接测量法

图5.18所示为用直接测量法检验变速器壳体轴承座孔的平行度。在被测的变速器壳体2两轴的座孔中装上定位套1，定位套中插入测量轴3，用测量工具（如外径千分尺4）测出测量轴在孔两端的距离，其差值便是被测两座孔中心线在全长上的平行度。

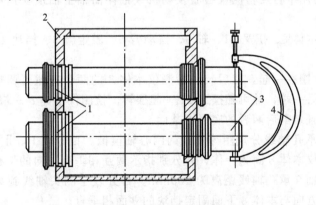

图 5.18　直接测量法检验轴线的平行度
1—定位套；2—变速器壳体；3—测量轴；4—外径千分尺

由图 5.18 可以看出，测量轴与定位套之间、定位套与被测座孔之间的间隙越大，测量的误差越大，因此对配合间隙应加以控制。测量轴及定位套均应按一级精度制造。

为了适应不同尺寸的孔径并减小被测孔径与定位套的间隙，可采取以下 3 种办法。

(1) 采用锥形定位套。将定位套外圆表面磨成锥形，锥度为 1∶100。

(2) 采用阶梯形定位套。将定位套的外径做成几级尺寸，如图 5.19 所示。C 为阶梯的级差，可选为 0.01～0.05mm。

(3) 采用活动支承式定位套。将定位套外圆做成 3 个支承点，如图 5.20 所示。其中一个支承点做成活动支承 C，它可沿径向移动以适应不同直径的孔，消除套与孔间的间隙。

采用这种定位套，必须注意活动支承点 C 的位置对测量精度的影响。安装时，活动支承必须与测量距离成垂直关系。

由图 5.20 可见，活动支承点 C 的位置偏差 a_1 及 a_2 对距离 A_2 的测量误差的影响比对 A_1 的影响小。

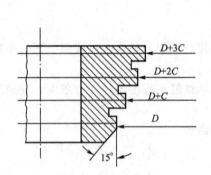

图 5.19　阶梯形定位套

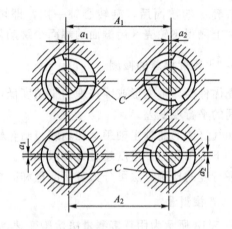

图 5.20　带活动支承点的定位套

图 5.21 所示为用平行度检测仪检验发动机气缸体曲轴主轴颈承孔与凸轮轴承孔轴线的平行度。

检测仪主要由本体 8、摆叉 11、轴 9、摆动臂 5、固定臂 6、挡块 12 和百分表Ⅰ、Ⅱ组成。

摆叉 11 与轴 9 镶在一起，然后装入检测仪本体 8 的两个间隙可调整的承孔中。摆动臂 5 固定在轴 9 的另一端，并可随摆叉 11 一起摆转。检测仪本体 8 一端具有与摆叉 11 相同的叉式结构，并且装配后两者的底平面共面。

气缸体被测两承孔轴线分别用等直径的两心轴模拟。百分表Ⅰ、Ⅱ分别用百分表座 3 和固定臂 6 与检测仪本体 8 固为一体，并分别指示两互相垂直方向的平行度误差。百分表Ⅱ测头轴线到本体轴 9 承孔轴线距离为 100mm。百分表Ⅰ测头轴线到叉底面的距离等于基准心轴半径，其方向与本体 8 下面固定挡块的立面相垂直。

检测时，被测气缸体底面向上放置，在曲轴和凸轮轴承孔中分别装入模拟心轴，心轴要长于被测气缸体，每端要露出 100mm 左右。

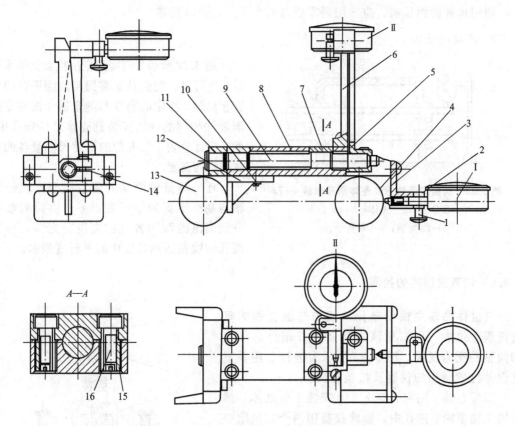

图 5.21 曲轴、凸轮轴承孔轴线平行度的检测
1—锁紧螺钉;2—锁紧套;3—百分表座;4、13—基准心轴;5—摆动臂;6—固定臂;
7—轴承盖;8—检测仪本体;9—轴;10、14—螺钉;11—摆叉;12—挡块;
15—间隙调整螺母;16—螺栓;Ⅰ、Ⅱ—百分表

先将检测仪的摆叉 11 和本体 8 的底平面在气缸体的一端分别贴靠在两个心轴的圆柱面上,当挡块 12 的垂直平面也同时与一个心轴表面贴合时,记录两个百分表的读数。

在气缸体的另一端重复上述操作,记录读数,则得两轴线在公共平面内的平行度误差为

$$f_1 = (A-B)\frac{L_1}{L_2} \tag{5-1}$$

式中 A、B——分别为百分表Ⅰ在气缸体前、后端面读数;
  L_1——气缸体长度;
  L_2——在心轴上的测量长度。

百分表Ⅱ的读数 C 在两次测量中应相同,与 f_1 垂直方向每百毫米长度上的平行度误差为

$$f_2 = \frac{L_1}{100}C \tag{5-2}$$

综合后,两轴的平行度误差为

$$f = \sqrt{f_1^2 + f_2^2} \tag{5-3}$$

使用这种检测仪前,应该用调零规对两个百分表同时调零。

2. 间接测量法

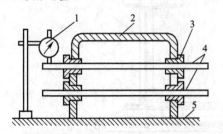

图 5.22 间接测量法检验壳体承孔轴线平行度
1—百分表;2—壳体;3—定心套;
4—测量轴;5—测量平台

图 5.22 所示为间接测量法检验壳体承孔轴线平行度。把壳体基准面与检测平台的平面相接触,将定心套 3 与测量轴 4 按与直接测量法相同的办法安装到壳体 2 的轴孔中,然后用百分表 1 或专用的高度尺测量各测量轴两端的高度。

任一测量轴两端的读数之差,就是该轴与基准平面的平行度误差;由两测量轴分别测出的两端各自的高度差之差,即为两孔轴线在所测长度内的平行度误差。

5.4.6 垂直度误差的检测

气缸体曲轴主轴承座孔轴线与气缸轴线的垂直度误差过大,会恶化该缸活塞连杆组件、气缸和曲轴的受力状况。图 5.23 所示为进行上述垂直度误差检验所用的仪器及检验方法。

测量心轴 1 用定心套 2、10 安装在气缸体 8 的曲轴主轴颈轴承座孔中。检验仪器用两个三爪定心器 7 固定在气缸中,使仪器的轴线与气缸轴线重合。百分表 5 的触头 4 与心杆 3 上端相接触。心杆下端装有偏心球形测量触头 9。

设其触点至心杆轴线的偏心距为 A。测量时,转动手轮 6,使心杆转动 180°。当存在垂直度误差时,百分表就会出现读数差。设此值为 δ,即表示气缸轴线在 $2A$ 长度内的垂直度误差,则在全长 L 上的误差 Δ 为

$$\Delta = \frac{L\delta}{2A} \quad (5-4)$$

一般要求 Δ 值:汽油机不大于 0.05mm;柴油机不大于 0.10mm。

图 5.24 所示为另一种检查气缸体曲轴主轴颈轴承座孔轴线与气缸轴线垂直度的仪器。

检验时,将定位三棱轴 12 插装在被检气缸 10 的相应主轴承座孔 11 内,使三棱轴横断面呈等腰三角形的两个底角与主轴承座孔内表面靠紧。

伸入气缸内的两个等臂摇板的四个触头 5 与气缸壁母线相接触时,如果等臂摇板绕支承销 7 产生摆动,其摆动量由该摇板突起 8 和传动杆 3 推动百分表 1 反映出摆动数值,此

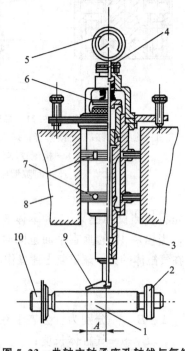

图 5.23 曲轴主轴承座孔轴线与气缸轴线垂直度的检验一
1—测量心轴;2、10—定心套;3—心杆;
4—百分表触头;5—百分表;6—手轮;
7—定心器;8—气缸体;9—测量触头

数值即为气缸与主轴承座孔轴线的不垂直度。

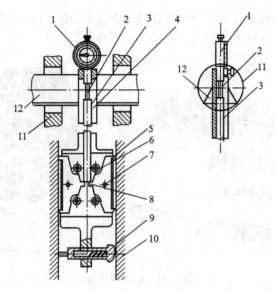

图 5.24 曲轴主轴承座孔轴线与气缸轴线垂直度的检验二
1—百分表；2—百分表触头；3—传动杆；4—垂直支架；5—等臂摇板触头；6—定距垫片；
7—等臂摇板支承销；8—等臂摇板突起；9—稳定器；10—气缸；11—主轴承座孔；12—定位三棱轴

5.5 零件隐伤的检验

零件的隐伤是用目力不易直接看到的隐蔽缺陷。在汽车修理中，对于重要零件必须检验其隐伤，如疲劳裂纹。零件隐伤若不能及时被发现，有可能引起突然断裂，造成严重事故。

检验零件隐伤的方法有磁力探伤、渗透法探伤、超声波探伤、水压试验、浸油敲击法等，这些方法都属于无损伤检验。

5.5.1 磁力探伤

1. 磁力探伤原理

当磁力线通过被检验的铁磁性材料零件时，零件被磁化，如图 5.25 所示。

如果零件有裂纹（或气孔、砂眼等），裂纹部位的磁力线会因不导磁或磁阻大而被中断，因而形成局部磁场和磁极。

若在磁化零件表面撒以铁粉或铁粉液，则铁粉就会被局部磁极吸住，使此处明显地区别于没有缺陷的部位，从而使缺陷的位置和大小清晰地显现出来。

磁力探伤法由于其设备简单，探伤较准确、迅速，因而在汽车修理企业中广泛应用，但不易探测出零件深处的缺陷，因而磁力探伤法的应用受到缺陷深度的限制。

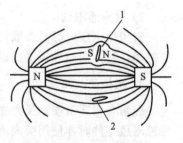

图 5.25 裂纹处的局部磁场
1—横向裂纹；2—纵向裂纹

2. 零件的磁化

中、小型轴类零件的磁化和检测都是在磁力探伤机(图5.26)上进行的,但当零件过大或形状复杂而无法在探伤机上进行时,可采用以下方法。

图 5.26 磁力探伤机

1) 磁轭法

如图5.27所示,将两个极性不同的电磁铁跨放在被测部位两侧,若零件中有如图所示方向的裂纹时,此处将聚集磁粉。改变两磁极相对位置,即可测得任意方向的缺陷。

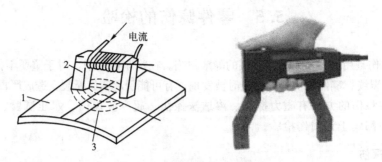

图 5.27 大型零件的磁轭法磁化
1—零件;2—磁轭;3—磁力线

2) 触头通电法

若用低电压电源触头取代图5.27中的磁轭,则两触头之间有电流通过,电流产生感应磁场,其方向与磁轭法的磁场方向垂直,由此可测得与两触头连线方向相一致的缺陷。

3. 磁粉的使用

磁粉有普通磁粉和荧光磁粉两类。一般使用普通磁粉,只有在有荧光设备的条件下和检验暗色零件时才使用荧光磁粉。

普通磁粉为氧化铁(Fe_3O_4)粉末,其颜色有棕红和灰黑两种,可根据被检验零件的颜色选用,以便于观察。要求磁粉具有合格的磁性和一定规格的粒度(一般为直径$2\sim5\mu m$颗粒)。

磁粉的使用方法分为干磁粉法和磁粉液法两种。干磁粉法使用简单,不受条件限制,适于在非试验台上使用(如磁轭法和触头通电法等)。小型手提式磁粉探伤仪一般也用干磁粉法。

干磁粉法的显示灵敏度较低。磁粉液法显示的清晰度较高,因此在探伤机上都采用磁粉液法。磁粉液是在轻柴油或煤油或变压器油中加入干磁粉配成的氧化铁悬浮液。液体中磁粉含量为 7~10g/L。

4. 退磁

零件经磁化检验后会留下部分剩磁,因此,必须进行退磁,以免零件在使用时吸引铁屑,造成磨料磨损。

用交流探伤仪退磁时,只需将零件置于最大磁化电流的条件下逐步降低电流至零,即可完成退磁。当零件采用磁化线圈磁化时,将零件置于线圈中,并逐渐沿线圈中心线方向移出 1m 左右,即可达到退磁的目的。直流探伤仪有专门的退磁换向开关,接通退磁开关,即可自动退磁。

注意,交流退磁仅对零件表面退磁有效,对直流磁化的零件,必须应用直流电退磁。磁力探伤法只适用于能磁化的零件。

5.5.2 渗透法探伤

渗透法探伤常用来检验与零件表面相通的微观缺陷。这种方法不受被检验零件材料性能的影响,方法简单、可靠。该法包括渗透液法、气雾剂法。

1. 渗透液法探伤

1) 工艺过程和工作原理

(1) 渗透。首先除去零件表面油污、锈斑,在 20~40℃ 的水温下清洗烘干,然后将零件浸入具有很强渗透能力的渗透液中(浸泡时间不小于 0.5h),或将渗透液涂于零件表面 3~4 次(对于大零件),每次涂抹后均应在空气中停顿 1.5~2min。当零件存在与表面相连的缺陷时,如图 5.28(a)所示,由于毛细管作用的结果,渗透液即浸入到缺陷中。

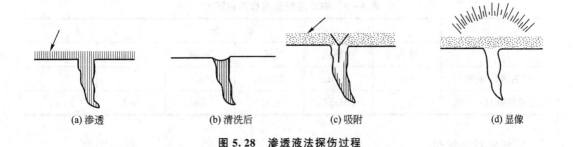

(a) 渗透 (b) 清洗后 (c) 吸附 (d) 显像

图 5.28 渗透液法探伤过程

(2) 清洗。待渗透液充分渗透到缺陷中后,用压力为 15kPa、温度为 20~40℃ 的水或清洗剂除去零件表面的渗透液,如图 5.28(b)所示,并低温烘干(85℃ 以下经 1~2min),这时缺陷中的渗透液产生一个向上的毛细作用力。

(3) 吸附。在零件表面涂一层显像剂(氧化镁干粉)。显像剂具有良好的吸附作用,以及由显像剂颗粒构成的多孔隙覆盖层的毛细作用,使缺陷中的渗透液被吸附到显像剂中,如图 5.28(c)所示。

(4) 显像、观察缺陷痕迹。由于显像剂的吸附作用,以及渗透液的扩散作用,渗透液扩大了它的散布范围,如图5.28(d)所示。

在室温下(18~20℃),涂抹显像剂5~6min后即可显现出缺陷。温度偏低时,时间应适当延长。为了有更好的显像效果,显像剂粉末覆盖10~15min后,用压缩空气将多余的粉末吹掉,再将被检验零件放在40~50℃热空气流或烘箱内,停放30~60min,可增大渗透液向显像剂内的扩散程度,以提高显像效果。

不同渗透液种类有不同的显像效果。当用带有红颜色的渗透液时,可在白色的显像剂中看到红色的痕迹,这种方法称为着色法;当用含有荧光物质的渗透液时,用紫外线照射,可以见到鲜明的荧光,从而找出缺陷所在,这种方法称为荧光法。

2) 探伤剂的配制

(1) 渗透液。着色法渗透液按表5-1配方配制。

表5-1 着色渗透液配方

品 名	用 量	品 名	用 量
苏 丹	1g	苯	20mL
硝 基 苯	10mL	煤 油	70mL

荧光渗透液按表5-2配方配制。

表5-2 荧光渗透液配方

牌 号	荧 光 质		溶 剂		
	拜尔荧光黄	塑料增白剂	二甲苯	石油醚	邻苯二甲酸二丁酯
P-100	0.2g	0.1g	25mL	62.5mL	12.5mL
P-102	2.5g	1.6g	66.5mL	5mL	28.5mL

(2) 显像剂。显像剂按表5-3配方配制。

表5-3 渗透法探伤用显像剂配方

类别	成 分					
	锌白	火棉胶	苯	丙酮	二甲苯	无水酒精
着色法显像剂	5g	70mL	20mL	10mL		
荧光显像剂(D-100)	5g	505mL	9mL	16mL	6mL	14mL

2. 气雾剂法探伤

探伤气雾剂由渗透气雾剂、清洗气雾剂和显像气雾剂三部分组成,分装在不同的罐内。

1) 工作原理

当渗透气雾剂喷射在被检验零件上时,如果零件表面有缺陷,渗透药物便会渗入到缺陷里,然后用清洗剂洗去表面多余药物,最后喷射显像气雾剂,缺陷中的渗透剂便会被吸出,在显像药物中显出缺陷的轮廓。

2) 气雾剂法探伤的操作步骤

(1) 清理处理。先用清洗气雾剂将被检验零件表面的灰尘、油污洗净,然后烘干或晾干。

(2) 渗透处理。向清洗后的零件表面喷射渗透气雾剂,一般情况下保持 10～30min。也可将零件预先加热至 40～50℃,然后进行渗透处理,这样可提高其渗透效果。

(3) 除去表面药剂。用清洗气雾剂喷射被检验零件表面,然后用清水洗掉多余的渗透物,并用干净软布擦干零件表面。

(4) 显像处理。经过上述处理后,将显像气雾剂均匀地喷在零件表面上,其厚度为 0.05～0.07mm,经 10～20min 作用后,零件表面的缺陷便会在白色的显像剂上显示出红色的缺陷图像。

操作时应注意气雾剂喷孔距零件表面 20～30cm 为宜。

5.5.3 超声波探伤

1. 超声波探伤原理

超声波探伤是一种利用超声波通过不同介质界面会产生反射和折射现象,从而发现零件内部隐蔽缺陷的方法。

用于零件探伤的超声波,其频率在 0.25～25MHz 之间,具有良好的指向性,并遵循光学的反射和折射原理。

当超声波在被检验的零件内部传播过程中遇到缺陷时,在缺陷与零件材料之间的界面上发生反射,使原来单方向传播的超声能量有一部分被反射回去,而通过此界面的能量就相应减少,这时在反射方向可以接收到此缺陷处的反射波,而在反射方向对面所接收到的超声能量就会小于正常值。

2. 超声波的产生

探伤用的超声波是利用声电换能器(也称为探头)将电信号转变为超声波的。探伤仪器中使用的是由压电晶体制成的换能器。将电信号转变为超声波的探头称为发射探头;反之,将超声波信号转变为电信号的探头称为接收探头。

3. 探伤方法

反射法探伤是一种利用超声波反射时间不同来检验零件内部缺陷的方法。图 5.29 所示为反射式探伤器的工作原理,图 5.30 为超声波探伤仪实物照片。

如图 5.29 所示,振荡器 6 将交变电能传给发射探头 3,当该探头与零件 1 接触时,一部分超声波首先被零件表面反射回来,另一部分传入零件,当遇到裂纹 8 时,又有一部分超声波反射回来,而剩余的超声波到达零件底面后全部被反射回来。

所以,当接收探头 2 将先后三次收到的反射回来的超声波信号经放大器 4 传到示波器 5 时,在示波器的荧光屏上便出现 3 个波峰。

当零件无缺陷时,示波器上只有前、后两个波峰,即顶面信号(初脉冲,也叫始波)及底部信号(接收脉冲,也叫底波)。如果在此两个波峰之间再出现波峰(反射脉冲),则为零件的隐伤信号,也叫缺陷波。根据荧光屏上所显示的这 3 个波峰的比例及间距,可以确定隐伤的大小及位置(深度)。

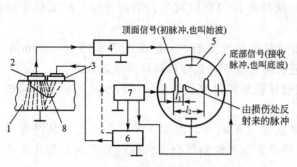

图 5.29 反射式探伤器工作原理示意图
1—零件；2—接收探头；3—发射探头；4—放大器；
5—示波器；6—振荡器；7—发生器；8—裂纹

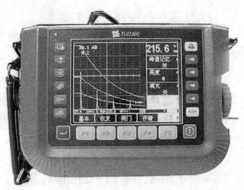

图 5.30 超声波探伤仪

5.5.4 水压试验探伤

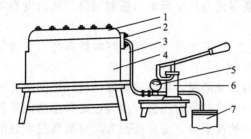

图 5.31 汽缸体、汽缸盖的水压试验
1—气缸盖；2—盖板；3—水管；4—气缸体；
5—水压表；6—水压机；7—储水槽

对于气缸体、气缸盖和进排气歧管等空腔铸件裂纹的检验，一般是在专门的装置上进行水压试验。图 5.31 所示为气缸体、气缸盖的水压试验。

将气缸盖及气缸衬垫装在气缸体上。将水压机水管接在气缸体进水口处，并将其他水道口堵住，然后将水压入水套。要求水压在 0.3~0.4MPa 下保持 5min 后气缸体和气缸盖无水珠出现，表明无裂纹。如有水珠出现，即表明该处有裂纹。

5.5.5 浸油敲击探伤

浸油敲击探伤操作方法是将零件浸入煤油或柴油中片刻，取出后擦干表面，并撒上一层白垩粉，然后用小锤轻敲零件，若有裂纹，在裂纹处即会有油痕出现。

此法简单易操作，常用来检验转向节、半轴等有关安全行车机件的表面疲劳裂纹。

5.6 零件平衡的检验

曲轴、飞轮、带轮等零件及传动轴、离合器、车轮等组合件，如果失去平衡，当高速旋转时，必将在零件本身或在其支承上产生附加载荷(如离心力、离心力偶矩等)，从而引起振动或发出噪声，加速零件失效。

在汽车修理时，必须对这些零件或合件进行平衡检验，以提高汽车修理质量，延长汽车使用寿命。

零件或合件产生不平衡的原因主要有以下几点。

(1) 零件材料不均匀,如有缩孔、砂眼等。

(2) 零件使用中磨损、变形。

(3) 存在加工误差,使零件的轴线偏离旋转轴线。

(4) 存在装配误差,使合件的轴线偏离旋转轴线。

平衡检验包括静平衡检验和动平衡检验两种。

5.6.1 静平衡

对于圆盘类零件,如飞轮、带轮、离合器从动盘等直径大于轴向长度的零件,如果其重心偏离旋转轴线,便出现静不平衡。

如图 5.32 所示,圆盘形零件的重心在 B 点,旋转轴线为 O—O,重心偏离旋转轴线的距离为 r,圆盘质量为 W。

按图示支承方式,假如不计支承的摩擦,圆盘是不会随处静止的,只有重心 B 处在最低位置(B'点)时才可以静止。这是由于在静力矩 $M=Wr$ 的作用下,圆盘随时都有自行转动的趋势,这种现象即为静不平衡。

零件的静平衡检验是在专门的检验台上进行的。图 5.33 所示为平行台式静平衡检验台架,是最常用也是最简单的一种静平衡检验台。

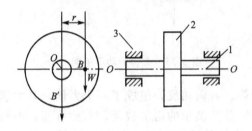

图 5.32 零件静不平衡示意图
1—轴;2—圆盘;3—支承

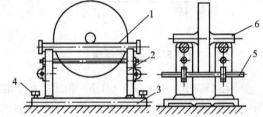

图 5.33 平行台式静平衡检验台架
1—棱形导轨;2—支架;3—支座;
4—调节螺钉;5—连接杆;6—心轴

检验前应先调整调节螺钉 4,使支架 2 上的棱形导轨 1 处于水平位置,其宽度调节后,由连接杆 5 固定,然后将已装上被检验零件的心轴 6 平置在两导轨上。

如果心轴沿导轨滚动一两圈后静止,并且始终停在同一个静止点,则表示该零件具有静不平衡,并且重心偏离的位置方向应为此时心轴的最下方。

一般消除不平衡的方法有两种:一种是在与不平衡质量相对称一边附加一质量(称为加平衡质量,俗称配平衡重);另一种是在不平衡质量这边的适当位置钻去一定质量的金属(称为去平衡质量,俗称去平衡重)。

5.6.2 动平衡

对于如曲轴、传动轴等轴向长度大于旋转直径的轴类零件,即使它们已经获得静平衡,但在下面两种情况下仍会出现静不平衡。

1. 旋转轴线与零件的轴心线不重合

图 5.34 所示的轴,由于旋转轴线 $A'B'$ 不与轴心线 AB 相重合,因而形成不平衡质量 m。当轴旋转时,必然由于 m 而产生离心力 F 且构成力偶矩 FL,该力偶矩使轴产生弯扭变形,并使支承受附加载荷,破坏轴的工作性能。欲消除这个力偶矩的作用,必须配置一个平衡力偶矩 $F'L'$,并使 $F'L'=FL$。

2. 旋转轴线上的力偶不平衡

虽然获得静平衡,已经处于静平衡状态的旋转运动的零件,仍可能是动不平衡的。如图 5.35 所示为两曲拐在同一轴平面内的曲轴,两曲拐的质量相等,其重心分别为 S_1 和 S_2,距曲轴旋转轴线的距离相等,分别为 r_1 和 r_2。因此,整个曲轴的重心一定位于曲轴旋转轴线上,为一静平衡的轴。

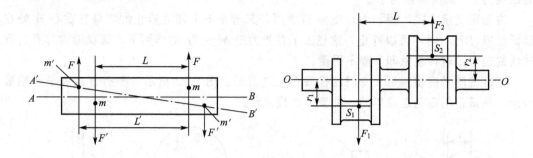

图 5.34 动不平衡　　　　图 5.35 曲轴的动不平衡

但当旋转时,由于离心力 F_1 和 F_2 大小相等、方向相反,组成了一个力偶,其力偶臂为 L,力偶矩为 F_1L(等于 F_2L),即为该曲轴及其轴承的附加载荷。由此可知,曲轴设计时应设法利用配重及曲拐的排列形式等办法尽量消减这个力偶,以获得一定的动平衡。

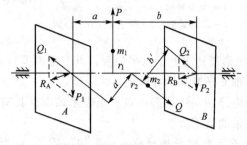

图 5.36 动平衡的校正平面

动平衡的零件一定是静平衡的,但是静平衡的零件不一定是动平衡的。要使零件获得动平衡,必须将偏离零件旋转轴线的任何不平衡质点所形成的离心力,都合成在任意两个校正平面上,工程上就是据此设计制造的动平衡机。

图 5.36 所示为偏离零件旋转轴线的两质点 m_1 和 m_2。假设 m_1 在垂直的轴平面内,m_2 在水平的轴平面内。

当零件旋转时,m_1 和 m_2 产生的离心力分别为 P 和 Q。任取两个与轴线垂直的平面 A 和 B 为校正平面,平衡质量放在这两个平面内。将离心力 P 用与 P 共轴面而且分别在校正平面 A、B 内的两个力 P_1 与 P_2 来平衡,即应满足

$$P_1+P_2=P \qquad (5-5)$$

$$P_1a=P_2b \qquad (5-6)$$

同样，力 Q 可用 Q_1 和 Q_2 来平衡，即应满足

$$Q_1 + Q_2 = Q \tag{5-7}$$
$$Q_1 a' = Q_2 b' \tag{5-8}$$

P_1 和 Q_1 在校正平面 A 内的合力为 R_A；P_2 和 Q_2 在校正平面 B 内的合力为 R_B。R_A、R_B 即为平衡质量及其相位。

根据上述原理设计制造的传动轴（带万向节）动平衡机示意图如图 5.37 所示。传动轴总成 3 安装在摆架 5 的支承上，由电动机带动旋转时，不平衡质量 m_1 的离心力传给校正平面内支点 a，使 a 点向上摆动，同时使支点 b 向下摆动；同样，不平衡质量 m_2 的离心力使支点 b 向下摆动，同时使支点 a 向上摆动。这些摆动量的摆幅值（即标志不平衡质量 m_1 和 m_2）均可通过百分表 2、4 记录（或通过传感器转换为电信号），据此最后测得不平衡质量及相位。

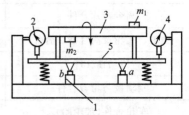

图 5.37 传动轴动平衡机示意图
1—传感器；2、4—百分表；
3—传动轴总成；5—摆架

5.6.3 汽车主要零件及合件的平衡

图 5.38 曲轴平衡机

汽车上主要零件及合件的平衡要求如下。

(1) 曲轴。对曲轴有动平衡要求，因为曲轴一般都有平衡重。平衡重或与曲轴制成一体，或用紧固螺栓与曲轴连在一起。在利用曲轴平衡机（图 5.38）检验平衡时，可在平衡重或轴臂上用钻孔或铣平面的方法取得平衡。

修理发动机时不得随便拆下曲轴的平衡重。

(2) 飞轮。飞轮一般要进行静平衡检验，不平衡时，可采用在飞轮平面上或圆柱面上钻孔的方法取得平衡。

(3) 离合器压盘。离合器压盘一般进行静平衡检验。不平衡时，可在离合器压盘上钻孔，以取得平衡。

(4) 曲轴、飞轮及离合器总成。曲轴、飞轮及离合器总成需进行动平衡检验。在曲轴、飞轮及离合器总成分别进行平衡检验后，再将它们装合在一起进行动平衡检验。当其不平衡度超限时，应拆散总成后分别对曲轴、飞轮及离合器总成进行平衡检验，直至总成的不平衡度在允许的限度内，再进行动平衡检验。如仍然不平衡，则可用在飞轮上取下金属或在离合器壳上加装平衡片的方法取得平衡。

一般曲轴、飞轮及离合器上都标有表明它们之间装配关系的标记，维修时应注意按记号装配。

(5) 传动轴总成。传动轴总成需进行动平衡检验。取得平衡的主要方法是在传动轴轴管两端焊上平衡片，或在十字轴轴承盖上加装平衡块。

汽车主要零件及合件的允许不平衡值见表 5-4。

表 5-4 汽车主要零件及合件的允许不平衡值

零件及合件名称	平衡性质	允许不平衡值/(g·cm)	
		载重汽车	轻型汽车
曲轴	动平衡	100~150	10~50
飞轮	静平衡	35~90	10~35
离合器片合件	静平衡	18	10~18
曲轴、飞轮及离合器片合件	动平衡	75~150	15~50
传动轴合件	动平衡	50~100	5~15
制动鼓与轮毂合件	静平衡		400
车轮合件(带轮胎)	静平衡		250~500
离合器总成	静平衡	70~100	10~35

复习思考题

1. 汽车零件检验的主要内容有哪些？
2. 如何对汽车零件的磨损进行质量检验？
3. 简述汽车零件轴线直线度误差的检测方法。
4. 简述汽车零件平面度误差的检测方法。
5. 简述同轴度误差的检测方法。
6. 简述圆跳动的检测方法。
7. 简述平行度误差的检测方法。
8. 简述垂直度误差的检测方法。
9. 简述汽车零件隐伤的检验方法。
10. 简述汽车零件平衡的检验方法。

第 6 章
汽车发动机维修

教学提示

汽车发动机技术状况的优劣对汽车运行性能影响极大。熟悉汽车发动机的失效形式，掌握汽车发动机的维修方法具有重要意义。

教学要求

本章主要介绍发动机的失效形式、质量检测和维修方法。重点内容是发动机的检测和维修方法。要求学生了解发动机的拆装工艺，熟悉发动机的失效形式和检验方法，掌握基本的发动机维修技能。

6.1 发动机总成修理工艺

6.1.1 发动机总成大修技术条件

为贯彻视情修理原则,防止提前进行发动机大修而造成浪费,或推迟发动机大修时机而造成汽车动力不足、运行速度下降、燃润料消耗量上升等不良影响,规定发动机总成符合下述条件时,方可送修理厂大修。

(1) 发动机加速性能恶化,明显感觉起步加速时间和超车加速时间延长。

(2) 发动机最大功率或气缸压缩压力低于标准值25%以上。

(3) 气缸磨损,其圆柱度误差达到0.175~0.25mm,或圆度误差达到0.050~0.063mm。不少进口汽车发动机的制造厂家则规定按气缸的极限磨损量作为是否要进行镗磨气缸的标准,如丰田K、R和M系列发动机气缸的极限磨损量为0.20mm。

(4) 燃油和机油消耗量明显增加。

(5) 发动机出现异响。

(6) 发动机不能正常运转或根本不能运转。

(7) 发动机重大损伤事故。

6.1.2 发动机大修前的检测

发动机从汽车上拆下前,首先应向车主了解其技术状况,有何故障症状。例如发动机运转时有无异响、燃油消耗量是否超过标准值、曲轴箱窜气情况及排放情况等是否正常。在对诸因素进行综合分析后,再决定拆卸与否。为此,在发动机拆下前,应采用汽车检测设备对发动机的技术参数(表6-1)进行检查。检测的项目和方法如下。

表6-1 发动机诊断参数

诊断对象	诊断参数	诊断对象	诊断参数
发动机总体	发动机功率 燃油消耗率 排气中有害排放物的浓度 进气管真空度	曲柄连杆组	主油道机油压力 发动机异响
		供油系统及排气净化装置	燃油消耗率 空燃比 排气中有害排放物的浓度
气缸活塞组	气缸压缩压力 曲轴箱窜气量 气缸漏气率 发动机异响 机油消耗量	配气机构	气门升程 配气相位
		冷却系统	冷却液温度 散热器进、出口温差 风扇传动带张力
点火系统	一次侧电路电压、电流 一次侧电路电压降 电容器的电容 触点闭合角及重叠角 点火电压 点火提前角 一次侧电压示波图 二次侧电压示波图	起动系统	起动机电压 起动机电流 起动转速
		润滑系统	机油压力 机油透光度 机油中金属杂质含量

1. 气缸密封性的检测

气缸密封性与气缸、气缸盖、气缸垫、活塞、活塞环和进、排气门等零件的技术状况密切相关。在发动机使用过程中,由于这些零件磨损、烧蚀、结焦或积炭,会导致气缸密封性下降,使发动机功率下降,燃油消耗率增加,大大缩短使用寿命。因此,气缸密封性是表征发动机技术状况的重要参数。在不解体条件下,检测气缸密封性的常用方法如下。

(1) 测量气缸压缩压力。

(2) 测量曲轴箱窜气量。

(3) 测量气缸漏气量或气缸漏气率。

(4) 测量进气管真空度。

(5) 测量曲轴箱机油中金属磨屑的含量等。在就车检测时只要进行其中的一项或两项,就能确定气缸密封性的好坏。

2. 气缸压力的测量

测量活塞到达压缩行程上止点时的气缸压缩压力大小,此压力可以反映气缸密封性的好坏。

气缸压力的大小与发动机的功率密切相关。对于运转异常或功率不足的送修发动机,在对点火系统、燃料供给系统调整无效的情况下,应测量气缸压力。

将气缸压力的测量结果与标准值进行比较,便可判断出气缸与活塞的磨损情况、气门密封性的好坏及气缸垫是否烧损或冲坏等。

测量气缸压力的方法有用气缸压力表测量和用发动机分析仪测量两种方法。

1) 用气缸压力表测量

用气缸压力表测量气缸压缩压力,方法简便,价格低廉,在汽车维修企业中广为应用,但这种方法的测量误差较大。

气缸压力表为专用压力表,由表头、导管、单向阀和接头组成,如图 6.1 所示。接头有锥形橡胶接头和螺纹接头两种,前者可以压紧在火花塞孔上,后者可以拧紧在火花塞螺纹孔上。

(1) 测量条件。首先使发动机走热至正常工作状态(冷却液温度达到 85~95℃,机油温度达到 70~90℃,或按生产厂规定)。用起动机带动拆除全部火花塞的发动机运转,转速按生产厂规定。

(2) 测量方法如图 6.2 所示。

① 拆下空气滤清器。

② 用压缩空气吹净火花塞周围的脏物。

图 6.1 气缸压力表

③ 拆下全部火花塞。

④ 拔下点火线圈上的中央高压线,使其可靠搭铁,以免发生电击着火。

⑤ 把节气门置于全开位置,把气缸压力表依次安装到每个火花塞孔上,扶正压紧。

⑥ 把点火开关置于"ST",用起动机带动发动机运转。与此同时观察压力表读数并与标准值比较。

⑦ 取下压力表,记下读数,按下单向阀使指针回零,重复测量,每缸不少于两次。

值得注意的是,测量气缸压缩压力之前应确认蓄电池充足电,起动机状态良好,起动机转速符合要求,方可开始测量气缸压缩压力。

2) 用发动机分析仪测量

多功能发动机综合检测仪都有测量气缸压缩压力的功能。现以元征发动机综合分析仪(图6.3)为例说明其测量方法。

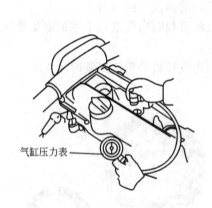

图 6.2 气缸压缩压力测量法

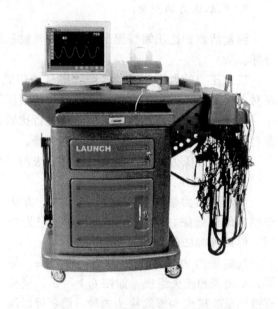

图 6.3 元征发动机综合分析仪

首先拆下被测气缸的火花塞,旋上分析仪配置的压力传感器,用起动机转动发动机曲轴 3~5s。这时,由压力传感器取出的压力信号,经放大和模/数(A/D)变换后,送入单片机系统处理,并由显示器显示结果。

所测气缸压力的诊断标准应符合《汽车大修竣工出厂技术条件》的规定,大修后的发动机气缸压缩压力应符合原设计规定——标准值,汽油机应不超过各缸平均压力的 8%;应用发动机的气缸压缩压力,交通部颁发的《汽车运输业车辆技术管理规定》要求不得低于标准值的 25%,否则发动机应送厂大修。

几种常见汽车发动机气缸压缩压力的标准值见表 6-2。

表6-2 几种常见汽车发动机气缸压缩压力的标准值

发动机型号	气缸压缩压力/MPa		
	标准值	极限值	各缸压力差
一汽捷达 EA8272V	1.10	0.90	0.30
上海桑塔纳 JV1.8L	1.30	1.02	0.30
二汽富康 TU3	1.20	0.95	0.30
丰田佳美 1MZ-FE	1.25	1.00	0.10
丰田皇冠 MS1225M	1.078	0.882	0.098
丰田花冠 4A-FE	1.34	1.10	0.10
丰田大霸王 2TZ-FZE	1.25	1.00	0.10
丰田 MR2 增压	1.15	0.95	0.10
丰田 MR2 非增压	1.25	1.00	0.10
马自达 626F6	1.127	0.749	0.196
日产公爵 Y30VG30S	1.196	0.883	0.098

根据气缸压缩压力的测量结果可判断出气缸活塞组零件的故障(表6-3)。

表6-3 根据气缸压缩压力判断气缸活塞组零件故障

测量结果	故障原因
超过标准值	燃烧室积炭过多 气缸垫过薄 缸体与缸盖结合面经多次修理磨削加工过多
低于标准值。为了准确判断故障部位,可拆下空气滤清器,打开散热器盖,旋转发动机曲轴,使压力低的气缸活塞处于压缩行程上止点位置,通过火花塞孔向气缸吹压缩空气,如果: 进气总管有漏气声 排气尾管有漏气声 散热器加水口有气泡 相邻两缸火花塞有漏气声 机油加注口有漏气声	 进气门不密封 排气门不密封 气缸垫不密封 气缸垫在两缸之间烧蚀 活塞、活塞环或气缸磨损严重

3. 发动机功率的检测

发动机的有效功率是评价发动机的综合性指标。通过检测发动机功率可以定性地确定发动机的技术状况和定量地评定发动机动力性的变化。通常可就车使用无负荷测功仪或发动机综合检测仪检查。

检测条件:发动机温度在80℃以上,点火、供油系统工作正常。若功率测量值小于额定值75%,则应将发动机拆下进行修理。

发动机功率检测方法有两种,即稳态测功法和动态测功法。

1) 稳态测功法

稳态测功法是将发动机安装在测功试验台架(图6.4)上,在节气门开度一定、转速一定、冷却液和机油温度均保持正常值的稳定状态下,利用测功机测出发动机的转速和转矩,并按下式计算发动机的有效功率

$$P_e = \frac{T_{tq}n}{9550} \quad (6-1)$$

式中 P_e——有效功率(kW);
T_{tq}——发动机转矩(N·m);
n——发动机转速(r/min)。

如果节气门全开、发动机在标定转速稳定运转,则这时发动机输出的有效功率即为标定功率。

图6.4 发动机测功试验台架(发动机测功机)

由于稳态测功法需通过测功机对发动机施加负荷,因此稳态测功法为有负荷测功法。

2) 动态测功法

动态测功法是在发动机加速过程中测量发动机功率的方法。由于动态测功法无需对发动机外加负荷,因此又称无负荷测功法。无负荷测功法特别适用于在用车辆发动机的功率检测,测量精度比稳态测功法稍低。

当发动机在怠速运转时,如果突然全开节气门,将发动机加速到较高转速,这时发动机输出的有效功率越大,曲轴的角加速度也越大,加速时间则越短。

(1) 发动机瞬时功率的测量。当发动机加速到转速 n 时,在该转速下的瞬时功率可表示为

$$P_t = cn\frac{dn}{dt} \quad (6-2)$$

式中 P_t——瞬时功率(kW);
n——发动机转速(r/min);
dn/dt——曲轴瞬时加速度(r/s²);
c——系数,$c = c_1 c_2$;
c_1——与发动机转动惯量有关的常数,$c_1 = \frac{\pi I}{286500}$;
c_2——与发动机在某一转速下的稳态功率和动态功率差值有关的修正系数,可通过台架对比试验得到;
I——发动机运转件对曲轴中心线的当量转动惯量(kg·m²),可通过测量或计算确定。

式(6-2)表明,发动机加速到某一转速时的瞬时有效功率与该转速及该转速下的瞬时加速度的乘积成正比。因此,只要测出加速过程中的这一转速及其对应的加速度,即可求出该转速下的有效功率。显然,将发动机加速到标定转速,则求得的有效功率就是发动机的标定功率。

(2) 发动机平均有效功率的测量。发动机在指定转速范围内的平均有效功率为

$$P_{eav} = \frac{K}{\Delta T} \qquad (6-3)$$

式中　P_{eav}——平均有效功率(kW)；

　　　ΔT——发动机从初始转速 n_1 加速到终止转速 n_2 的加速时间(s)；

　　　K——测功常数。

式(6-3)表明，发动机在指定转速范围内的平均有效功率与加速时间成反比，即加速时间越短，发动机的有效功率越大；反之亦然。因此，只要测出从初始转速 n_1 加速到终止转速 n_2 所经历的加速时间 ΔT，便可求得该转速范围内的平均有效功率。

所测发动机功率的诊断标准应符合《机动车运行安全技术条件》和《汽车发动机大修竣工出厂技术条件》的规定，在用车的发动机功率不得低于标定功率的 75%，大修后发动机功率不得低于标定功率的 90%。汽油机功率不足的故障分析见表 6-4。

表 6-4　汽油机功率不足的故障分析

故障现象	故障原因	排除方法
发动机断续运转	(1) 火花塞间隙过大 (2) 点火装置接触不良 (3) 点火装置潮湿 (4) 火花塞积炭 (5) 空气滤清器堵塞 (6) 气门与气门座密封不良，气门漏气 (7) 气缸垫烧蚀 (8) 燃油系统管路内有气泡 (9) 输油泵工作异常	调整火花塞间隙 检查高压线插座，将高压线插牢 烘干或更换 清除积炭 清洗滤芯或更换 修磨气门或更换气门与气门座 更换 排除气泡 检修
高速时功率不足	点火正时不对，离心调节器失灵	检修或更换
低速时功率不足	分电器串联电阻烧坏	更换
正常转速下功率太小	(1) 点火正时不对 (2) 火花塞间隙过大或过小 (3) 火花塞积炭 (4) 点火线圈短路或断路 (5) 高压线破损漏电 (6) 空气滤清器堵塞 (7) 气门与气门座密封不良 (8) 气门间隙过小 (9) 气门杆卡死	调整 调整 清除积炭或更换火花塞 更换 更换 清洗滤芯或更换 修磨或更换气门 调整 更换
发动机加速无力或回火	(1) 燃油箱通风孔堵塞 (2) 燃油箱缺油 (3) 火花塞间隙过大或过小	清理通风孔 加油 调整

4. 发动机异响的检查

发动机有异常声响则表明发动机有故障。异响可用机器听诊器(图6.5)或相当的异响检测仪检查。

图 6.5 机器异响听诊器

在无检测仪器的情况下常用人工判断。判断异响的方法是通过变换发动机工况、采用火花塞断火或喷油器断油、踏下与释放离合器踏板及比较发动机冷态与热态时声响强弱程度的变化进行，根据发动机上所有运转件产生异响时的音调、频率、音质和强度不同的声响特征，通过听觉直接判断；但有一些声响不借助仪器是完全听不到的，即使能听到声响，也很难确定其发生部位。因此，检测人员需借助触杆式汽车拾音器在发动机前、后、左、右不同部位察听并寻找异响的最强音点，与各种典型异常声响比较，便可确定产生异响的部位和原因。

5. 进气管真空度的测量

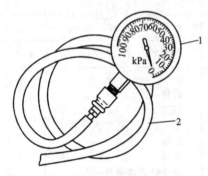

进气管真空度是进气管内的压力与大气压力的差值，单位为 kPa。发动机进气管真空度的大小随气缸活塞组零件的磨损而变化，并与气门组零件的技术状况、进气管的密封性及点火系统和供油系统的调整有关。

因此，检测进气管真空度可以用来诊断发动机多种故障。进气管真空度用真空表(图6.6)检测，无需拆卸任何机件，而且快速、简便，应用极广。

图 6.6 真空表
1—表头；2—软管

进气管内的真空度随节气门开度的大小而变化，根据进气管真空度的大小可评定发动机的技术状况，判断故障的部位。

进气管真空度可用指针式真空表测量。把真空表的软管接到进气管的测试接口上，使发动机怠速运转，观察真空表指针的示值及其摆动区间便可读取进气管真空度。

一般高速发动机进气管真空度低，低速发动机进气管真空度高。此外，进气管真空度还与测量地点的海拔高度有关，海拔高度越高，进气管真空度越低。海拔高度每升高

500m，真空度降低 3.3~4.0kPa。

1) 测试条件及操作方法

（1）起动发动机，并使其以高于怠速的转速空转 30min 以上，使发动机达到正常温度。

（2）将真空表软管接到进气支管的测压孔上。

（3）变速器挂空挡，发动机怠速运转。

（4）读取真空表上的示值。

2) 测试结果分析

真空表示值所表示的问题如图 6.7 所示。进气管真空度的诊断标准根据《汽车发动机大修竣工出厂技术条件》的规定，大修竣工的四冲程汽油机转速在 500~666r/min 时，以海平面为准，进气管真空度应在 57.33~70.66kPa 范围内。波动范围：六缸汽油机一般不超过 3.33kPa，四缸汽油机一般不超过 5.07kPa。

图 6.7 真空表示值所表示的问题

6. 曲轴箱窜气量的检测

随着气缸活塞组零件的磨损，窜入曲轴箱内的气体增多。例如，新发动机曲轴箱窜气量为 15~20L/min，磨损后的发动机则高达 80~130L/min。曲轴箱窜气量的多少与发动机运行工况有关。在一定工况下，单位时间窜入曲轴箱内的气体量，可作为衡量气缸密封性的尺度。

测量仪表及测量条件如下。

（1）测量仪表：QCY-1 型曲轴箱窜气量测定仪。

（2）测量条件：在底盘测功试验台上对发动机加载，节气门全开，发动机在最大转矩转速下运行。

测量步骤如下。

① 堵住机油标尺插口及曲轴箱通风进、出口，保持曲轴箱密封。

② 在机油加注口上安装气嘴，接上橡胶管。橡胶管的另一端连接仪表入口。

③ 缓慢均匀地开启测定仪的调节阀，直至全部开启为止。

④ 记下仪表的示值。

目前曲轴箱窜气量尚无统一的诊断标准，表6-5所列单缸平均曲轴箱窜气量参考值，可供诊断时参考。将测得的曲轴箱窜气量除以被测发动机的气缸数，即为单缸平均曲轴箱窜气量。

表6-5 单缸平均曲轴箱窜气量参考值

发动机技术状况	单缸平均曲轴箱窜气量/(L/min)	
	汽油机	柴油机
新发动机	2～4	3～8
需大修的发动机	16～22	18～28

7. 气缸表面及活塞顶状况的检查

当发动机有异响或气缸-活塞组件密封状况不良、缸壁拉伤时，可使用工业纤维内窥镜对气缸表面和活塞顶状况进行窥查(图6.8)，必要时对异常现象可拍片分析，为发动机大修提供依据。

除此以外，条件允许时还可以利用尾气分析仪(图6.9)检测发动机尾气中的 CO 和 HC 的排放量。

图6.8 使用内窥镜对气缸表面和活塞顶状况进行窥查

图6.9 尾气分析仪

6.1.3 发动机大修工艺过程

按一定顺序完成修理作业的过程称为大修工艺过程。发动机大修是汽车修理的重要作业项目之一。发动机总成大修工艺会直接影响到发动机的修理质量、修理费用和在修车日的长短。因此，制订发动机大修工艺时应从实际出发，贯彻技术-经济指标合理的原则。

1. 发动机大修工艺过程分类

目前实际采用的发动机大修工艺过程主要有下列两种。

1) 传统的发动机总成大修工艺过程

传统的发动机总成大修工艺包括拆装调试工艺和零件修理工艺两个主要部分。这种大修工艺明显的特点之一就是要进行镗缸和磨曲轴,即对基础件和关键零件进行修理和机械加工。图 6.10 所示为传统的发动机总成大修工艺过程框图,目前使用较为普遍。

2) 以更换零件为主的发动机总成大修工艺过程

以更换零件为主的发动机总成大修工艺与传统大修工艺的区别在于:零件经鉴定后将其分为可用件和需更换件两类,取消了对气缸和曲轴的机械加工,如图 6.11 所示。

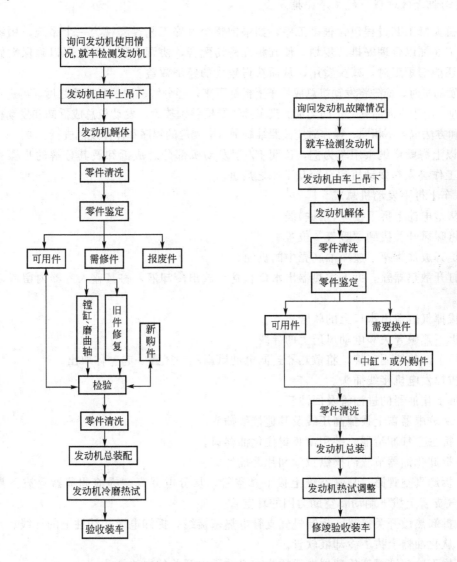

图 6.10 传统发动机总成大修工艺　　图 6.11 以更换零件为主的发动机大修工艺过程

对缸体和曲轴不进行机械加工有两种原因:首先,不同型号发动机基础件的可维修性有差别,例如丰田雷克萨斯 400 豪华乘用车配置的 1UZ-FE 型发动机,气缸和曲轴无修理尺寸,也无修理尺寸的活塞与轴承供选择;其次,虽然大多数发动机的缸体和曲轴有修理尺寸,但当缸体或曲轴损坏且无法修复时,则以维修用发动机部件来替代已损坏的零件。

维修用发动机部件俗称"中缸"或"短缸"。它由发动机制造厂家将缸体、曲轴、活塞连杆组等按装配工艺技术要求组装而成。用"中缸"取代缸体、曲轴等需更换件后,既能保证发动机的大修质量,延长质保里程,又能大大缩短发动机大修停厂时间,很受用户青睐,近年来在我国得到长足发展,如上海桑塔纳、北京切诺基等发动机大修中对"中缸"的选用已不少见。

2. 发动机大修过程中的工序安排方法

发动机大修工艺过程包含很多工序,如果把整个大修工艺过程视为一个系统,用统筹法对这些工序加以合理安排及规划,使其相互密切配合,协调一致,不仅可以确保大修质量,而且还能缩短工时,减少费用,从而获得较大的经济效益。

大修发动机时,应先将发动机总成从车上拆卸下来,经分解、清洗和检验之后,再进行各项修理作业。由于不同品牌、不同类别的汽车具体结构差别较大,发动机总成拆卸和发动机分解的步骤和方法也各不相同。操作时应按照维修手册中规定的程序和操作规范进行。

下面以上海桑塔纳乘用车为例,说明JV型发动机部分总成拆卸及其分解的步骤和方法。拆卸工作必须在发动机完全冷却下来之后进行。

1) 从车上拆下发动机总成

(1) 从蓄电池上拆下接地(搭铁)线。

(2) 将暖风开关拨到"暖气"位置。

(3) 旋开放油螺塞,放净油底壳中的机油。

(4) 打开散热器盖,拆下散热器出水口软管,放出冷却液,将其盛入容器内留待以后继续使用。

(5) 拔掉气缸盖出水口上的软管。

(6) 拆下热敏开关和电动风扇上的导线。

(7) 拆下散热器固定架,将散热器连同电动风扇和护风圈一起整体取出。

(8) 拔掉发电机接线插头。

(9) 拆下化油器的进油管及回油管。

(10) 从分电器盖上拔掉高压线及其他接线插头。

(11) 拆去空气滤清器,并用薄膜封住化油器口。

(12) 拆卸化油器节气门操纵拉索和片簧插片。

(13) 拆卸真空管路:从真空罐上拔下真空管,从分电器真空提前调节器上拔下真空管,从进气支管上拔下制动真空助力用的真空管。

(14) 拆卸热敏开关接线,拆卸进气支管电热塞接线,拆卸电源接线柱上的导线。

(15) 从化油器上拔下冷却液软管。

(16) 拔下冷却液温度传感器电线插头和机油压力开关的电线插头。

(17) 拆下发动机支架的紧固螺母和离合器操纵钢丝线。

(18) 拆下发动机左、右支承脚(俗称地脚、机爪子)橡胶缓冲块的紧固螺栓。

(19) 拆下空调压缩机V带。将压缩机与其保持架一起拆下(接线保持连接),并将其固定在车身上。

（20）拆下发动机前支架紧固螺栓和排气管弯头螺栓。

（21）拆下起动机接线和起动机固定螺栓。

（22）旋松发动机与变速器的连接螺栓。

（23）将VW785/1B吊座夹头置于发动机后端并拧紧紧固螺栓。

（24）安装吊架。

注意：在发动机前端，吊架横梁上的孔与样板铁上的螺孔销按要求对应在一起；在飞轮端，将吊架横梁上的螺孔与样板铁的螺孔销按要求对应在一起。样板铁上共有4个孔，其孔位从下端即吊钩端数起。

（25）用吊机起吊发动机稍使发动机脱离发动机支架，再次拧紧VW785/1B吊座夹头支承螺栓。

（26）拆除发动机与变速器的连接螺栓，使发动机与变速器脱离，然后慢慢将发动机向上吊起。起吊时须加倍小心，勿使传动轴、离合器和车身受到损伤。

图6.12 液压移动式吊机

（27）用VW540托架将发动机固定在装配架上。起吊发动机的吊机通常采用液压移动式吊机，如图6.12所示。

2) 发动机的分解

（1）V带及同步带的拆卸。上海桑塔纳乘用车JV型发动机前端零件如图6.13所示。其中图注号同时表示拆卸或分解的顺序，而单位N·m前的数字则表示螺栓拧紧力矩的大小。

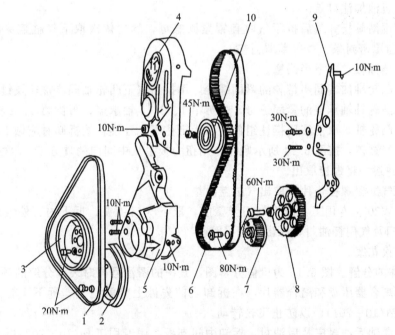

图6.13 发动机前端零件的拆卸

1—V带；2—水泵带轮；3—曲轴带轮；4—上护罩；5—下护罩；6—同步带；
7—曲轴同步带轮；8—中间轴同步带轮；9—后护罩板；10—张紧轮

① 旋松发电机支撑臂紧固螺栓,拆下 V 带。
② 拆卸水泵带轮。
③ 拆卸曲轴带轮。
④ 拆卸同步带上护罩。
⑤ 拆卸同步带下护罩。
⑥ 旋松同步带张紧轮紧固螺母,转动张紧轮的偏心轴,使同步带松弛,取下同步带。
⑦ 拆卸曲轴同步带轮。
⑧ 拆卸中间轴同步带轮。
⑨ 拆卸同步带后护罩。
(2) 发动机外部装置的拆卸。
① 拆卸水泵。
② 拆卸发电机。
③ 拆卸起动机。
④ 拆卸分电器。
⑤ 拆卸燃油泵。
⑥ 拆卸机油滤清器座及机油滤清器。
⑦ 拆卸化油器。
⑧ 拆卸进、排气支管。
(3) 气缸盖及配气机构的分解。图 6.14 为气缸盖分解图,其中图注序号同时表示拆卸的顺序。
① 拆卸机油加注口盖。
② 分批逐渐旋松并最后拆下气缸盖罩紧固螺母,然后依次取下气缸盖罩压条、气缸盖罩、气缸盖罩密封条、气缸盖罩衬垫。
③ 拆卸挡油板,取下半圆塞。
④ 拆下凸轮轴前端同步带轮的紧固螺栓,用拉器取下凸轮轴同步带轮及键。
⑤ 拆下凸轮轴轴承盖的紧固螺母,先拆第 1、3、5 轴承盖,再拆第 2、4 轴承盖。
⑥ 取下凸轮轴,取下液压挺柱组件,因为挺柱不能互换,故拆卸时应做上标记。
⑦ 拆卸气缸盖,按图 6.14 所示顺序,用扭力扳手从中间向两端分 2~3 次交叉旋松气缸盖螺栓,并逐一将螺栓取出。
⑧ 取下气缸盖螺栓垫片,取出气缸盖衬垫。
⑨ 用 VW2037 专用工具压下气门弹簧座,取下气门锁夹,拆下内、外气门弹簧,拆卸进、排气门及气门杆油封,压出气门导管。
⑩ 拆下火花塞。
(4) 机体的分解。图 6.15 为机体分解图,其中图注号同时表示分解的顺序。
① 拆下离合器压盘和离合器片,在拆卸之前先做上分解记号,拆下飞轮。在拆卸时使用专用插销(10-201),以防止飞轮转动。
② 拆卸曲轴后油封座及后油封,拆卸中间支板,用专用工具(10-202)拆卸曲轴后端的滚针轴承。
③ 将机体倒置,拆下油底壳及集滤器组件,测量连杆大头的轴向间隙,检查其是否超

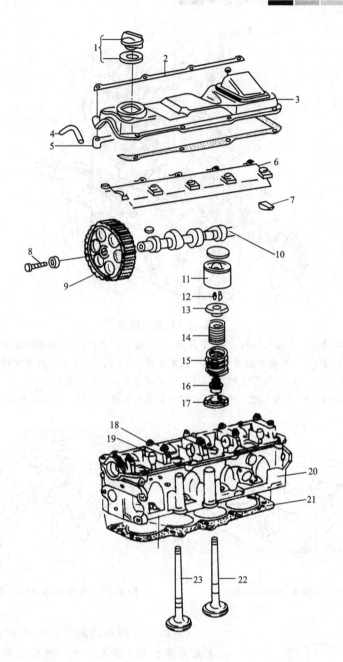

图 6.14 气缸盖分解图

1—机油加注口盖；2—压条；3—气缸盖罩；4—密封条；5—衬垫；6—挡油板；7—半圆塞；
8—紧固螺栓；9—凸轮轴同步带轮；10—凸轮轴；11—挺柱；12—锁夹；13、17—上、下弹簧座；
14、15—内、外气门弹簧；16—气门油封；18—螺母；19—凸轮轴承盖；
20—气缸盖；21—气缸盖衬垫；22、23—进、排气门

过极限值(图 6.16)，并在连杆和连杆盖上打上所属气缸号(图 6.17)。拆下连杆螺母后，用木锤或塑料锤轻轻敲打连杆螺栓，取下连杆盖。

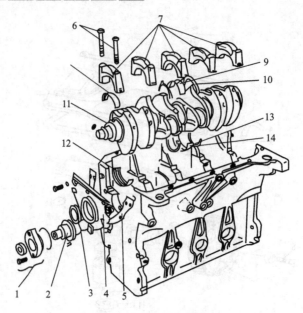

图 6.15 机体分解图

1—中间轴油封支座及油封；2—中间轴；3—曲轴前油封；4—曲轴前油封支座；
5—衬垫；6—主轴承盖螺栓；7—主轴承盖；8—1、2、4 和 5 道下主轴瓦；
9—3 道下主轴瓦；10—下半圆止推片；11—曲轴；
12—1、2、4 和 5 道上主轴瓦；13—3 道上主轴瓦；14—上半圆止推片

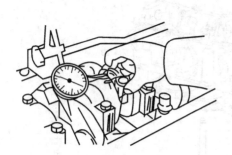

图 6.16 测量连杆轴向间隙

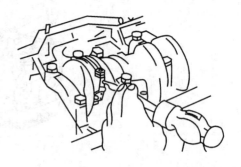

图 6.17 在连杆体及连杆盖上做标记

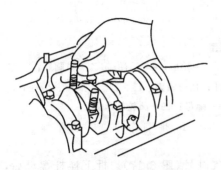

图 6.18 在连杆螺栓上套塑料管

④ 用缸口刮刀清除气缸口积炭，并在连杆螺栓上套上塑料管（图 6.18），防止碰伤气缸和曲轴销，再从气缸口取出活塞连杆组件。

⑤ 将机体倒置，测量曲轴轴向间隙，检查其是否超过极限值（图 6.19）。

⑥ 拆下中间轴油封支座及油封，拆卸中间轴。

⑦ 拆下曲轴前油封支座及前油封，在主轴承盖上做出记号和主轴承编号。

⑧ 分 2~3 次从两端向中间拧松主轴承盖紧固螺栓，然后取下螺栓、主轴承盖和下轴瓦。

⑨ 取下曲轴。
⑩ 取下主轴承的上轴瓦和止推片，连同主轴承盖和下轴瓦按顺序排列好。

（5）活塞连杆组的分解。图6.20所示为活塞连杆组分解图，其中图注号同时表示拆卸的先后顺序。

图6.19 测量曲轴轴向间隙

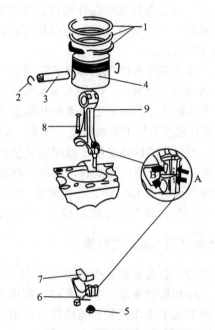

图6.20 活塞连杆组分解图
1—活塞环；2—挡圈；3—活塞销；4—活塞；5—连杆螺母；
6—连杆盖；7—连杆轴瓦；8—连杆螺栓；9—连杆体

拆卸前先查看活塞、连杆和连杆盖上的朝前标记（即朝向曲轴带轮端）。若不能清晰辨认，则应重做标记。

① 在活塞上标记气缸号。
② 用活塞环装卸钳拆卸活塞环，如图6.21所示。
③ 用尖嘴钳拆下活塞销挡圈。
④ 将活塞加热到60℃，拆卸活塞销，如图6.22所示。拆卸 $\phi 22mm$ 活塞销用工具VW207C（工具代号），拆卸 $\phi 20mm$ 活塞销用工具222a（工具代号）。

图6.21 拆卸活塞环

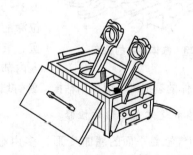

图6.22 加热并拆卸活塞销

6.2 气缸体、气缸盖和曲柄连杆机构的修理

气缸体、气缸盖和曲柄连杆机构是发动机产生和输出动力的主要装置,该装置的修理在发动机修理中占有重要地位。它包括气缸体、曲轴等基础件的修理和轴承、活塞及活塞环等易损件的选配。

现代汽车尤其是发动机机体结构应符合尺寸小、质量轻、刚度大、强度高和耐磨性好等要求。为满足上述要求,乘用车发动机机体结构一般应具有如下特点。

(1) 无气缸套,在两缸之间无冷却水套,以缩短机体的长度。
(2) 机体底平面低于曲轴轴线,即龙门式机体结构,可以大大提高机体的刚度和强度。
(3) 采用较薄的机体壁厚,以减轻质量。
(4) 气缸内壁珩磨成网纹状,以改善润滑,减小磨损。

国产乘用车红旗 CA488、一汽奥迪 100 1.8L、捷达 EA8272V、上海桑塔纳 JV、夏利 TJ376Q 和富康 TU3 等型发动机的机体均具有这些特点。

6.2.1 气缸体和气缸盖的检修

气缸体和气缸盖是发动机的基础零件。两者多由灰铸铁、合金铸铁或铝合金铸造而成。它们的结构形状复杂,并在高温、高压及交变载荷下工作,因而不仅各配合表面会产生磨损,而且由于工作载荷和铸造残余应力的作用,也容易产生变形,使其形状和位置误差增大,并破坏各配合副的相互关系。

同时,气缸体和气缸盖各部分因工作温度不均匀所引起的热应力,还可能与工作载荷、铸造残余应力等相叠加,使零件应力集中处产生裂纹等。这些都将影响发动机的性能指标和使用可靠性。

1. 气缸体和气缸盖裂损的检修

发动机使用过程中,若发现冷却液异常减少,机油内混有冷却液,则表明缸体或缸盖可能有裂纹或蚀损穿洞。裂损会导致漏油、漏气和冷却液渗漏,影响发动机正常工作。

裂损可用水压或气压试验来检查,试验压力为 0.3~0.4MPa。不过用气压试验时,应在被检查部位涂肥皂水。此外,也可把染色渗透剂喷到燃烧室、气门座和缸体表面等被检查部位,若渗透剂渗入内部,则表明有裂纹,如图 6.23 所示。

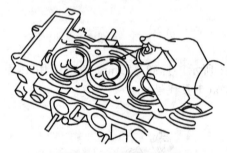

图 6.23 缸体裂纹的检查

缸盖和缸体的裂损可视情采用粘接、螺钉填补或焊接修复等方法,必要时应予以更换。

2. 气缸体和气缸盖变形的检修

气缸体和气缸盖平面的翘曲变形,多由缸盖螺栓拆装顺序不对,拧紧力矩不符合标准,在高温时拆卸气缸盖,或发动机长期过热等原因引起。螺孔周围也会受拉力作用造成局部凸起。

气缸体上平面和气缸盖下平面的翘曲可用精密直尺和塞尺检查,如图 6.24 所示。

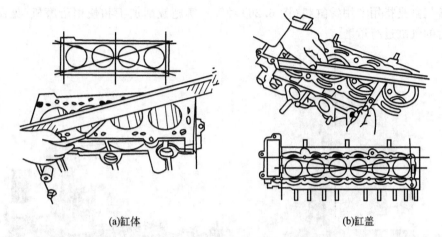

(a)缸体　　　　　　　　　　　(b)缸盖

图 6.24　气缸体和气缸盖变形检查

气缸体和汽缸盖变形检查标准:一般缸体的平面度误差不超过 0.10mm,丰田 3Y、22R 气缸体平面度误差不超过 0.05mm,气缸盖不超过 0.15mm。

当检查结果超过规定值时,可以对翘曲平面进行磨削或铣削加工。气缸盖磨削或铣削量一般不应超过 0.20～0.30mm,可通过气缸盖厚度的极限值加以控制。加工量太大,缸盖变薄,燃烧室容积变小,会引起发动机爆燃,使工作不正常。

3. 气缸磨损后尺寸的测量

测量已磨损的气缸直径是确定气缸修理尺寸的依据。气缸直径通常使用量缸表配合外径千分尺进行测量,其测量方法和测量部位如图 6.25 所示。

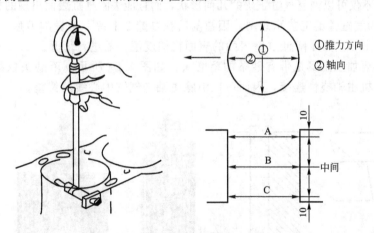

图 6.25　气缸磨损量的检测

在气缸的上、中、下 3 个不同高度及气缸的纵向和横向两个方向的 6 个部位,十字交叉地测量气缸直径。为了得到最大磨损尺寸,必要时可将量缸表转 120°,并重复上述步骤。根据测量结果可计算出气缸的圆度、圆柱度误差及最大磨损量。若上述值超过其使用极限值,则应镗磨气缸,更换加大修理尺寸的活塞。

4. 气缸的镗磨

镗磨气缸是指用专用镗缸机(图 6.26)对气缸实施镗削加工和使用珩磨机(见图 6.27)对镗削后的气缸进行珩磨。

图 6.26 镗缸机

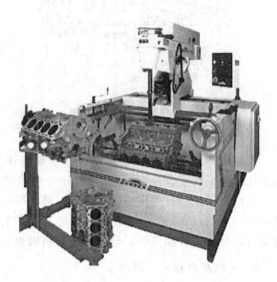

图 6.27 珩磨机

镗磨气缸不仅可以恢复气缸正确的几何形状,而且能去除气缸表面出现的拉伤和斑痕。

图 6.28 为气缸镗磨工艺示意图。因镗削后在缸壁 2 上留下微量的刀痕"螺距",其值为 0.03~0.10mm。为了降低缸壁表面的表面粗糙度值,需进行珩磨。

磨缸的主要加工工具是带有砂条的珩磨头,如图 6.29 所示。珩磨头依靠气缸孔内圆定位,与珩磨机主轴挠性连接,因而可以消除主轴与气缸中心线的偏差。

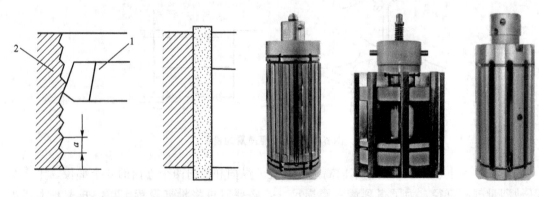

图 6.28 气缸镗磨工艺示意图
1—镗刀;2—缸壁;a—螺距

图 6.29 珩磨头

珩磨头由珩磨机主轴带动旋转，并作上下往复运动。气缸壁经过珩磨，条形油石从气缸表面磨去薄薄的一层金属，留下相互交叉的细微网纹，如图6.30所示。

磨削时珩磨头的圆周速度与往复运动速度在磨削中形成的交角是影响磨缸质量和粗糙度的主要因素。

磨缸程序和注意事项如下。

(1) 将待磨气缸予以彻底清洁，稳妥地安装好气缸体，严格按磨缸机的使用说明进行作业。根据需要选择合适的磨条，安装在磨缸头上，检查圆柱度。

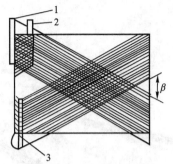

图6.30 珩磨网状轨迹
1—前进行程开始时的磨条位置；
2—返回行程终了时的磨条位置；
3—前进终了时的磨条位置；
β—磨痕螺旋线相交的角度

(2) 安装磨缸头，调整磨条压力。压力要适当。压力大，效率高，但粗糙度大。压力小，会将气缸磨成"锥形"，圆柱度达不到要求。

(3) 选择合适的圆周速度和往复运动速度。磨头的圆周速度一般取60～70m/min；往复运动速度，粗磨时取15～20m/min，精磨时取20～25m/min。

(4) 磨缸时尽量使磨缸主轴、磨缸头和气缸在同一直线上，以防磨偏。粗磨条磨至一定程度时换用细磨条光磨。

(5) 磨缸时要加注切削液。切削液(由体积比为80%～85%的柴油或煤油和15%～20%机油混合而成)主要用来冷却气缸体和清洗磨屑。

磨缸应先粗磨后精磨，磨缸顺序是第1缸→第3缸→第2缸→第4缸，即隔缸镗磨。不允许用抛光的办法减小气缸表面粗糙度，这是因为抛光过程会引起材料的塑性变形和表面金属结晶组织的扭曲，造成许多微孔的堵塞，因而会降低表面的吸油能力，增加气缸的磨损。

珩磨后的气缸表面粗糙度不得超过 Ra 0.4μm；气缸的圆度公差不大于0.0075mm，圆柱度公差不大于0.01mm。湿式缸套的圆柱度公差不大于0.0125mm。气缸若有微量锥形应上小下大。

活塞与气缸的配合间隙应符合规定。为保证活塞与气缸之间的配合间隙，在磨缸过程中必须及时用量缸表测量或用活塞试配。磨缸过程中产生的切削热会影响气缸直径的变化，所以检验应在气缸体温度降至室温后进行。

如果气缸磨损量不大，也可以使用如图6.31所示的手动珩磨机对气缸内圆表面进行修整。

5. 镶气缸套

无修理尺寸的气缸，或气缸虽有加大修理尺寸，但其磨损后的尺寸已接近或超过最后一级修理尺寸时，可用镶气缸套的方法进行修理。

对于未装干式缸套的缸体，安装新缸套前，应在缸体上加工承孔。承孔内径与缸套外径采用过盈配合，过盈量为0.03～0.08mm，汽油机干式缸套上端面应与气缸体上平面齐平。更换湿式缸套时，只需拆旧装新，不需要对承孔进行机械加工。装配时注意气缸套应高出气缸体上平面0.03～0.10mm，以防漏水。

红旗CA488-3型发动机允许用镶气缸套的方法修复气缸。首先，按图6.32所示的要求加工气缸孔，然后压入半成品气缸套，再对气缸套孔进行珩磨至选定的气缸尺寸。

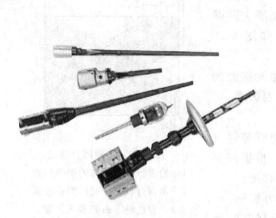

图6.31 手动珩磨机

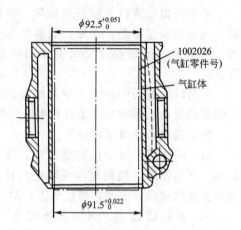

图6.32 镶气缸套时气缸的加工尺寸

6.2.2 曲轴-飞轮组的检修

1. 曲轴损伤的检查

曲轴的损伤主要是主轴颈和连杆轴颈的磨损,轴颈表面拉伤、烧蚀,曲轴弯曲或扭曲变形,严重时出现裂纹,甚至断裂。

曲轴轴颈的磨损量可用外径千分尺按图6.33所示测量方法和测量部位测量。曲轴轴颈的圆度和圆柱度误差超过0.01~0.0125mm时,应在专用的曲轴磨床上进行磨削加工。

检查曲轴弯曲变形时,可将曲轴两端主轴颈放在测量平板上的V形块上,用百分表进行测量,方法如图6.34所示。

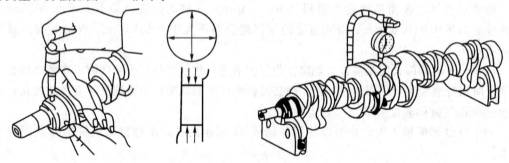

图6.33 测量主轴颈和连杆轴颈的直径　　图6.34 检测曲轴弯曲变形

将百分表的测头触及中间主轴颈的未磨损处,用手慢慢转动曲轴两圈,百分表指示的最大和最小的两个读数之差即为曲轴弯曲变形造成的径向圆跳动量,一般不超过0.04~0.06mm。

若此跳动量超过0.10mm,则须校正;若未超过0.10mm,虽然超过了极限值,也无需特意校正,在磨削轴颈时即可修正。变形过大时,应采用热校、冷压或敲击法消除,必要时应更换曲轴。曲轴上的裂纹可通过磁力探伤检查。

2. 曲轴的磨削加工

曲轴轴颈磨损或轴颈的圆度、圆柱度超过极限值,均须在专用曲轴磨床(图6.35)上按曲轴修理尺寸修磨轴颈。一般主轴颈和连杆轴颈应按同一级的修理尺寸磨削,以便分别选配同一级修理尺寸的轴瓦。磨削前应先确定各轴颈的修理尺寸,购买选配轴承。

图 6.35 曲轴磨床

1) 曲轴轴颈的修理尺寸

一般曲轴的主轴颈和连杆轴颈都具有标准尺寸和 2~4 级的缩小修理尺寸,并配以相应尺寸的轴承,有些发动机还配以 0.05mm 的维护用轴承。少数曲轴无修理尺寸。

选择的实际修理尺寸应小于或等于磨削加工后可能得到的最大轴颈尺寸。

2) 曲轴的磨削

曲轴轴颈磨削的技术要求及要点如下。

(1) 轴颈的磨削尺寸应按所选定的修理尺寸及轴瓦的实际尺寸进行磨削,并保证规定的配合间隙。

(2) 同一根曲轴的主轴颈和连杆轴颈,应分别磨成同一级修理尺寸,否则会破坏曲轴的动平衡。

(3) 轴颈的圆度和圆柱度误差应小于 0.005mm,表面粗糙度值应达到 $Ra\ 0.2\mu m$ 以下,尺寸公差不大于 0.02mm。

(4) 轴颈工作面的两端与曲柄连接处应加工出半径为 1~3mm 的过渡圆角,轴颈上的油孔应有 0.50mm×45°~1.00mm×45°的倒角,并去除毛刺。

在曲轴磨床上进行曲轴轴颈的磨削,其磨削规范见表 6-6。

表 6-6 曲轴轴颈磨削规范

磨削方法	砂轮圆周速度/(m/min)	轴颈圆周速度/(m/min)	磨削深度/mm	进给量/(mm/s)
粗 磨	25~30	12~15	0.010~0.015	
精 磨	30~40	15~25	0.003~0.005	不超过 15

轴颈磨削后,还须在抛光机上进行抛光,以减小轴颈的表面粗糙度值。

3. 曲轴主轴承和连杆轴承的选配

1) 轴承的选配

曲轴轴承俗称轴瓦。为了正确选配轴承,应了解上下轴承的组合特点和轴承、轴承盖、曲柄及缸体上有关数码和字母的含义。

(1) 按曲轴轴颈选配轴承。此类轴承也称"组瓦",当轴颈尺寸确定后,轴承尺寸也就确定了。在一组主轴承或连杆轴承中,可任意选取一片上轴瓦和一片下轴瓦配对。

(2) 以轴承承孔尺寸选配轴承。这种轴承也称"对瓦",只能对号入座。例如,丰田 22R 发动机曲轴的标准主轴承尺寸分 4 组,以轴承背面印的数码 1、2、3、4 表示。

在缸体下平面上打印出一组 5 位数码(1 号～5 号),依次代表从第 1～第 5 道主轴颈应选配的轴承号,如图 6.36 所示。

(3) 根据轴颈尺寸或色标选配轴承。选配切诺基的连杆轴承和主轴承时,应根据所测轴颈尺寸或色标(轴颈尺寸按公差的分组标记),并结合配合间隙来选配。一对上、下轴承尺寸(或色标)可以相同,也可以不同,但上、下轴承尺寸差不得大于 1 个轴承级别尺寸。

表 6-7 为切诺基连杆轴承选配表。

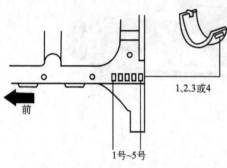

图 6.36 丰田 22R 主轴承的选配

表 6-7 切诺基连杆轴承选配表

连杆轴颈的色标和直径/mm	选配连杆轴承的色标和尺寸/mm	
	上轴承	下轴承
黄—53.2257—53.2079 标准	黄—标准	黄—标准
橙—53.2.79—53.1901 缩小尺寸 0.0178	黄—标准	蓝—缩小尺寸 0.025
黑—53.1901—53.1723 缩小尺寸 0.0356	蓝—缩小尺寸 0.025	蓝—缩小尺寸 0.025
红—52.9717—52.9539 缩小尺寸 0.254	红—缩小尺寸 0.254	红—缩小尺寸 0.254

(4) 根据轴承承孔、轴颈和轴承上的尺寸数码选配。

更换丰田 1UZ-FE 发动机曲轴主轴承时,可这样选配:将打印在缸体和曲轴上的数码相加,然后按表 6-8 中的数码范围选配相应的轴承尺寸数码。

表 6-8 丰田 1UZ-FE 曲轴轴承选配表

项目		数码及标记				
主轴承	缸体数码+曲轴数码	0～5	6～11	12～17	18～23	24～28
	相应轴承数码	1	2	3	4	5
连杆轴承	连杆盖上数码	1　1	2　1	2　3	3　3	4　3　4　4
	曲轴上数码	1　2	1　2	3　2	3　2	3　2　3
	相应轴承数码	2	3	4	5	6　　7

标准轴承有 5 个尺寸,分别用"1""2""3""4""5"表示。而连杆轴承选配时,将印在连杆盖和曲轴上的数码相加,然后选择与上述数码之和相同的轴承数码。标准连杆轴承有 6 个尺寸,分别以印在连杆盖上的数码"2""3""4""5""6""7"表示。丰田 1UZ-FE 曲轴、缸体、轴承和连杆上的数码标记的位置分布如图 6.37 所示。

2) 轴承与轴颈油膜间隙检查

曲轴轴颈与轴承的配合间隙也称油膜间隙。

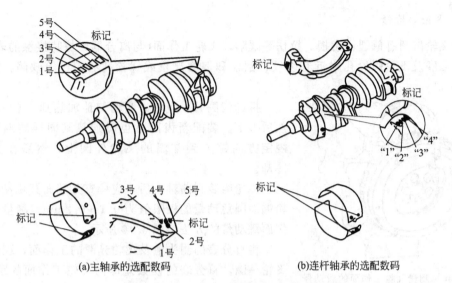

(a) 主轴承的选配数码　　　　　(b) 连杆轴承的选配数码

图 6.37　1UZ-FE 轴承选配标记

轴颈与轴承的油膜间隙是根据轴承材料和轴颈尺寸确定的，当轴承的滑移速度为 9m/s 时，不同轴承材料的油膜间隙与轴颈尺寸的变化关系如图 6.38 所示。

切诺基主轴承油膜间隙为 0.03～0.06mm，连杆轴承的油膜间隙为 0.025～0.076mm。桑塔纳主轴承和连杆轴承油膜间隙均为 0.03～0.08mm。当该间隙超过极限值时应更换轴承，必要时更换曲轴。

油膜间隙的检查方法：用外径千分尺测量轴颈外径，用内径千分尺测量安装好的轴承内径，内径与外径的差值即为油膜间隙。

此外，也可用塑性塞尺（用合成树脂制成的细丝状量具，也叫压力量规）进行测量。测量时把轴颈、轴承上的油擦干净，把塑性塞尺放在轴颈上（与轴径平行），装上轴承盖，按规定力矩拧紧紧固螺栓螺母，然后卸下轴承盖。根据被压扁的塑性塞尺的宽度与塑性塞尺标尺的宽度对合比较，便可获得油膜间隙，如图 6.39 所示。

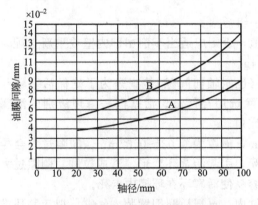

图 6.38　油膜间隙与轴颈尺寸的变化关系
A—白合金滑动轴承；B—铜铅合金轴承

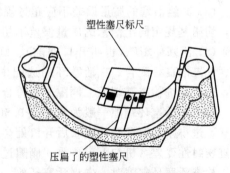

图 6.39　塑性塞尺测量油膜间隙

4. 飞轮的检修

若飞轮齿圈有龟裂、磨损、拉伤等缺陷，飞轮工作面（与离合器摩擦片接触的表面）有刮伤、偏磨及飞轮螺栓孔附近有裂纹、刮伤和偏磨严重或螺栓孔有裂纹等缺陷，应予以更换。

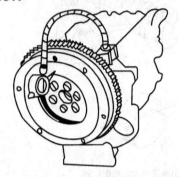

图 6.40　测量飞轮工作面的跳动量

拆卸齿圈时，应将齿圈均匀地加热到 250～300℃，然后拆下。装配新齿圈时也应加热到同样的温度，按规定方向镶入到常温的飞轮外圆上，然后在大气中冷却。

飞轮组装到曲轴上后，应检查其端面圆跳动量，飞轮端面圆跳动量的极限值为 0.1～0.2mm。测量飞轮工作面跳动量的方法如图 6.40 所示。

将百分表的测头触及飞轮光滑的工作面，缓慢转动飞轮一圈，百分表的读数差即为飞轮工作面的跳动量。若超过极限值，应该调整、修理或更换飞轮。

6.2.3　活塞连杆组的检修

1. 活塞、活塞环与活塞销的选配

活塞常出现的损伤是环槽磨损、裙部拉伤及偏磨损或销孔磨损。活塞环多由于润滑不良、高温和燃烧气体的高压及高速运动造成环表面拉伤、磨损，活塞环上、下工作面异常磨损，甚至出现活塞环在其槽内被积炭粘住、卡死而失去弹性，导致密封不良。

此外，由于气体压力和惯性力的作用，活塞销与活塞销座孔之间的相对运动，也使活塞销与其座孔磨损。活塞、活塞环与活塞销是易损件，大修时一般成套换新。

活塞、活塞环与活塞销选配要点如下：

(1) 应选择与气缸标准尺寸或修理尺寸级别相同的活塞与活塞环及相应的活塞销。活塞顶上标出的标准尺寸字母"STD"或加大尺寸(O/S)数值＋0.25，＋0.50，＋0.75，＋1.00 可供识别。

(2) 同一台发动机应选用同一厂牌的同一组活塞。

(3) 同组活塞的质量误差不应超过规定值，否则应适当车削裙部内壁或重新选配。例如，切诺基规定同组活塞的质量误差不超过 4g。

(4) 活塞环端隙（也叫开口间隙）、侧隙（也叫轴向间隙）检查是为了确保活塞环与环槽、气缸的良好配合。在活塞环的选配中，除选用与气缸、活塞同一修理级别的活塞环外，还应仔细检查其端隙、侧隙是否符合规定值。

乘用车活塞环端隙一般为 0.10～0.50mm，侧隙为 0.03～0.07mm。端隙过大会导致漏气，过小则活塞环受热膨胀后开口处会顶死，引起活塞环变形，造成拉缸。侧隙过大使气缸密封性变差，机油上窜严重；侧隙过小容易使活塞环在环槽中卡死。

检查活塞环端隙时，先将活塞环放入气缸内，再把活塞倒置装入气缸，把活塞环推到正常行程的下极限位置，抽出活塞，把塞尺插入活塞环开口间检查，如图 6.41 所示。

检查活塞环侧隙时，将活塞环平插入环槽，然后把塞尺插入两者侧隙中检查，如图 6.42 所示。

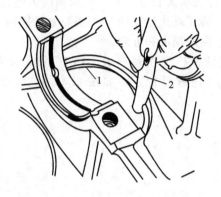 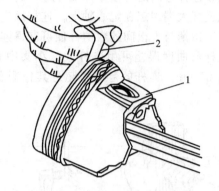

图6.41 测量活塞环开口间隙　　　　图6.42 测量活塞环轴向间隙
1—活塞环；2—塞尺　　　　　　1—活塞连杆组件；2—塞尺

在上述检查中测量值不符合要求时应查明原因，必要时重新选配。不允许采用以锉刀锉削环口的方法修正端隙，因锉削环的两端会除去一些环面镀层，导致活塞环早期磨损。轴向间隙超过磨损极限时，应更换活塞。此间隙过小时，可用精细研磨的方法修整。

（5）测量活塞直径的部位要正确。活塞直径应在垂直于活塞销座孔中心线方向的裙部测量。

各种型号发动机活塞直径的测量部位均不相同，如图6.43所示。应按厂家规定的部位测量，不能千篇一律地测量活塞裙下部，否则会造成活塞与缸壁间隙偏大，影响修理质量。

(a) 到顶面的距离　　(b) 到下平面的距离　　(c) 到最后一个环槽下边缘的距离

图6.43 活塞直径的测量部位

（6）活塞与气缸的选配。部分发动机如丰田22R四缸发动机和1UZ-FE V8发动机，其缸径尺寸公差分为3级，每级相差0.01mm，用数码"1""2""3"表示，打印在气缸体的上平面；相应的标准尺寸的活塞也分为3级，记号打印在活塞顶上。

选配活塞时，应使活塞上的数码与气缸上的数码一致，这样才能保证活塞与缸壁的配合间隙。

2．连杆、连杆衬套和连杆轴承的检修

1）连杆弯扭的检查和校正

连杆弯曲和扭转变形会造成敲缸、气缸偏磨损和轴承偏磨损等现象。修理时应在专用的连杆弯扭测量仪上检查连杆的弯曲和扭转变形量。

检查连杆弯曲的方法如图6.44所示。把连杆轴承盖装好，并将活塞销装入连杆小头，然后把连杆大端固定在定心轴上。连杆固定后，将三点式量规的V形槽贴紧活塞销，用塞尺测量三指销与平板间的数值，便可获得连杆弯曲的程度和方向。

连杆弯曲度误差可用连杆大、小头中心线的平行度误差表示，在100mm长度上不大于0.05mm。连杆的弯曲值超过其极限值时，应进行校正，如图6.45所示，或更换连杆。

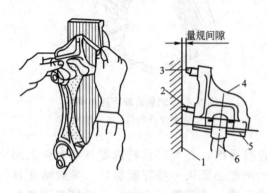

图6.44　测量连杆弯曲变形量
1—检测平面；2—下量脚；3—上量脚；
4—量规；5—活塞销；6—连杆

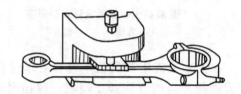

图6.45　连杆弯曲变形校正法

检查扭转的方法(图6.46)与弯曲大致相同，区别仅在于前者是测三指销上、下接触点的间隙差值，而后者是测量左、右接触点的差值。连杆大、小头中心线的扭曲度，在两个互相垂直的平面上，每100mm长度上不大于0.05mm。

连杆的扭转值超过其极限值时，应进行校正，如图6.47所示，或更换连杆。

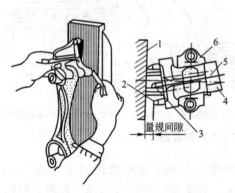

图6.46　测量连杆扭转变形量
1—检测平面；2—下量脚；3—上量脚；
4—量规；5—活塞销；6—连杆

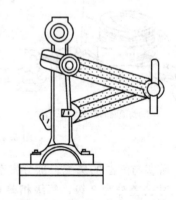

图6.47　连杆扭转变形校正法

2) 半浮式活塞销与其座孔及连杆小头孔的选配

目前越来越多的乘用车发动机采用半浮式活塞销，例如丰田2Y、3Y、切诺基2.5L以及马自达乘用车发动机等，均采用半浮式活塞销。

半浮式活塞销取消了连杆铜套、活塞销锁环，结构更加简单。活塞销与座孔为间隙配合，而连杆小头孔与活塞销为过盈配合，过盈量为+0.01～+0.04mm。

活塞销应按下述方法选配：把活塞放在销孔处于垂直方向的位置上，然后把活塞销装入活塞销座孔。正常温度下，活塞销应能在其自身重力的作用下缓缓通过活塞销座孔。

活塞销与连杆孔不允许试装，只能通过测量尺寸选配。活塞、活塞销及连杆拆装应使用专用拆装工具。把活塞销压入连杆小头需要一定的压力，如切诺基汽车规定压力为8.9kN，若压力小于规定值，或活塞销能在连杆小头孔中转动，则应更换连杆。

3）全浮式活塞销与其座孔及连杆衬套的选配

(1) 活塞销的选择。大修时应更换活塞销。活塞销选配时应注意：选用同一厂牌、同一标准（或修理）尺寸和同一公差组别的活塞销；活塞销的表面粗糙度不大于$Ra0.2\mu m$，无锈蚀、斑点，圆柱度和圆度误差应不大于0.0025mm。

(2) 活塞销与活塞销座孔的选配。活塞销与活塞销座孔的配合技术要求：在常温下有微量过盈(0.0025～0.0075mm)，活塞销与活塞装配后，把活塞加热到60～80℃时，又有微量间隙，活塞销能在座孔中转动；接触面在75%以上。

许多进口车只要活塞销的选配正确，不经加工便能满足上述技术要求。对于全浮式活塞销，可以通过铰削活塞销座孔的方法来达到上述配合技术要求。

(3) 活塞销与连杆衬套的选配。发动机大修时，在更换活塞、活塞销的同时，必须更换连杆衬套，以恢复其正常配合。

衬套与连杆小头孔的配合，应有适当的过盈量，以保证工作时衬套不走外圆。新衬套可利用台虎钳压入连杆小头孔中。

对于无加工余量的衬套，压入后对衬套无需修配；而对于衬套内孔有加工余量的，压入后，为了满足连杆衬套与活塞销在常温下有微量间隙配合(0.004～0.010mm)，接触面在75%以上，应进行下列修配作业：

① 如果配合间隙小，可对衬套进行铰削或镗削加工，注意控制加工余量。

② 将活塞销插入衬套内研磨。用虎钳夹住活塞销两端，在活塞销与孔中注入适量机油，使连杆反复左右摆动，并沿活塞销轴线方向前后移动，直到把连杆置于与水平面成75°角时停住，轻拍连杆则徐徐下降为止。连杆衬套与活塞销的接触印痕应达75%以上。

6.3 配气机构的修理

发动机的配气机构必须按照配气凸轮型线所确定的规律定时开闭进、排气门，开启要迅速，落座应平稳，无反跳和抖动，确保燃烧室密封，并有较高的充气效率和较低的振动和噪声，工作可靠，寿命长。

随着电控汽油喷射技术在发动机供油系统的成功应用，配气机构的结构也得到了相应发展。诸如多气门技术、进排气凸轮轴分置、可变气门正时和气门升程的电子控制(Variable Valve Timing & Valve Lift Electronic Control)等，使配气机构更好地适应发动机不同工况对进气时间、进气量和输出功率的要求。

现代乘用车发动机的配气机构具有下列一些结构特点。

(1) 气门顶置。每缸可以有2、4或5个气门。

(2)顶置凸轮轴(OHC),其中有单顶置凸轮轴(SOHC)和双顶置凸轮轴(DOHC)之分。

(3)广泛采用液压挺柱或气门间隙液压自动调节器,始终保持零气门间隙,有助于降低气门噪声;准时关闭和打开气门,也省去了维修作业中对气门间隙的调整。

(4)正时传动采用链传动或同步齿形带传动。

使用中若发动机配气机构失调,部分零件的磨损、变形、烧蚀等损伤最终将导致配气正时失准,使发动机功率降低。

此外,使用中若正时链条过度磨损、正时同步带与正时带轮的牙齿缺损,将会导致气门与活塞的运动互相干涉,严重时会导致活塞与气门相碰撞(活塞顶气门)而造成机械损伤(气门杆弯曲、气门头歪斜或活塞破损)。因此,对配气机构的及时维护和修理格外重要。

6.3.1 气门组零件的检修

1. 气门的检修

发动机运转过程中,气门工作条件十分苛刻,要承受冲击性交变载荷和燃烧气体的热负荷作用,尤其是排气门还要受到高温气流的冲刷和腐蚀影响,加之气门相对运动的部位润滑条件极差,使气门产生下列损伤:气门工作面出现烧蚀、开裂、斑点或凹坑;工作面受磨损起槽、变宽;气门杆弯曲、磨损、端部偏磨等。

当气门工作面磨损、烧蚀时,可在专用气门光磨机或气门车削机上进行加工(图6.48);出现严重烧蚀、开裂时应更换。

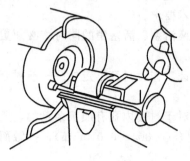

图 6.48 修磨气门杆尾端面

要光磨的气门应满足下列技术条件:气门杆的直线度误差应小于0.03mm,气门头部的偏摆量不超过0.05mm,气门杆的磨损量不超过0.05mm。

气门头部工作面及气门杆端部磨削后应符合下列技术要求:工作面不允许有麻点,表面粗糙度值低于$Ra1.25\mu m$,气门头部上边缘厚度不小于0.50~1.00mm。

例如,丰田发动机进气门头部厚度要求不小于0.5mm,排气门要求不小于1.0mm。气门头部边缘厚度低于极限值时,工作时容易挠曲,尤其是排气门会发生烧蚀。气门工作面磨削后,其工作面角度应符合要求。

几种气门工作面角度见表6-9。气门杆端部磨削后,其总长度不能小于极限值。气门的极限长度比标准长度尺寸一般允许小0.5mm左右。

表 6-9 气门、气门座工作面角度

发动机型号	气门角度	气门座角度	发动机型号	气门角度	气门座角度
丰田Y系列	44.5°	45°	CA6102	45.5°	45°
桑塔纳JV	45°	45°	切诺基2.5L	45°	44.5°~45°
EQ6100	45°	45°			

检测气门杆弯曲和气门头歪斜情况时，可按图 6.49 所示方法将百分表分别触及气门杆和气门头部端面的适当位置，转动气门杆一周，百分表最大和最小读数之差分别表示气门杆弯曲和气门头歪斜的程度。若气门杆的直线度和气门头部的垂直度分别超过 0.03mm 和 0.02mm 时，可用压力机予以校正或更换气门。

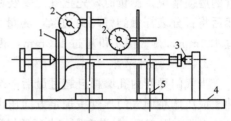

图 6.49　检测气门杆弯曲和气门头歪斜情况
1—气门；2—百分表；3—顶针；
4—平板；5—V 形块

测量气门头边缘厚度（图 6.50）和气门长度（图 6.51），若头部边缘厚度超过使用限度则应修复或更换气门，若长度超过使用限度则应更换气门。

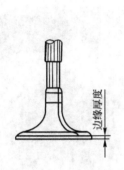

图 6.50　气门头边缘厚度

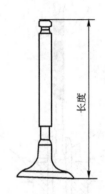

图 6.51　气门长度

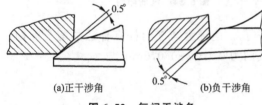

图 6.52　气门干涉角

需要注意的是，气门角度与气门座角度允许有差异，两者的差值称为气门干涉角，如图 6.52 所示。气门干涉角一般为 0.5°左右。其作用是保证气门与气门座之间形成线接触，提高工作面比压，使压力分布均匀，易于实现快速研磨；同时，正干涉角［图 6.52(a)］在工作状态下能保证燃烧室的燃气不与工作面接触，大大降低了气门工作面烧蚀的概率。

2. 气门导管的检修

1）气门导管磨损的检查

气门导管磨损后会使其与气门杆的配合间隙增大，导致气门工作时摆动，关闭不严，造成漏气，特别是当高温气体窜入气门杆与导管的间隙时排气门产生过热，加速磨损，严重时会造成导管内润滑油烧结，使气门卡死。

气门导管的磨损程度可用伸缩式内径测量仪或带百分表的内径测量仪直接测量（图 6.53）导管内径，将所测值与标准内径相比较。如果测量值与标准值之差大于气门导管的极限磨损量，则应进行铰孔并满足加大修理尺寸的气门杆的要求，必要时更换气门导管。

气门导管内径的磨损情况，还可以通过测量气门杆与导管间的配合间隙，间接测量导管的磨损情况。测量时,先把气门安装在导管内并将其提起,高于气缸盖平面10~15mm,然后将百分表杆触到气门头边缘,测量气门头的摆动量。对于桑塔纳JV,进气门不得超过1.0mm,排气门不得超过1.3mm,否则要更换气门导管。

2) 更换气门导管

当气门导管内孔磨损且超过最后一级修理尺寸时,应更换。更换气门导管时,应先用冲子或压床将旧气门导管按规定方向压出。

对于丰田2Y、3Y装有限位卡环的气门导管,应先将其漏出承孔的部分敲断,然后将它冲出。对于铸铁缸盖,冲出时可不加热;对于铝合金缸盖,应加热后再冲出,以免缸盖裂损。

安装新气门导管时,应根据导管外径适当铰削承孔,使其有一定的过盈量。安装导管时,应对缸盖加热,可用热水(60~80℃)或喷灯(图6.54)加热。

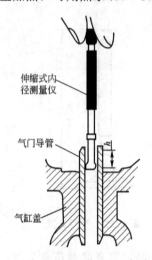

图 6.53 测量气门导管内径

图 6.54 汽油喷灯

气门导管安装好以后,应用长刃铰刀铰削内孔,使导管与气门杆有合适的配合间隙。进气门配合间隙一般为0.025~0.060mm,排气门为0.035~0.070mm。

3. 气门座的铰削与研磨

1) 气门座的铰削

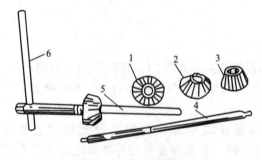

图 6.55 气门座铰刀

1、2、3—30°、45°和60°铰刀;4—导管铰刀;
5—铰刀杆;6—铰刀把手

气门座通常用一组气门座铰刀进行加工。气门座铰刀由多只不同直径、不同锥角的铰刀组成,如图6.55所示。铰削作业应在镶气门导管后进行,这样才能保证气门座与气门导管的中心线重合。

气门座上通常加工有3个不同锥角的斜面,可用一组与其相应的不同角度的气门铰刀进行加工。如丰田Y系列发动机气门座的倾斜角度分别为30°、45°和60°,如图6.56(a)所示。其中,45°斜面为工作面,而30°和60°是用来调节工作面的宽窄和位置高低的。

为了保证气门座工作斜面与气门导管中心线的同轴度，应选用与气门导管内孔相适应的铰刀导杆来定中心。

气门座的铰削过程如图 6.56(b)和图 6.56(c)所示，一般应先粗铰后精铰。先用 45°铰刀加工工作面，然后用气门进行试配，并根据气门工作锥面接触带的位置和宽度用 30°或 60°铰刀进行调整铰削。接触带偏向小头，用 60°铰刀铰削；接触带偏向大头，如图 6.56(c)所示，用 30°铰刀修整铰削好的气门座，宽度应为 1.2~1.6mm。与气门试配后，气门上的工作面接触带若处在中部偏下，则为正确。

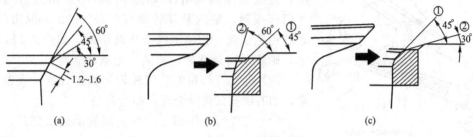

图 6.56 气门座的角度

2）气门座的磨削

有些气门座材质十分坚硬，不易铰削，可用气门座光磨机进行磨削。磨削工艺要点如下。

（1）根据气门工作面锥度和尺寸选用砂轮。一般砂轮直径比气门头部直径长 3~5mm。

（2）修磨砂轮工作面达到平整并与轴孔同轴度公差在 ϕ0.025mm 以内。

（3）选择合适的定心导杆，夹紧在气门导管内。磨削时导杆应不转动。

（4）光磨时，应保证光磨机正直并轻轻施以压力。光磨时间不宜太长，要边磨边检查。

3）气门的研磨

气门座铰削好后，应在气门与气门座之间涂上少许研磨砂进行手工研磨，以保证气门与气门座的密封性。

气门的研磨可用手工操作或在气门研磨机(图 6.57)上进行。

手工研磨：研磨前应先用汽油清洗气门、气门座和气门导管，将气门按顺序排列或在气门头部打上记号，以免错乱。在气门工作锥面上涂薄薄一层粗研磨砂，同时在气门杆上涂以稀机油，插入导管内，然后利用气门捻子，使气门作往复和旋转运动，与气门座进行研磨。注意旋转角度不宜过大，并提起和转动气门，变换气门与座的相对位置，以保证研磨均匀。手工研磨中不应过分用力，也不要提起气门用力在气门座上撞击，否则会将气门工作面磨宽或磨成凹槽。当气门工作面与气门座工作面磨出一条较完整且无斑痕的接触环带时，可以将粗研磨砂洗去，换用细研磨砂继续研磨。当工作面出现一条整齐的灰色环带时，再洗去细研磨砂，涂上润滑油，继续研磨几分钟即可。

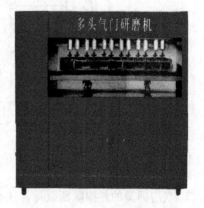

图 6.57 气门研磨机

机动研磨：将气缸盖或气缸体清洗干净，置于气门研磨机工作台上，在已配好的气门工作面上涂一层研磨膏，将气门杆部涂以机油并装入导管内，调整各转轴，对正气门座孔，连接好研磨装置，调整气门升程，进行研磨。一般研磨10~15min即可。研磨后的工作面应成为一条更光亮的圆环。

4. 气门的密封性检验

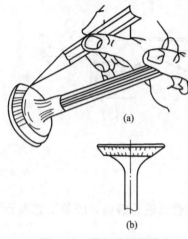

图6.58 用铅笔画线检查

（1）检验前将气门及气门座清洗干净，在气门锥面上用软铅笔均匀地画上若干条线，每线相隔约4mm，如图6.58(a)所示然后与相配气门座接触，略压紧并转动气门45°~90°，取出气门，查看铅笔线条，如铅笔线条均被切断，如图6.58(b)所示，则表示密封良好；否则，应重新研磨。

（2）将气门与相配气门座轻轻敲击几次，查看接触带，如有明亮的连续光环，即为合格。

（3）在气门工作面上涂抹一层轴承蓝或红丹，然后用橡胶捻子吸住气门在气门座上旋转1/4圈，再将气门提起。若轴承蓝或红丹布满气门座工作面一周而无间断，并且十分整齐，则表示密封良好。

（4）可用煤油或汽油浇在气门顶面上，5min内查看气门与座接触处是否有渗漏现象，如果没有即为合格。

（5）气压试验法。如图6.59所示，气门与气门座密封性试验器由气压表2、空气容筒3及橡胶球5等组成。试验时，先将空气容筒紧贴在头部周围，再压缩橡胶球，使空气容筒内具有一定压力(68.6kPa左右)。如果在30s内气压表的读数不下降，则表示气门与座的密封性良好。

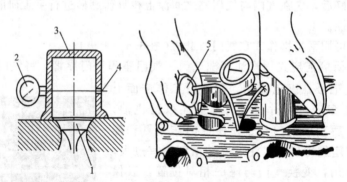

图6.59 用气门与气门座密封性试验器检验气门密封性

1—气门；2—气压表；3—空气容筒；4—与橡胶球相通的气孔；5—橡胶球

5. 气门弹簧的检修

气门弹簧的耗损除断裂外，还有歪斜和弹力减退等形式。气门弹簧出现歪斜将影响气门关闭时的对中性，使气门关闭不严，容易烧蚀密封带，并影响气门旋转机构的正常工作。

1) 气门弹簧的检测

(1) 检查气门弹簧是否有断裂或裂纹,如有应更换。

(2) 在自由状态下,弹簧支撑面对中心线的垂直度误差不大于1.6mm,否则应更换,如图6.60(a)所示。

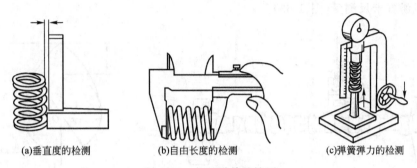

图 6.60　气门弹簧的检测

(3) 气门弹簧的自由长度应符合标准,低于极限值时应更换。丰田2Y、3Y发动机气门弹簧的自由长度不应小于47mm,检测方法如图6.60(b)所示。

(4) 检查气门弹簧最小安装弹力,如图6.60(c)所示。当弹簧弹力的减小值大于原厂规定的10%时,应予以更换。气门弹簧弹力降低,将使气门关闭时回弹振抖,不但影响气缸的密封性,也容易烧蚀气门。丰田2Y、3Y发动机气门弹簧长度在40.6mm时弹力应不低于282N,否则应更换。

2) 气门旋转机构的检验

常见的碟形弹簧式气门旋转机构如图6.61所示。气门开启时,气门弹簧的反作用力施加在碟形弹簧1的圆周上,并使螺旋弹簧3作圆形微动旋转,使气门每向上运动一次就转动一个角度,气门就在新的圆周位置上关闭,从而有效地防止气门密封带的擦伤,延缓气门烧蚀点的疲劳扩展,改善气门与气门座的密封性,延长其使用寿命。碟形弹簧和螺旋弹簧变形、断裂、弹力减弱时,均应更换。

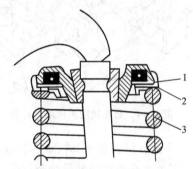

图 6.61　气门旋转机构
1—碟形弹簧;2—座圈;3—螺旋弹簧

6.3.2　气门传动组零件的检修

1. 凸轮轴及其轴承的检修

1) 凸轮轴弯曲状况检查

凸轮轴弯曲变形可用其两端轴颈外圆或两端的中心孔作基准,测量中间一道轴颈的径向圆跳动量,如图6.62所示。

凸轮轴径向圆跳动量的允许值为0.01~0.03mm,其极限值为0.05~0.10mm。若超过极限值,可对凸轮轴进行冷压校正,必要时应更换。

2) 凸轮轴凸轮高度的检查

凸轮轴上凸轮的损伤形式有表面磨损、擦伤和麻点剥落等,其中以磨损最为常见。

凸轮的磨损是不均匀的，一般凸轮的顶尖附近磨损较严重。凸轮磨损后，凸轮高度 H 降低，凸轮升程不足，致使气门的最大升程减小，气门开启的时间-断面系数随之降低，影响了发动机气缸的充气量。

因此，可用凸轮的高度值 H 或凸轮升程 h 来衡量凸轮的磨损程度。凸轮高度可用外径千分尺或游标卡尺测量(图 6.63)。

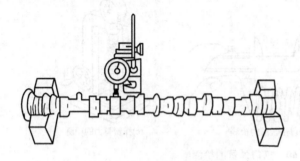

图 6.62 凸轮轴弯曲的检查

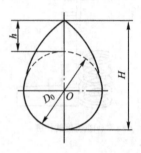

图 6.63 凸轮高度的测量

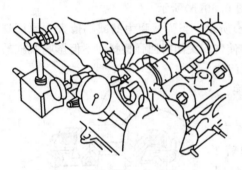

图 6.64 凸轮轴轴向间隙的检查

将测量值与标准值进行比较，便可知其磨损程度。东风 EQ6100 进气凸轮高度为 41.2mm，排气凸轮为 40.8mm，切诺基 2.5L 凸轮升程为 64.3mm。凸轮高度的极限磨损量对于乘用车和轻型货车为 0.2～0.5mm。凸轮高度磨损超过极限值时，应更换凸轮轴。

3) 凸轮轴轴向间隙的检查

如图 6.64 所示，若凸轮轴轴向间隙超差，可用加厚的止推凸缘补偿。测量轴向间隙时，只须装好前后两个轴承盖。

4) 凸轮轴轴颈及其轴承的检查与选配

下置式凸轮轴的轴承为整体式，轴承承孔在气缸体上。当凸轮轴轴颈磨损后，其磨损量可用外径千分尺测量。磨损量较大时可按其修理尺寸磨削轴颈，并选配同级修理尺寸的轴承。

桑塔纳 JV 发动机的修理尺寸只有 −0.25mm 这 1 级；丰田 12R 发动机有 3 级修理尺寸，即 −0.125mm、−0.25mm 和 −0.50mm。轴承与轴颈的规定配合间隙为 0.02～0.10mm，极限值为 0.10～0.20mm。

对于顶置式凸轮轴，凸轮轴轴承分为整体式和分开式的，有些发动机如丰田 1UZ-FE 等无分开式轴承，采用承孔-轴承一体式。凸轮轴轴颈无修理尺寸，当轴颈与轴承的配合间隙超过其使用极限值时，应更换凸轮轴，必要时更换气缸盖。

凸轮轴轴颈与轴承的配合间隙可由所测轴承的内径与轴颈的外径之差值确定。

2. 液压气门挺杆的检修

液压气门挺杆失效，会引起发动机严重异响，应及时检查更换。由于液压气门挺杆能实现气门传动机构零间隙工作，使用中不需进行气门间隙调整，故目前使用较为普遍。修理时主要检查挺杆体的损伤情况、挺杆体与其承孔的配合间隙，并对挺杆总成进行模拟功能检查。

1）挺杆体损伤检查

检查挺杆体底面和圆柱体外表面是否出现擦伤痕迹。用刀口直尺横置于挺杆体底平面上，检查每个挺杆体底面是否出现凹形磨损或偏磨损，如果挺杆体底平面凹陷或偏磨损严重，应更换损坏的挺杆。

挺杆体与承孔的接触表面磨损后，它们之间的配合间隙增大，会影响配气机构的正常工作。用内径千分尺测量承孔的内径，用外径千分尺测量挺杆体的外径，其尺寸差值为两者的配合间隙。丰田2Y、3Y发动机气门挺杆与承孔的配合间隙标准值为0.012～0.056mm，极限值为0.10mm。

2）泄沉试验

泄沉试验又称漏降试验，用于模拟液压气门挺杆在受载沉降情况下，检验液压气门挺杆的泄沉速率是否在规定的公差范围内，以确保液压挺杆的零间隙工作。

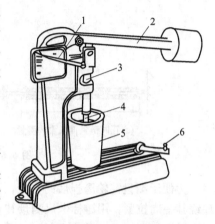

图6.65 泄沉试验仪
1—指示表指针；2—重臂；3—推杆；
4—压头；5—油杯；6—手柄

泄沉试验应在如图6.65所示的泄沉试验仪上进行。下面以北京切诺基2.5L发动机液压气门挺杆为例简述泄沉试验步骤。

（1）将挺杆装入油杯中。

（2）往油杯中充入液压气门挺杆试验油，使挺杆完全浸没在油中。

（3）给液压挺杆排气，反复把重臂提起再放下，使挺杆体中的柱塞上下往复运动多次，以排除挺杆体内的空气。当气泡消失后，提起重臂，将柱塞升起至正常位置。

（4）将重臂轻轻落在挺杆上。

（5）顺时针转动试验仪底座上的手柄，使试验油杯旋转，每2s旋转一圈。

（6）当指针指到刻度盘上"START"（开始）标记时，按下秒表，开始记录泄沉时间，当柱塞下沉指针指示3.18mm的标记时结束。

一个功能正常的液压挺杆，其泄沉时间范围为20～110s，超过规定泄沉时间范围的挺杆应报废。

3. 正时齿轮、链条与链轮及同步带的检修

目前正时传动除齿轮传动外，多采用正时链传动和正时同步带传动，特别是同步带有许多优点：质量轻、强度大、柔韧性好、运行中无噪声、无需润滑、结构简单和易于维护等，所以广为乘用车发动机所采用。

1）正时齿轮的检修

正时齿轮工作过久轮齿会发生磨损，致使齿侧间隙变大，工作时出现噪声。齿侧间隙的极限值为0.30～0.35mm。齿侧间隙超过极限值时，应成对更换正时齿轮。

2）正时链条与链轮的检修

正时链轮与链条磨损后，链轮的直径变小链条变长，从而引起噪声且影响配气正时。

因此，应检查链条的全长或规定链节数的长度及链轮的最小直径是否超过极限值。

测量链条长度时，为使测量准确，应施加 50N 的拉力。如图 6.66(a)所示，将链条拉直后再用游标卡尺测量。如丰田 22R 发动机 17 个链节的极限长度超过 147mm 时就要更换链条。

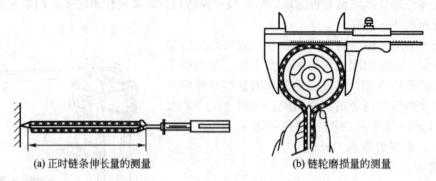

(a) 正时链条伸长量的测量　　　　(b) 链轮磨损量的测量

图 6.66　正时链条与链轮的测量

为便于测量链轮磨损后的直径，可将新的正时链条扣在链轮上，如图 6.66(b)所示，并环绕其一周拉紧，用游标卡尺测量其直径。测量后应将实测值与极限值比较，若小于极限直径应更换新件。丰田 22R 曲轴链轮最小极限直径为 59.40mm，凸轮轴链轮为 113.80mm。

3）正时同步带的检修

同步带的常见损伤有断裂、牙齿缺损、表面磨损、老化龟裂、变形和端面磨损等。当牙齿缺损超过 3 齿时，发动机将无法起动。对于有损伤或使用里程达到规定值的同步带要及时更换。例如，丰田的同步带使用里程一般为 10 万 km。

注意对同步带的保护，不要将带过度扭曲或弯折，不要沾上油污或与水或蒸气接触。

由于橡胶材质和受力的原因，长期使用的正时同步带会被拉长和变形，有时会出现跳齿现象，导致配气正时失准。当正时同步带跳齿过多、带齿断裂或正时同步带疲劳断裂时，还可能发生气门与活塞碰撞的事故，从而导致严重的后果。

因为正时同步带断裂时会造成严重的后果，所以多数汽车生产厂家都规定了正时同步带的更换周期，一般为 6 万～8 万 km。在日常维护中也应该经常对正时同步带进行检查，一旦发现正时同步带出现裂纹或其他异常，即使行驶里程尚未达到更换周期也必须予以更换。

与发动机的某些附属装置的驱动带不同，正时同步带的外部往往安装有塑料或金属防护罩，检查时无法直接看到或触及正时同步带，但是，大多数正时同步带的防护罩比较容易拆下，至少防护罩的上半部比较容易拆下，以便检查正时同步带。

(1) 外观检查。

① 首先应检查正时同步带的表面是否粘有油污或冷却液。正时同步带紧贴发动机布置，很多车型的正时同步带还承担驱动冷却水泵的任务，因此有时会因为发动机机油渗漏或水泵漏水造成正时同步带脏污。正时同步带脏污后容易出现打滑现象，而且机油和冷却液会腐蚀橡胶，致使正时同步带的使用寿命大为缩短。

② 接下来应检查正时同步带表面是否有裂纹或纤维断裂。如果同步带表面出现很多裂纹，或带齿磨损严重，应尽快更换正时同步带。

(2) 松紧度检查。目前，大多数乘用车发动机都装有具有自动调节功能的齿带张紧器，当同步带长度发生变化时张紧器会进行自动补偿。尽管如此，仍然需要从外观检查同步带的松紧度，以免张紧器等部件出现故障造成正时同步带长度的异常变化。

(3) 齿带张紧器检查。据统计，大约有50%的正时同步带故障是由齿带张紧器造成的，其中张紧器的滚轮轴承卡死、导向轮轴承卡死(图6.67)及液压张紧器漏油导致的故障比较常见。

有故障的张紧器会增大正时同步带传动的负荷或使正时同步带的松紧度失准，甚至会导致同步带的断裂。

有些齿带张紧器从发动机表面不容易看到，因此在更换正时同步带时必须检查张紧器的状况。在日常维护中，可以通过张紧器是否有异响或漏油的痕迹来判断张紧器的好坏。

图6.67 导向轮轴承卡死

6.3.3 气门间隙的检查与调整

使用普通气门挺杆的发动机，其气门间隙随汽车使用时间的延长，配气机构零件的磨损、锁紧螺母的松动会发生变化。

如气门间隙过大，会使气门升程减小，引起充气不足，排气不净，气门敲击声加重；气门间隙过小，造成气门关闭不严、漏气，使气门工作面烧蚀的概率增加，严重影响发动机的动力性和经济性。

1. 气门间隙的检查与调整

几种车型的气门间隙见表6-10。

表6-10 几种车型的气门间隙

发动机型号	气门间隙/mm	
	进气门	排气门
东风EQ6100	冷态 0.45～0.50	冷态 0.55～0.60
	热态 0.20～0.25	热态 0.28～0.33
桑塔纳JV	冷态 0.15～0.25	冷态 0.35～0.45
	热态 0.20～0.30	热态 0.40～0.50
天津大发	0.20	0.20

检查气门间隙时，可选用与气门间隙相等的塞尺，依据配气机构的结构不同，插入可调气门杆端与摇臂头或凸轮基圆部分与摇臂之间。如图6.68所示。用手轻拉塞尺，应以能感到适当的阻力为宜。若无阻力或拉力太大，可松开锁紧螺母，转动调节螺钉调整。调整好后将锁紧螺母拧紧。少数发动机可通过改变垫片的厚度来调整气门间隙。

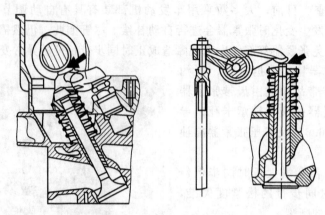

图 6.68　气门间隙的检查和调整部位

2. 设定气门可调状态的方法

气门间隙的检查和调整是在气门完全关闭、气门挺杆落至最低位置时进行的。因此,调整前先要根据气门与活塞行程的对应关系把气门设定在可调状态,然后开始检查和调整气门间隙。

1) 逐缸判断法

先转动曲轴,找到一缸压缩行程上止点,则一缸的进、排气门可调,然后摇转曲轴 180°。对四缸发动机,按点火顺序可调下一缸的两个气门。依此类推,逐缸调整完毕。

2) "双排不进" 快速判断法

根据发动机的工作循环、点火顺序、配气相位和气门的开闭角度,推算在某缸压缩终了时,除该缸的进、排气门可调外,是否还可调整其余缸的其他气门。

例如,直列四缸点火顺序为 1—3—4—2 的发动机,当一缸处于压缩行程上止点时,除一缸的进、排双气门可调外,还可以调整二缸的排气门和二缸的进气门,四缸因进、排气门重叠打开,故均不可调。上述情况可以记作:

```
1 — 3 — 4 — 2
|   |   |   |
双   排  不  进
```

同样,当四缸处于压缩行程终了时,可以记作:

```
4 — 2 — 1 — 3
|   |   |   |
双   排  不  进
```

同理,对一台三缸、五缸、六缸、八缸和十缸发动机的气门,只需摇两次曲轴,使其典型气缸处于压缩行程或排气行程上止点,就可以全部调整完。

表 6-11 是多缸发动机可调气门排列表。

表 6-11 发动机可调气门排列表

	工作顺序	1	5	3	6	2	4
六缸发动机		1	4	2	6	3	5
	第一遍(一缸在压缩上止点)	双	排		不		进
	第二遍(六缸在压缩上止点)	不	进		双		排
	工作顺序	1	2	4	5	3	
五缸发动机	第一遍(一缸在压缩上止点)	双	排	不		进	
	第二遍(一缸在排气上止点)	不	进	双		排	
	工作顺序	1	3	4	2		
四缸发动机		1	2	4	3		
	第一遍(一缸在压缩上止点)	双	排	不	进		
	第二遍(四缸在压缩上止点)	不	进	双	排		
	工作顺序	1	5	4	2	6	3	7	8
八缸发动机	第一遍(一缸在压缩上止点)	双	排		不		进		
	第二遍(六缸在压缩上止点)	不	进		双		排		
	工作顺序	1	2	3			
三缸发动机	第一遍(一缸在压缩上止点)	双	排	进			
	第二遍(一缸在进排上止点)	不	进	排			

6.4 发动机总装配及磨合

发动机总装配是发动机大修的最后一个作业环节。装配工作的好坏将直接影响发动机的维修质量,与汽车的动力性、经济性有密切关系。

6.4.1 发动机总装配

1. 发动机总装配注意事项

(1) 使用专用工具。

(2) 待装配零件、部件必须保持清洁,不得沾有异物,如气缸体上的油孔(道)、螺纹孔装前应用压缩空气吹净,去除孔内残留积物。凡经过加工的零件,如镗磨过的气缸、磨削加工的曲轴等,必须彻底清洗表面的金属磨屑(粒)。

(3) 有相对运动的配合副的工作表面,装配时应涂清洁润滑油,所有衬垫与密封圈应更换新件,各重要密封部位要涂密封胶,以防漏水、漏油。

(4) 各部位螺栓、螺母应按照维修手册中规定的力矩和顺序拧紧,以防零件松脱和变形。

(5) 装配中应注意装配记号的方位、对正,各部位的配合间隙应符合要求,以确保安装关系正确。注意装配作业中的过程检验。

2. 发动机总装配的要点

1) 活塞连杆组的安装

对于采用全浮式活塞销的活塞连杆组，应预热(50～70℃)活塞，注意活塞顶上的向前标记与连杆杆身上的向前标记；各道活塞环不应错位或装反，有数码或标记的一面应朝上，相邻活塞环的开口应相互错开。

对于半浮式活塞销，应按厂家规定进行热装(连杆加热到240℃)或在常温下进行压装。压装时应采用专用承压和导向工具，以免活塞裂损或活塞销偏斜。

2) 曲轴的安装

轴瓦装入缸体时，对于"组瓦"，因各道轴瓦可互换，只需注意上、下轴瓦不可装反，轴瓦上的油孔(或油槽)与缸体上的油道口对正即可。对于"对瓦"，因各道轴瓦不可互换，不仅上下不能装反，每对瓦的前后位置也不能装错。安装推力轴承时，应将有抗磨合金层并有油槽的一面朝向曲柄一侧。各道轴承盖应对号入座，按规定力矩和顺序拧紧其螺栓。检查曲轴轴向间隙，其值应符合要求。

3) 活塞连杆组的安装

装入气缸前要确认活塞与气缸序号一致，把各道活塞环开口方位调整好。连杆轴承盖装配好后，应检查连杆大头的轴向间隙是否符合要求。

对于轻型柴油发动机，活塞连杆组装入气缸后，应检查活塞顶凸出或凹入气缸体上平面的距离是否符合要求。不符合标准值时，可以选用不同厚度的气缸垫进行调整。

4) 凸轮轴及配气机构的安装

对下置凸轮轴发动机(如丰田2Y、3Y)，安装曲轴后应接着安装凸轮轴，注意各道轴承装入座孔时，其油孔应与座孔上油道对正，轴颈与轴承配合间隙及凸轮轴轴向间隙应符合要求。

顶置凸轮轴的安装应在气缸盖安装后进行。对于双凸轮轴，注意区分进气凸轮轴与排气凸轮轴。

安装摇臂轴时，应识别进、排气摇臂和摇臂轴，两者不可互换。安装正时链条、同步带和齿轮时，应注意配气正时记号要对正，如图6.69所示。

5) 分电器的安装

安装分电器时应注意其传动环节相关零件的方位，以保证点火正时准确无误。

(1) 曲轴定位。摇转曲轴，使第一缸活塞处于压缩行程上止点前，制造厂家所规定的点火提前位置。如丰田22R点火提前角为8°，东风EQ6100为9°。

(2) 机油泵驱动轴定位。部分车型的机油泵由分电器轴驱动，分电器传动轴轴端的偏置双切面刃部与机油泵轴端的偏置槽口相配合。

由于分电器插入气缸体座孔后，其轴上齿轮与凸轮轴上的螺旋齿轮啮合过程中，要相对转过一个角度，因此为了保证分电器安装后位置准确，机油泵轴槽口的方位要预先设定，可与缸体平行或倾斜一定角度，如图6.70所示。

(3) 分电器与分火头定位。安装分电器前，应使其壳体上的记号与其传动齿轮轴上的记号对齐，如图6.71所示。然后将分电器插到位，并将其固定，当分火头指向与分电器盖上"1"缸高压线插孔方位一致时，表明分电器安装正确。当换用维修用发动机(中缸)时，上述3项不必进行。

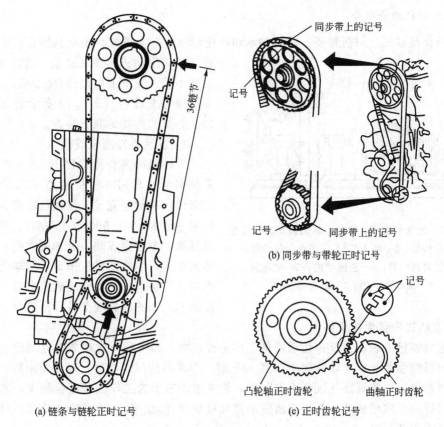

图 6.69 配气正时记号

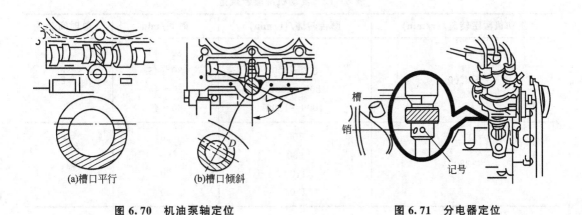

图 6.70 机油泵轴定位　　　　图 6.71 分电器定位

6.4.2 发动机的磨合与试验

发动机的磨合分冷磨合和热磨合两种。冷磨合是用其他动力带动发动机运转,进行磨合的过程。热磨合是以发动机本身产生的动力进行磨合的过程。冷磨、热磨的目的是细化发动机在修理、装配中各零件间的摩擦表面的粗糙度,以获得更良好的配合。

1. 发动机的冷磨合

冷磨合是对气缸与活塞环、曲轴轴承和凸轮轴轴承等主要配合表面的磨合。磨合时侧置气门式发动机不装气缸盖、顶置气门式发动机不装火花塞或喷油器(柴油机)。一般在专用设备上进行。图 6.72 所示的是一种冷磨、热试与测功的联合装置。

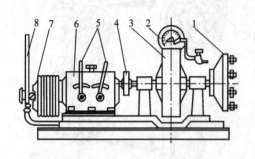

图 6.72　发动机磨合、试验、水力测功联合装置
1—凸缘盘；2—秤力机构；3—水力制动鼓；
4—反向离合器；5—变速手把；6—变速箱；
7—摩擦离合器；8—离合器手把

1) 发动机冷磨合规范

发动机冷磨合通常用 L-AN32 全损耗系统用油或车用 6 号机油加 15% 的煤油作润滑油，供给应充足。发动机冷磨合的起始转速一般为 500～600r/min 左右。若起始转速过高，摩擦副发热，会加剧磨损；若起始转速过低，润滑油供应不足，同样会增加磨损量。冷磨合的起始转速确定之后，一般可按表 6-12 的磨合规范进行冷磨合。

2) 发动机冷磨合注意事项

注意观察机油表压力及各运动机件工作是否正常，如发现异常现象时立即停止，排除故障后方可继续磨合；发动机温度达到 90℃ 时，应及时用风扇冷却；冷磨结束后，应将发动机分解检查，注意观察气缸是否有刮伤，检查滑动轴承的工作面及配合情况，若发现故障应及时排除；放尽机油，并彻底清洗油道和机油盘(油底壳)。清洗检查全部零件后，再按技术要求重新装复。

表 6-12　发动机冷磨合规范

发动机额定转速/(r/min)	磨合转速/(r/min)	时间/min	总时间/h
≤3200	500～600	30～45	≥2
	600～800	30～45	
	800～1000	30～45	
	1000～1200	30～45	
>3200	700	60	≤4
	900	60	
	1100	60	
	1300	60	

2. 发动机的热磨合

发动机经冷磨合后重新安装在如图 6.72 所示的磨合台架上，利用本身产生的动力进行热磨合。热磨合分为无负荷热磨合和有负荷热磨合两个阶段。

1) 发动机的无负荷热磨合

这一阶段的目的除进一步磨合外，还要对发动机的油、电路进行必要的检查和调整，排除故障。无负荷热磨合规范：发动机转速为 600～1000r/min；时间为 1h。磨合时要注意发动机正常出水温度为75~95℃，机油温度为75~85℃。若不正常应立即停机进行排除。机油压力应符合原厂规定，否则应检查润滑系统。若发现异响，应立即停机检查，排除故障。合理调整点火提前角。发动机应无漏油、漏水、漏气和漏电现象。

2) 发动机的有负荷热磨合

发动机经过冷磨合和无负荷热磨合后，还必须进行有负荷热磨合，即通过加载装置使发动机负载运转，进一步改善摩擦副工作表面的微观不平度，检验新修发动机的功率恢复情况。

有负荷热磨合分一般磨合和完全磨合两种。一般磨合的时间较短，经磨合的发动机只能进行个别点的测试（如最大功率点、最大转矩点及最低耗油率点的转速测量）；完全磨合的发动机可进行整个外特性曲线的测试。对大修的发动机，要求进行一般的磨合就可以了。

一般有负荷热磨合的时间不少于3h，如配合较紧，可适当延长磨合时间。在有负荷热磨合过程中，还应注意检查调整；注意观察仪表，各表针指示数值应符合原厂规定；发动机在各种工况下运转平稳、无异响，若发现故障，应立即停机进行排除；合理调整点火提前角。

发动机热磨合结束之后，还必须拆检主要机件。检查气缸压力（或真空度）是否符合原厂规定；抽出活塞连杆组，检查气缸有无拉伤和偏磨；检查活塞裙部的接触面是否磨合正常。活塞环的外表面与气缸的磨合痕迹应不小于活塞环外表面积的90%。活塞环的开口间隙不大于装配间隙的25%；检查主轴承和连杆轴承的磨合情况；拆除凸轮轴，检查轴承、凸轮及挺杆等各摩擦副的配合情况。若发现有不正常的现象，应及时进行排除，必要时重新磨合。

3. 发动机试验

发动机大修竣工质量评定项目、技术要求、手段、方法等按GB/T 15746—2011《汽车修理质量检查评定方法》进行。能否满足使用要求，还需用加载试验的方法测量出反映发动机动力性和经济性的几项技术指标进行鉴定（表6-13）。

表6-13 部分汽车技术性能指标

车 型	最大功率		最大转矩		使用数据				最低比油耗/ [g/(kW·h)]
	标准/ kW	转速/ (r/min)	标准/ N·m	转速/ (r/min)	每百千米燃油消耗/ L	最大爬坡度	最高车速/ (km/h)		
解放 CA1091	99	3000	372	1200	26.5	28%	90		306
东风 EQ1090E	99.29	3000	353.0	1200~1400	26.5	28%	90		305.83
桑塔纳	66	5200	138	3300	7.9	—	≥161		≤285
北京 BJ2020	55.16	3800~4000	171.6	2000~2500	17	26°30′	98		326.22

发动机修复后在条件许可的单位可以进行功率测试。无测功设备的单位，可于汽车修竣后，在道路试验中通过检验汽车的加速性能来评价发动机动力性能。

6.4.3 发动机总成大修验收的技术要求

发动机的验收是在热状态下进行的,验收时应符合下列条件。

(1) 发动机的零部件及附件装配齐全且符合要求。在正常工作温度下,起动迅速(5s内起动);环境温度汽油机不低于-5℃,柴油机不低于5℃时起动顺利。

(2) 气缸压力、进气管真空度、机油压力应符合规定。

(3) 发动机在任何转速下应能稳定地工作,没有断火、过热及发抖现象。急速稳定,符合原厂规定。

(4) 高、低速转换时不熄火。

(5) 大修后的发动机在磨合期内,要按规定加装限速片。发动机排放应符合标准。

允许有下列情况。

(1) 定时链条、定时链轮有极轻微而均匀的噪声。

(2) 气门杆端与摇臂间有极轻微的声音。

(3) 排气管有极少冒气。

(4) 机油泵有极轻微的声音。

不允许有下列情况。

(1) 活塞、活塞环和活塞销不允许有金属敲击的异响。

(2) 曲轴轴承或连杆轴承不允许有金属碰撞的异响。

(3) 气缸衬垫不允许有漏气的声音。

(4) 发动机各部位不允许有漏油、漏水、漏气及漏电等现象。

发动机大修质量的评定按 GB/T 15746—2011《汽车修理质量检查评定方法》的规定进行,采用综合项次合格率来衡量,分为优良、合格、不合格三个等级。

复习思考题

1. 发动机大修前应进行哪些检测?
2. 如何测量气缸压力?
3. 如何测量汽车发动机功率?
4. 如何测量进气管的真空度并判断发动机的技术状态?
5. 简述气缸体、气缸盖的维修方法。
6. 简述曲柄连杆机构的维修方法。
7. 简述配气机构的维修方法。
8. 简述发动机总装配的工作要点。
9. 简述发动机磨合规范与要求。

第7章 汽车底盘维修

教学提示

　　汽车底盘技术状态的优劣对汽车运行性能的影响极大,熟悉汽车底盘系统的故障原因和诊断、维修方法具有重要意义。

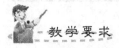教学要求

　　本章主要介绍汽车底盘系统的维修方法。重点内容是汽车底盘系统的诊断和维修方法。要求学生了解汽车底盘系统的常见故障现象,熟悉故障原因和诊断、检验方法,掌握汽车底盘系统的维修技能。

7.1 离合器的维修

在汽车传动系统中,离合器(图 7.1)的作用主要是保证汽车平稳起步、便于换挡,防止传动系统过载。

7.1.1 离合器故障排除分析

1. 离合器打滑

离合器打滑的常见原因及排除方法见表 7-1。

图 7.1 离合器

表 7-1 离合器打滑的常见原因及排除方法

故障原因	排除方法
离合器踏板自由行程过小	调整离合器踏板自由行程
摩擦衬片表面油污	修磨或更换摩擦衬片
膜片弹簧变形或压紧力不足	更换膜片弹簧
飞轮或压盘变形	更换飞轮或压盘

2. 离合器发响

离合器发响的常见原因及排除方法见表 7-2。

表 7-2 离合器发响的常见原因及排除方法

故障原因	排除方法
分离轴承损坏或缺油	更换分离轴承
摩擦衬片粘油或磨损、离合器中心偏斜、膜片弹簧损坏	更换相应的零件
分离叉或连杆卡住	修理或更换分离叉或连杆

3. 换挡困难

离合器系统有故障或调整不良时,会导致变速器换挡困难,其常见原因及排除方法见表 7-3。

表 7-3 变速器换挡困难(离合器问题)的常见原因及排除方法

故障原因	排除方法
离合器踏板自由行程过大	调整离合器踏板自由行程
离合器液压管路中有空气	放掉液压管路中的空气
离合器主缸/工作缸失效	修理或更换离合器主缸/工作缸
离合器盖或压盘失效	修理或更换离合器盖或压盘
离合器从动盘花键毂及变速器第一轴花键过脏	清洗从动盘花键毂及变速器第一轴

7.1.2 离合器的拆卸、检查和安装

1. 离合器的拆卸

离合器的拆卸步骤如下。
(1) 拆下变速器。
(2) 用专用支架固定飞轮。
(3) 按对角线将每个螺栓稍拧松一圈，直至弹簧张力消失。
(4) 卸下螺栓。
(5) 取下离合器盖及压盘总成，然后分解离合器盖及压盘总成。
(6) 分解前应做出装配记号，以便安装。

2. 离合器零部件的检查与维修

离合器应保证发动机与传动机构平稳而可靠地结合和暂时而彻底地分离，但在使用中离合器各零部件的技术状况将逐渐变坏，以致不能完成上述任务。因此，在修理时应对各零部件进行仔细的检查和必要的修理。

1) 膜片弹簧磨损深度和宽度的检修

如图 7.2 所示，用游标卡尺检测膜片弹簧磨损的深度和宽度。极限值：深度 0.60mm，宽度 5.00mm。

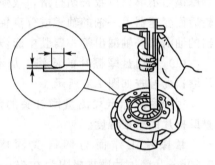

图 7.2 膜片弹簧深(宽)度的检测

膜片弹簧因长期经受负荷而疲劳，造成磨损、弯曲、折断，或弹力减弱而影响动力的传递。若弯曲须校正，磨损严重或折断应予以更换。

2) 飞轮摆差的检修

如图 7.3 所示，用百分表量头接触飞轮的工作面，检查飞轮的圆跳动(摆差)量。最大极限值为 0.20mm，超过时应更换飞轮。

3) 导向轴承的检修

图 7.4 所示为变速器第一轴前导向轴承的检查。导向轴承通常是永久性润滑，不需要经常清洁或加注润滑油。一般对它的检查是一面用手转动轴承，一面向转动方向施加压力，检查其转动是否灵活。若轴承阻滞或松旷、卡住或阻力过大，则应用专用工具拆卸下来修整或更换。

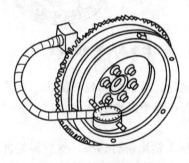

图 7.3 飞轮摆差的检查

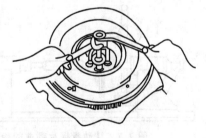

图 7.4 导向轴承的检查

4) 压力板的检修

检查压力板是否有过度的烧蚀、斑点、不平或刮痕等。压力板的拆修如图 7.5 所示，先拆下回位弹簧，用钻头钻通铆钉头，用冲子将其冲出。对于轻度的不平或烧蚀，可进行光磨修复；对于严重的刮痕甚至出现裂纹引起离合器工作振动时，必须

予以更换。

5）从动盘、摩擦片的检修

从动盘是离合器的一个主要零件，离合器传递动力就是靠从动盘摩擦片和主动部分的摩擦作用来实现的。离合器从动盘的常见损伤现象有摩擦片的磨损烧蚀、破裂和沾有油污，花键孔的磨损，钢片的翘曲、破裂等。

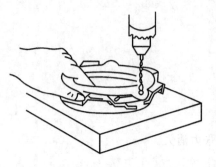

图 7.5 压力板的拆修

离合器在正常使用中摩擦片的磨损是缓慢的，因为它只有在结合、分离的瞬间与飞轮、压盘产生滑磨。摩擦片的磨损加剧甚至烧坏，多是因为离合器摩擦力不够，以致长期打滑，或使用调整不当所致。摩擦片上有油污的原因很多，如飞轮后面变速器第一轴的轴承或分离轴承装油过多，发动机曲轴后面的油封漏油，以及变速器的油沿第一轴漏出等；驾驶中起步过猛也会使离合器摩擦片磨损加剧，甚至提前报废。

（1）从动盘摩擦片的检修。从动盘摩擦片磨损的检查如图 7.6 所示。

用深度游标卡尺测量铆钉头的深度，检查摩擦片的磨损程度。

摩擦片工作面与铆钉头深度极限为 0.30mm，摩擦片磨损极限为 0.50mm。超过极限应更换。摩擦片的技术状况通常用"目测法"检查。

在修理中如摩擦片技术状况确实比较好，则可继续使用。若摩擦片有轻微烧蚀、硬化，可用锉刀或粗砂布打磨后使用。

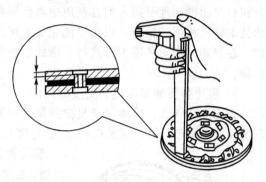

图 7.6 从动盘摩擦片磨损的检查

摩擦片表面距铆钉头深度小于 0.50mm，则应更换摩擦片。若部分铆钉头露出，而片的厚度适宜，可加深铆钉孔重铆。摩擦片磨损至过薄或破裂，应予以更换。

经检查如摩擦片不符合使用标准，应更换新片。

拆除旧片时，应用比旧铆钉直径小 0.40~0.50mm 的钻头钻出铆钉头，然后轻轻冲下旧铆钉，取下旧片。用钢丝刷刷去从动盘的灰尘和锈迹，检查从动盘其他零件。

（2）从动盘钢片翘曲的检查与校正。从动盘钢片翘曲会引起起步时离合器发抖和磨损不均匀，因此对其翘曲度应进行检查(图 7.7)。

从动盘钢片翘曲度又称为圆跳动或偏摆。可将从动盘钢片安装在检查架上，用百分表在从动盘最外周边缘处测量。圆跳动极限值为 0.80mm，如超过此极限，可用特定夹具进行冷压校正 [图 7.8(a)]；或放在

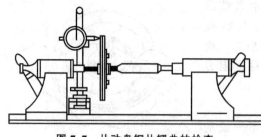

图 7.7 从动盘钢片翘曲的检查

专用架上用百分表检测，边测边用特制扳手予以校正 [图 7.8(b)]。

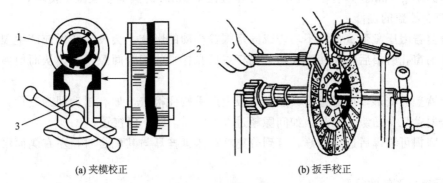

(a) 夹模校正　　　　　　　　(b) 扳手校正

图 7.8　从动盘的校正
1—钢片；2—夹模；3—台虎钳

(3) 从动盘与接合盘的检修。从动盘钢片与接合盘的铆钉可用锤子敲击检查，如有松动和断裂，应予以更换或重铆。

从动盘花键套键槽磨损过大，将导致起步或车速突然改变时发响。可用样板检查，其键齿宽度磨损不得超过 0.25mm；或将其套在变速器第一轴未磨损的花键部分，用手来回转动从动盘作配合检查，不得有明显的晃动(其间隙不超过 0.44mm)，否则应换新件，或将键槽堆焊后用插床修整齿面。更换或修整后的花键套键槽与第一轴花键的配合间隙应为 0.04～0.19mm，过大会发响，过小会导致分离不彻底。

(4) 新摩擦片的选配。换用的新摩擦片直径、厚度应与原车规格相符，两片应同时更换，质量应相同。两摩擦片的厚度差不应超过 0.50mm。

摩擦片用的铆钉应是铜或铝的。铆钉的粗细应与从动盘上的孔径相密合。铆钉的长度必须根据摩擦片铆钉孔下平面和从动盘的厚度来选取，将铆钉穿入孔中，以伸出 2～3mm 为宜。

将两片新摩擦片同时放在钢片上，使其边缘对正，并用夹具夹牢。选用与钢片孔相适应的钻头钻孔，钻好对称的两孔后，用螺钉定位，再钻其他各孔，然后用埋头钻钻出埋头坑。含铜丝的摩擦片，深度为摩擦片厚度的 2/3，不含铜丝的为 1/2。

铆钉头的位置应交错排列，摩擦片内外圈的铆钉头应相对，相邻的铆钉头须一正一反。

(5) 摩擦片的铆合。摩擦片的铆合可手工进行，也可以在铆合机上进行。

将与铆钉头直径相同的平冲夹在台虎钳上，将铆钉插入摩擦片铆钉孔中，使摩擦片向下，将铆钉头抵紧平冲，再用开头冲将铆钉冲开后切紧。铆钉紧度要适宜，不可过紧，以免损伤摩擦片。

新铆摩擦片的表面距铆钉头的距离应为 1.20～1.50mm。外边缘的径向圆跳动不大于 0.10mm。

(6) 摩擦片表面的修磨。为了使摩擦片与飞轮、压盘能很好地接触，铆好的摩擦片表面还应进行修磨。其方法一般是在飞轮平面上涂一层白粉，放上从动盘，略施压力转动检查，锉去较高的部分，直到平整均匀地接触，平面度误差不大于 0.50mm。

(7) 摩擦片修后质量及其平衡的检查。最后对铆好的摩擦片进行质量检查，其要求是：摩擦片不得有严重裂纹或损伤，铆钉头的深度应距摩擦片平面 1mm 以上；无弹簧片的从动盘、摩擦片与钢片应密合(0.10mm 的塞尺不能插入)。

将从动盘组合件置于顶针间进行静平衡试验，不平衡度应在规定范围内。一般的不平衡量允差为 18g·cm。如有不平衡时，可在直径 128mm 的圆周上装置平衡块。

6) 离合器盖的检修

离合器盖因压盘弹簧强弱不均匀或固定螺栓松动的影响，会发生变形或产生裂痕。安装分离杆的窗孔磨损后，会使窗孔与分离杆或压盘挂耳的配合间隙增大，从而使离合器工作时发响。

离合器盖的变形，可通过将其放在平板上用手按住检查，如有摇动即为变形；或用塞尺在离合器盖几个凸缘处测量，如间隙超过 0.50mm，应予以校正。

窗孔磨损可堆焊后进行锉修，直到分离杆或压盘挂耳与其配合时，左右侧面没有松动即可。

7) 压盘与飞轮的检修

压盘上除允许有从主销孔伸向边缘的缝隙外，不得有其他性质的裂缝。

离合器压盘、中间主动盘及飞轮工作面在直径为 285mm 范围内的平面度误差，均应不大于 0.12mm。

飞轮及压盘工作面磨损起槽、不平，应用油石磨光。如磨损沟槽超过 0.50mm 或翘曲超过 0.20mm 时，应磨削平面，但磨削后的压盘厚度应不小于规定值。双片的应不小于 11mm，前压盘厚度应不小于 9mm；单片的应不小于 11.35mm。

压盘厚度小于（总限值不超过 2mm）规定时，应予以更换。

离合器中间主动盘传动销承孔磨损超过 0.50mm 时，应更换。

8) 压盘弹簧的检修

弹簧因经受长久的负荷而疲劳，造成弯曲、折断或弹力减弱，进而影响动力的传递。检查弹簧如有弯曲、折断应更换。各弹簧高度差不得超过 3mm，如弹簧高度过低应更换，或在弹簧座上加垫圈，但厚度不得超过 2mm。弹簧强度的减弱，不得低于有关规定。

9) 分离轴承的检修

分离轴承常因保养不当缺油而发响，或受自然磨损而松旷，甚至损坏。分离轴承应转动灵活，将轴承用手压紧轴承内套转动，若有阻滞，则为轴承座或滚珠磨损，应予以更换。若转动灵活，但稍有"沙沙"的响声，则为缺油现象。

(1) 分离轴承座轴颈如磨损松旷可堆焊修复。

(2) 分离轴承内孔磨损超过 0.03mm 或轴向间隙超过 0.60mm 时，均不得继续使用。

(3) 加油软管如破裂应予以更换，管内堵塞应予以疏通。

(4) 分离叉支柱板损坏应更换。球形支柱磨损应焊修或更换。

(5) 分离叉护罩损坏应更换。

(6) 离合器拉杆弯曲应校直，螺纹损坏应予以更换。

(7) 拉簧折断或拉力减弱，不能保持原位应更换。

(8) 离合器踏板轴与衬套磨损、松旷超过 0.50mm 时，应更换衬套，如轴磨损则可焊修。

(9) 分离轴承的加油。分离轴承缺油时，加油的方法有以下两种。

① 用润滑油和润滑脂各 50% 加温溶解后，将轴承放入油内浸煮（温度不可过高，以免变质）；待冷却后，将轴承取出，清除外部油脂。

② 用注油管将轴承接在注油软管上，用黄油枪加注润滑脂。

3. 离合器操纵机构的检修

1) 离合器主缸的检修

(1) 离合器主缸内壁磨损超过规定值(一汽奥迪100型乘用车为0.125mm),活塞与缸筒间隙超过0.20mm(一汽奥迪100型乘用车)、皮碗老化或回位弹簧失效时,应更换相应零件。

(2) 工作缸筒装配前应清洗干净,活塞、密封圈、皮碗及缸套等零件应涂抹锂基润滑脂。

(3) 安装离合器主缸。

① 按规定力矩拧紧离合器工作缸连接管固定螺母。

② 按规定力矩拧紧工作缸固定螺母(对一汽奥迪乘用车该力矩为25N·m)。

③ 把推杆装到离合器踏板上,并装好锁销、夹片及回位弹簧。

④ 将工作缸注满制动液,并对液压系统放气,检查有无渗漏之处。

2) 离合器工作缸的检修

(1) 检查离合器工作缸各零件的磨损情况,磨损严重的零件应修理或更换。

(2) 装配离合器工作缸活塞时,应在活塞上涂抹锂基润滑脂。

(3) 按规定力矩(25N·m)拧紧离合器工作缸固定螺栓。

(4) 按规定力矩(15N·m)拧紧软管接头。

(5) 将离合器工作缸注满制动液,放气并检查有无渗漏现象。

4. 液压系统中空气的排出

离合器液压操纵机构检修之后,管路内可能进入空气。另外,加注液体时也可能使空气进入液压系统。

空气的排除方法如下。

(1) 支起汽车,将离合器主缸储液罐内的制动液加至规定高度。

(2) 将一段软管一端接在离合器工作缸的通气阀上,另一端接在盛有制动液的容器内,如图7.9所示。

(3) 一人在驾驶室内慢慢地踩下离合器踏板数次,直至感到有阻力时,踩住离合器踏板不动;另一人拧松离合器工作缸上的通气阀直至有制动液流出,之后拧紧通气阀。

(4) 按上述方法连续操作几次,直至制动液中无气泡为止。

(5) 将空气排除后,应重新检查调整离合器踏板的自由行程。

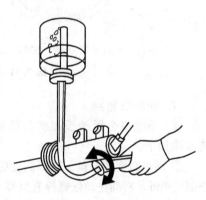

图7.9 排除空气

5. 离合器的装配与调整

膜片弹簧离合器的装配次序大体类同,可按拆卸时的相反次序进行安装。安装时应满足以下要求:

(1) 将离合器从动盘(附摩擦衬片)装在飞轮上,一轴前端轴承孔内作导向,并用支架固定飞轮。

(2) 安装从动盘。安装时应保证飞轮与离合器从动盘同心,一般是利用变速器第一轴插入从动盘毂与飞轮中心孔内,待离合器安装好后,再取出第一轴,或用专用工具将离合

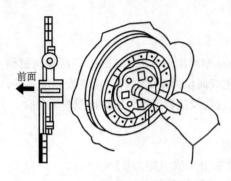

器从动盘装在飞轮上,如图7.10所示。由于从动盘毂两边长度不对称,安装时一定要注意方向,例如丰田乘用车离合器规定短毂朝前、长毂朝后(以汽车前进方向为参照),而五十铃NHR和WFR型汽车离合器则规定长毂朝前、短毂朝后。如果装反离合器就不能正常工作。

(3)安装时,应根据乘用车型号确定离合器从动盘毂长短的前后方向,多数乘用车是短毂朝向飞轮。

图7.10 安装离合器从动盘

(4)安装离合器盖。各螺栓按对称方式依次均匀拧紧,最后按规定力矩拧紧(红旗CA7220、一汽奥迪100型乘用车该力矩为25N·m,捷达、高尔夫乘用车为20N·m,二汽神龙富康乘用车为15N·m)。

(5)装配后,检查膜片弹簧端头与分离轴承之间的距离,看其平整程度。

(6)装配时以下部件应填注润滑脂:离合器从动盘花键毂,分离轴承前沿及轴承座内侧,分离叉及推杆接触点,分离叉枢轴点,如图7.11所示。

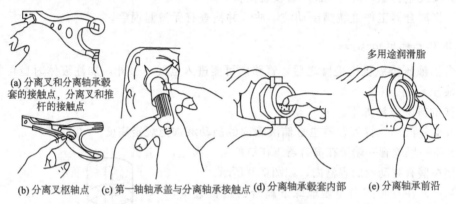

图7.11 分离叉和分离轴承的润滑部位

(7)安装变速器。

(8)调整离合器踏板高度与踏板自由行程和推杆行程,其步骤如下。

① 踏板高度的调整。踏板高度的调整如图7.12所示。拧松锁紧螺母,转动止动器螺栓直至高度符合规定,离合器踏板高度可用直尺测量,一般乘用车规定值为170~190mm。

② 踏板自由行程和推杆行程的检查与调整。正常的踏板自由行程是保证离合器完全接合和彻底分离的必要条件。检查踏板自由行程时可用直尺测量,其方法是先检查出踏板完全放松时的高度,再测出当按下踏板感觉有新阻力时的高度,前后两次高度差,即为踏板自由行程,其值应符合规定,见表7-4。如踏板自由行程不符合规定应予以调整。

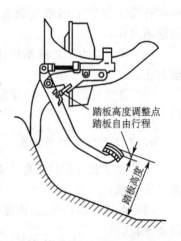

图7.12 检查调整踏板高度

表 7-4　部分乘用车离合器踏板的自由行程　　　　　　　　（单位：mm）

车型	离合器踏板自由行程	车型	离合器踏板自由行程
红旗 7220	26～40	广州本田雅阁	9～15
一汽奥迪 100	15	丰田 COROLLA	20～25
捷达/高尔夫	15～20	三菱 GALANT	20～30
上海桑塔纳	15～20	日产蓝鸟	13～15
二汽神龙富康	5～15	现代伊兰特	12～14
东风标致	15	荣威 350	20
天津夏利 TJ7100	15～30	日产公爵	13～15
奇瑞	5～15		

对液压操纵的离合器，踏板自由行程的调整如图 7.13 所示。拧松锁紧螺母，转动主缸推杆直至踏板自由行程和推杆行程符合规定（推杆行程是与踏板自由行程相对应的，例如丰田海狮汽车离合器踏板自由行程为 5～15mm，相应的推杆行程为 1～5mm）。调整完毕后，锁紧锁止螺母，再重复检查自由行程和推杆行程。

对于机械拉索式操纵系统，其踏板自由行程是拉索及分离装置各连接部件的间隙，自由行程的调整是通过调整拉索长度来进行的，如图 7.13 所示。

③ 踏板工作行程的检查。在踏板高度和自由行程调整正确后，再检查踏板工作行程是否符合

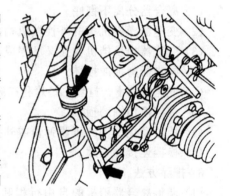

图 7.13　上海桑塔纳乘用车离合器踏板自由行程的调整

规定。例如，一汽奥迪 100 型乘用车规定为 145mm，上海桑塔纳乘用车规定为（150±50）mm，富康乘用车规定为 140mm。检查工作行程的目的是保证踏板踩下后，与底板间保持有一定间隙。

（9）离合器液压系统空气的排出。离合器液压系统中若有空气必须及时排出，否则会影响离合器的正常工作，放气时应将离合器储液筒装满制动液，然后在分泵放气阀上装一根胶管（长度要适宜），把胶管下端放在有半瓶制动液的玻璃杯内；再用力迅速踩下离合器踏板数次，然后踩住踏板不放，拧松放气孔螺塞，直至工作液流出再拧紧螺塞，连续操作几次，直到工作液中无气泡为止；再拆下胶管，往储液筒中添加制动液。使用的制动液应符合规定，而且不可与其他牌号的制动液混用。

7.2　手动变速器的维修

7.2.1　手动变速器常见故障与排除

手动变速器（图 7.14）在使用中常见的故障主要有变速器异响，变速器乱挡、跳挡及换挡困难，变速器异常振动和变速杆发抖，变速器漏油等。

图 7.14　手动变速器

1. 变速器挂不上挡和错挡

1）现象

变速器在行驶中掉挡，而后挂不上挡，使汽车不能行驶。只有低速挡而没有高速挡；前进挡均挂不上，只能挂上倒挡，汽车只能倒行；变速器乱挡，是指变速器能够挂入某个挡位，但却不是所需要的挡位，或者虽能挂入挡位而后又自行退出；跳挡是指汽车行驶中从挂挡位置自行跳入空挡；换挡困难是指很难挂入挡位，一旦挂入后又很难退出挡位。这些故障通称为错挡。

2）原因

（1）离合器分离不彻底。

（2）变速器操纵机构的外换挡机构出现故障。

（3）变速器内换挡机构拨叉磨损或弯曲变形；换挡拨叉导轨磨损变形。

（4）同步器磨损或损坏。

（5）变速器轴承、衬套、垫片和花键等磨损，变速器轴或变速器齿轮前后窜动或晃动。

（6）选挡换挡轴磨损。

（7）挡位锁止机构的压紧弹簧或外操纵机构压簧失效。

（8）换挡连接件失效。

3）排除方法

（1）调整离合器踏板的自由行程和总行程；液压操纵系统放气；调整液压操纵系统，排除故障；维修离合器。

（2）调整变速器的外换挡机构，消除卡滞，清除异物，使换挡杆操纵位置准确。

（3）检查、维修变速器的内操纵机构，更换或维修损坏的换挡拨叉及换挡拨叉导轨。

（4）检查、维修或更换损坏的同步器。

（5）检查变速器各轴承、衬套、垫片和花键等各磨损部位，保证各轴和齿轮定位准确。

（6）检查换挡锁止机构，更换磨损件。

（7）检查并更换选挡换挡轴。

（8）检查变速器上锁止机构的拉紧弹簧或操纵机构上的压簧，失效的应更换。

（9）检查换挡操纵机构上的铰链总成、连接杆件、螺栓和螺母等有无损坏和失效，连接好操纵机构。

2. 变速器异响

1）现象

变速器异响是指变速器在工作时响声明显加大，发出不正常的响声，如发出单调频率的响声、金属的干摩擦声及不均匀的碰撞声等。

2）原因

（1）变速器中齿轮损伤；变速器齿轮使用日久，齿轮出现损伤，齿轮齿面、齿端、齿轮轴孔、内花键磨损；齿轮齿面疲劳剥落、腐蚀斑块损坏；严重时出现齿轮轮齿破碎、折断或断裂。啮合齿轮副之间间隙加大和中心距加大，运转中产生冲击；齿面啮合不良，有金属剥离声；某个轮齿折断损坏，运转中产生异响。

(2) 变速器中轴承损坏；变速器中轴承磨损松旷；轴套剥落损伤；轴承滚子破损等引起噪声；变速器轴颈损坏。

(3) 变速器中有螺栓、螺母等金属异物，剥落下来的大块金属物等在运行中被油搅起撞击齿轮等旋转零件；里程表齿轮发响；变速器缺油、润滑油长时间使用使油过浓或过稀等，使齿轮齿面工作时负荷加大而造成噪声。

(4) 变速器异常振动伴随异响，并且在变速器操纵手柄上也能感觉到振动，甚至麻手。

3) 排除方法

(1) 拆检变速器，检查或更换齿轮。当齿面面积有 1/4 左右的细小斑点，使表面粗糙度明显增加，齿面上有深度达 0.4mm 的浅痕时应更换齿轮；如齿顶面有细小的剥落时，应将边角修磨光，但齿顶面磨损深度超过 0.45mm 时或齿长磨损超过 1/4 时应更换齿轮；齿轮上的花键磨损厚度超过 0.4mm 或配合间隙超过 0.6mm 时应更换齿轮；齿轮损坏时应更换齿轮。齿轮更换时应检查要更换的齿轮，必须更换合格的齿轮且成对更换齿轮。

(2) 拆检变速器，检查或更换轴承和轴。当维修变速器时，应检查变速器中的各个轴承和变速器轴，当出现轴承损坏转动不均匀时应更换新轴承；当发现输入轴和输出轴损坏时也应更换。

(3) 拆检变速器，仔细清洗变速器前壳和后壳，清除变速器中可能存在的异物和杂质；装配变速器时应注意清洁度；变速器维修和装配时，除了仔细装配变速器各轴和各轴上的齿轮、轴承外，还应仔细装配内操纵机构拨叉和拨叉导轨，仔细维修里程表输出机构，消除各机械部分可能发出的异常响声；还应加注合适牌号和容量的变速器油。

(4) 除做上述检查、处理外，还应检查内操纵器和同步器，必要时予以调整和更换；对于异常振动，还应检查发动机支承，变速器在离合器壳和发动机上的连接是否可靠，以及外操纵机构是否松动，针对具体故障予以排除。

在变速器中装有倒挡传动啮合齿轮，如使用时间长，将导致齿轮严重磨损、齿面损坏或齿轮间隙异常变大，除了会产生异常响声外，还会发生异常振动，也应在维修变速器中检查、调整或更换。

3. 变速器漏油

1) 现象

检查变速器外观，发现变速器壳与变速器上盖的接合面、变速器输入轴端及输出部分等处有漏油时，即可认为变速器漏油；如变速器壳或变速器上盖出现裂纹或变形时，变速器也会漏油；漏油的表现为变速器油面低。

2) 原因

(1) 变速器加油过多，工作时的搅动使内压过大，可能从各接合部位漏油。

(2) 油封损坏。

(3) 变速器前壳或后壳损坏。

(4) 变速器壳体上通气塞堵死。

3) 排除方法

(1) 应加入合适牌号和适量的变速器油。

(2) 维修时更换油封。

(3) 维修损坏的变速器壳。如结合表面不平误差超过 0.5mm 时，可用机械加工方法予以修复；如裂纹较小时可用粘接法或焊修法修复；对于无法修复的壳体，应予以更换。

(4) 疏通通气塞。

7.2.2 手动变速器的装配与调整

变速器结构不同，其装配调整工艺也有所不同，装配调整时应注意各自的特点。一般装配调整工艺要点、注意事项及技术要求如下。

1. 组合件装配

一般变速器，如 EQ1090E 变速器，在总装前需先进行组合件装配，主要有中间轴、第二轴及变速器盖。

1) 中间轴

中型以上车辆的变速器中间轴通常是转轴，轴上装有靠键连接和过盈配合的齿轮。组装时，应注意齿轮和垫片的位置和方向，应用压力机压入，并将各齿轮压靠到位。

2) 第二轴

(1) 装配各常啮齿轮时应用垫片调整其轴向间隙，使其符合各车型的要求。一般大修时为 0.10～0.30mm；使用限度，轻型车以下为 0.30mm，中型以上车辆为 0.80mm。

(2) 注意齿轮的方向。特别是直接挡齿套、齿座常带有防自动脱挡结构，若装反了便失去此功能。

(3) 装同步器特别是锁销式同步器，要保证同步锥环有足够的轴向间隙。以防工作时产生摩擦使局部温度升高而膨胀，使摩擦锥面自行接触磨损损坏。

3) 变速器盖

(1) 装上变速杆并用定位销钉定位后，应转动灵活无卡滞。

(2) 装变速叉轴应使用专用工具，以防安装时自锁钢球弹出。

(3) 先装入的叉轴应放入空挡再装其他轴。

(4) 自锁、互锁球销勿漏装，并且规格应相符。

(5) 倒挡锁装置应符合要求。

2. 变速器总装工艺要点与注意事项

(1) 总装顺序一般为先中间轴、倒挡轴，再第一、二轴，最后是变速器盖。

(2) 倒挡齿轮、中间轴(定轴)定塔轮的端面间隙一般为 0.10～0.35mm，使用限度为 1.00mm。过大时可用垫片调整。

(3) 每装一轴应检查调整其轴向间隙，第一轴轴向间隙应不大于 0.10mm，其他各轴应不大于 0.30mm。

因转轴通常是靠其一端的轴承进行轴向定位，所以理想的调整状况是轴承盖压住轴承外环使其无轴向间隙。这不仅对齿轮传动有利，而且减少了轴承外环与变速器壳之间相互滑转的机会，也就减少了磨损。

调整的方法是增减轴承盖密封垫片 4 的厚度或增减轴承盖与轴承外环端面间垫片 3 的厚度，如图 7.15 所示。确定垫片厚度的原则是在保证轴承盖密封不漏油的前提下尽可能压住轴承外环端面，即尽可能减小轴的轴向间隙。

(4) 里程表驱动齿轮和第二轴突缘平面应平整，以防漏油。

(5) 中间轴与第二轴相啮合的常啮齿轮副应对正。不正时可通过调换中间轴调整垫片在前后端的位置进行调整。

(6) 装配好的齿轮传动机构，应检查齿轮啮合情况是否符合要求：

啮合间隙，常啮合齿轮应为 0.10～0.50mm，使用限度为 0.80mm；接合齿轮应为 0.10～0.40mm，使用限度为 0.60mm。

啮合印痕应在轮齿啮合面中部且不小于啮合面的 60%。

(7) 扣变速器盖时，应检查壳内有无遗留物；各挡齿轮及变速叉均置于空挡位置，装后进行各挡挂挡试验，应无异常。

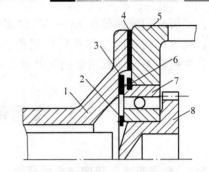

图 7.15　变速器第一轴轴向间隙的调整
1—轴承盖；2、6—轴承卡簧；
3—金属调整垫片；4—密封垫片；
5—变速器壳；7—轴承；8—第一轴

7.2.3　变速器的磨合与试验

1. 变速器磨合的目的

变速器磨合与发动机磨合的目的相似，一是为改善各动配合副，特别是齿面工作表面的状况，使其达到适合工作条件的要求，以延长变速器的使用寿命；二是检查变速器修理与装配质量，发现问题及时排除，提高工作可靠性。

2. 变速器磨合规范

与发动机的磨合相似，变速器的磨合也分为无负荷与有负荷两个阶段。先在无负荷情况下进行各挡位磨合，视各挡磨合情况再加负荷磨合。所加负荷为传递最大扭矩的 30% 左右。

磨合试验的转速各个车型都有规定。第一轴转速一般为 1000～2000r/min。如 EQ1090E 为 1450r/min。各挡运转时间应不少于 10～15min，总时间应不少于 1h。修复或换用齿轮时，有关挡位的运转时间还应适当增加。磨合时应加汽油发动机机油，磨合中油温应不超过环境温度 40℃。

磨合结束后应放掉机油，用煤油、柴油各 50% 的混合油将其清洗干净。

3. 变速器磨合的设备

驱动装置可用电动机或车用发动机。加载装置有液压、电力、电涡流及机械式等制动器。液压式制动器即用油泵作负载，通过节流阀改变油泵输出油压而改变制动力矩；电涡流式制动器是通过改变磁电流而改变制动力矩的，具有制动力矩变化范围较大、低速时制动力矩较大、制动力矩随转速变化较小等特点。上述两种制动器结构简单，工作可靠，适合一般修理厂使用。

电力式制动器结构复杂、成本较高，一般修理厂不宜采用；机械式制动器靠摩擦力矩加载，虽然结构简单、易于制造，但是性能不稳定，故应用较少。

4. 检查试验

磨合中要注意检查有无异常现象，若有异常现象要查明原因，属装配不当应予以排除。经磨合的变速器在 15~65℃ 油温下加载试验,在任何挡位不允许有自动脱挡、乱挡现象;操纵机构和同步器换挡应轻便、灵活、迅速、可靠;运转和换挡时均不得有异常响声,变速杆不允许有明显的抖动现象;所有密封装置不得有漏油现象。

7.3 金属带式无级变速器的维修

7.3.1 金属带式无级变速器的原理

金属带式无级变速器(Continuously Variable Transmission,CVT,无级变速器),如图 7.16 所示,主要由主动轮组、从动轮组和金属带(图 7.17)或金属链(图 7.18)构成。

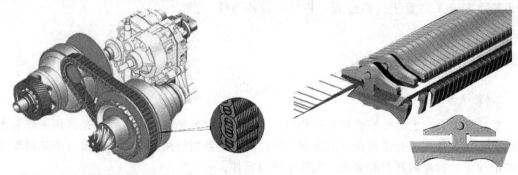

图 7.16 金属带(链)式无级变速器的基本结构　　　　图 7.17 金属带

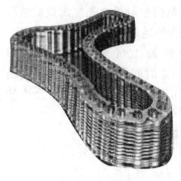

图 7.18 金属链

金属带由两束金属环和几百个金属片构成。在主动轮组和从动轮组中,与油缸靠近的一侧带轮可以在轴上滑动,另一侧则固定。两个带轮的锥面相对构成 V 形槽,与金属片的侧面接触,在液压系统的作用下,实现动力传递和速比变化。

在金属带(链)式无级变速器的液压系统中,从动油缸的作用是控制金属带(链)的张紧力,以保证来自发动机的动力高效、可靠地传递。主动油缸控制主动锥轮的位置沿轴向移动,在主动轮组金属带(链)沿 V 形槽移动,由于金属带(链)的长度不变,在从动轮上金属带(链)沿 V 形槽向相反的方向变化。金属带(链)在主动轮组和从动轮组上的回转半径发生变化,实现速比的连续变化。

7.3.2 CVT 的优点

无级变速传动具有常规变速传动无法比拟的优点。由于无级变速传动与有级变速传动有着原则性的差别,由计算机控制速比连续的变化,不会出现机械变速器(MT)换挡时速比的跳跃,因此乘客感觉到的只是汽车的平稳加速,而不会感觉到换挡冲击。同时,使汽车的操纵性大为简化,降低了驾驶人的劳动强度,使汽车的驾乘舒适性显著提高。

日产轩逸 Xtronic CVT 与传统自动变速器(AT)换挡性能的比较如图 7.19 所示。

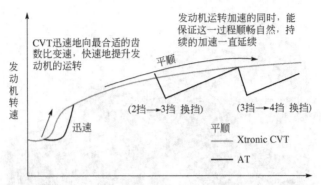

图 7.19　Xtronic CVT 与传统自动变速器(AT)换挡性能的比较

另外，由于传动机理不同，无级变速传动也表现出较高的传动效率和优良的使用特性。对于典型的 5 挡 AT，不同挡位的传动效率有很大差异，平均传动效率为 60%。一般的 MT 的传动效率为 97%。尽管金属带式无级变速器为摩擦传动，但它的传动效率经试验测定达到 90%～97%，与 MT 的传动效率差不多。

由于无级变速传动使发动机的工作点与车速无关，根据不同的需要可以控制发动机在最经济工作点或最佳动力工作点工作，因此无级变速传动比其他传动方式表现出更高的经济性和动力性。

7.3.3　CVT 的应用

目前，比较成熟的 CVT 主要有奥迪 Multitronic CVT、日产轩逸 Xtronic CVT (图 7.20)、三菱 INVECS Ⅲ CVT(图 7.21)、旗云 CVT(技术来源于 Mini Cooper)、派力奥 Speedgear(ECVT)及本田飞度 CVT(带有 S 挡)等。

图 7.20　日产轩逸 Xtronic CVT

图 7.21　三菱 INVECS Ⅲ CVT

7.3.4　CVT 的维修

下面以奥迪 01J CVT(图 7.22 和图 7.23)为例，介绍 CVT 常见故障及解决方法。对奥迪 A4、A6 乘用车来说，除一些人为故障以外(事故车或因操作不当引起的各种故障)，一般比较常见的问题大致归纳为以下几种情况。

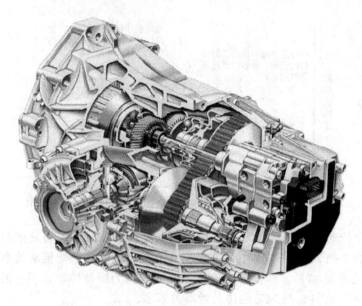

图 7.22 奥迪 Multitronic CVT(01J CVT)剖视图

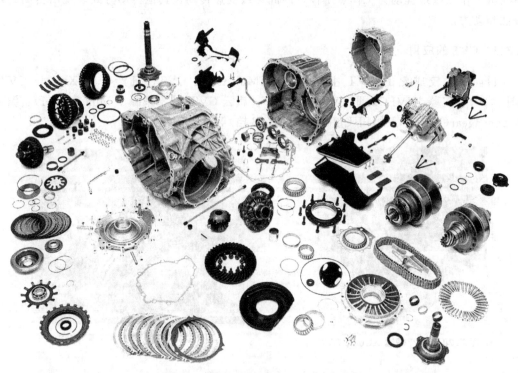

图 7.23 奥迪 Multitronic CVT 零件图

（1）差速器漏油。差速器漏油故障主要是因为车辆长时间涉水，造成差速器进水，齿轮锈蚀，铁锈使双面油封损坏导致漏油。发现差速器漏油应及时更换双面油封并改进漏水处，否则会烧坏差速器。

（2）倒挡工作不良。具体表现为倒挡工作不良，接合粗暴、起步耸车。出现该问题的大多是 2.8L 不带 S 挡的奥迪 A6，原因是阀体中滑阀磨损过大，须检修或更换阀体。

（3）倒挡、前进挡工作不良。具体表现为倒挡、前进挡起步耸车，或前进挡低速时急加速耸车。出现该问题的大多是 2.8L 不带 S 挡的奥迪 A6，大多为阀体、油泵或 CVT 电控单元及前进挡和倒挡驱动元件本身有故障。

（4）仪表挡位指示灯无规律闪烁。带 S 挡 2.4L 奥迪 A6 经常出现仪表挡位指示灯无规律闪烁（该故障现象多出现在车辆累计行驶里程为 10~15 万 km 时），严重时无法正常行驶，重新起动后故障消失，伴有故障码 17090（多功能开关 F125 信号不明）。

此故障可先检查 4 个霍尔传感器和对应磁铁是否有铁屑杂质，否则，更换 CVT 电控单元即可解决。

（5）踩制动踏板快停车时有冲击。2.4L、2.8L 带 S 挡奥迪 A6 常出现踩制动踏板快停车时有冲击的现象。主要原因是前进挡离合器工作油压不稳定，具体原因是 KSV 阀磨损过甚，一般检修或更换阀体即可。

（6）变速器内部异响。怠速状态下，把操纵手柄置于 P/N 位时变速器内有液体流动声。这种现象大多是由于冷却管路受阻造成的，也可能是阀体有故障。

（7）怠速时挂前进挡溜车（坡道停车失效）。可通过专用检测仪读取离合器工作压力和接触压力的数据流来判断问题，一般都是由于前进挡离合器磨损间隙过大造成的，检修或更换输入轴总成即可解决。

（8）低速时车辆耸动。具体表现为行驶中松加速踏板，当车速降到 30km/h 时车辆向前耸动。这种故障出现的原因主要是发动机与变速器的匹配参数有问题，应对发动机控制单元系统软件进行升级。

7.4 自动变速器的维修

7.4.1 自动变速器的类型与结构

1. 自动变速器的类型

在自动变速器的发展过程中出现了多种结构形式。自动变速器的驱动方式、挡位数、变速齿轮的结构形式、变矩器的结构类型及换挡控制形式等都有不同之处。

自动变速器按照汽车驱动方式的不同，可分为前轮驱动自动变速器和后轮驱动自动变速器两种。

后轮驱动自动变速器（图 7.24）的变矩器和行星齿轮机构的输入轴及输出轴在同一轴线上，因此轴向尺寸较大，阀体总成则布置在行星齿轮机构下方的油底壳内。

前轮驱动自动变速器（又叫自动变速驱动桥，图 7.25）除了具有与后轮驱动自动变速器相同的组成外，在自动变速器的壳体内还装有差速器和主减速器。

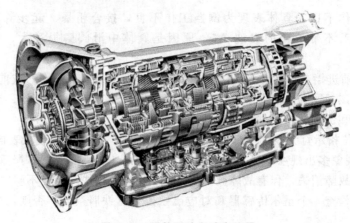

图7.24 后轮驱动自动变速器

2. 自动变速器的结构

电子控制自动变速器主要由液力变矩器、辅助变速器（齿轮变速器）、电液控制系统等几个部分组成，如图7.26所示。

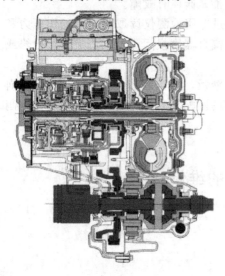

图7.25 前轮驱动自动变速器

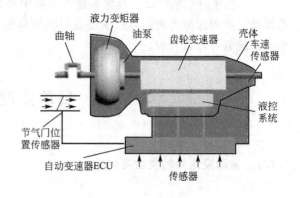

图7.26 电子控制自动变速器的组成

1）液力变矩器

液力变矩器位于自动变速器的最前端，安装在发动机的飞轮上。它通过工作轮叶片的相互作用，引起机械能与液体能的相互转换来传递动力，通过液体动量矩的变化来改变转矩的传动元件，具有无级连续改变速度与转矩的能力。它对外部负载有良好的自动调节和适应能力，从根本上简化了操作；它能使车辆平稳起步，加速迅速、均匀、柔和；由于用液体来传递动力进一步降低了尖峰载荷和扭转振动，因此延长了动力传动系统的使用寿命，提高了乘坐舒适性和车辆平均行驶速度及安全性和通过性。

2）辅助变速器

液力变矩器的无级变速性能虽然很好，但从经济性考虑它不能完全满足车辆改变速度和变化动力两方面的要求，故需与齿轮传动串联或并联，以扩大其传动比与高效率工作范围。齿轮传动有行星齿轮式与定轴式两种。

3) 控制系统

液力自动变速器的控制系统有液压式和电液式两种。新型液力自动变速器均采用电液式控制系统，简称电子控制自动变速器 (ECT)。控制系统的组成如图 7.27 所示。

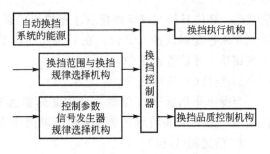

图 7.27 自动换挡控制系统构成图

7.4.2 电控自动变速器的使用

1. 电控自动变速器选挡杆的使用

自动变速器是由驾驶人通过驾驶室内的操纵手柄来操作的。操纵手柄有拉钮式和拨杆式两种。拉钮式的一般布置在仪表上，拨杆式的布置形式有两种：一种布置在转向柱上，另一种布置在地板上。目前，绝大多数自动变速器挡位的设置数目及操纵手柄上各挡位的位置如图 7.28 所示。

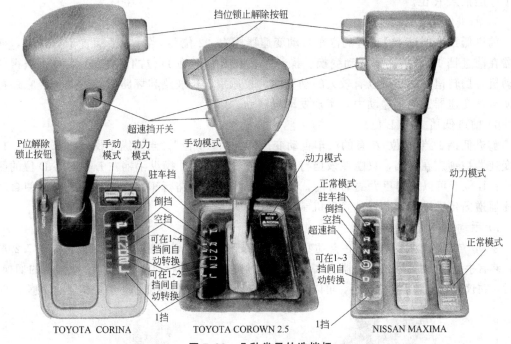

图 7.28 几种常见的选挡杆

自动变速器操纵手柄挡位的意义与手动变速器的变速杆不一样。手动变速器变速杆拨至某一挡位，也就是变速器实际工作所处的挡位，但自动变速器操纵手柄只是改变液压控制系统中手动阀的位置，除了倒挡、驻车挡和空挡由它确定外，其实际工作的前进挡位还取决于车速和节气门的开度等因素。熟悉自动变速器操纵手柄挡位的含义，是正确使用自动变速器的前提。

1) 驻车挡 (P 位)

驻车挡 (P 位) 在停放车辆时使用。自动变速器操纵手柄置于 P 位时，自动变速器齿轮处于自由转动状态，不传递动力；同时，通过锁止机构将变速器的输出轴锁止，可防止车辆移动。P位只能在汽车停稳后才能挂入，否则就容易损坏驻车锁止机构。为避免驾驶人在汽车未停稳时误推入P位，在P位连动杆上设有位置锁止板，因此需将操纵手柄上的锁止按钮按下才能推入P位。

2) 空挡(N位)

当操纵手柄置于N位时，自动变速器齿轮处于空转状态，不传递动力。这一点与P位相同，但N位没有锁止变速器输出轴的作用。

3) 前进挡(D位)

前进挡(D位)在起步和一般行驶时使用。当操纵手柄置于D位时，自动变速器可根据车速和节气门的开度自动换挡。对于有4个前进挡的自动变速器，3挡为直接挡，4挡为超速挡。超速挡可以通过超速挡开关关闭，以防止自动变速器升入超速挡。

4) 倒车挡(R位)

倒车挡(R位)在倒车时使用。当操纵手柄置于R位时，变速器输出轴与输入轴转向相反。R位也只能在汽车停稳后挂入，否则就容易损坏变速器。为避免驾驶人在汽车未停稳时误推入R位，在R位连动杆上也设有位置锁止板，因此需要将操纵手柄上的锁止按钮按下才能推入R位。

5) 前进低挡2挡(S位)

前进低挡2挡(S位)在有的汽车自动变速器标为"2位"。当操纵手柄置于S位时，变速器在前进挡1、2挡之间自动变换。操纵手柄在S位与在D位的区别是：S位下获得的发动机各挡转速较高，可以有较大的动力性，较适用于长坡路和坏路行驶；此外，它还可以使自动变速器逆向传递动力，实现发动机制动。

6) 前进低挡1挡(L位)

前进低挡1挡(L位)在有的汽车自动变速器标为"1位"。当操纵手柄置于L位时，自动变速器被锁定在1挡，只能在该挡行驶而无法升入高挡。操纵手柄在L位与在D位的区别是：L位下可以获得更大的动力性，较适用于陡坡和坏路行车；此外，它还可以使自动变速器逆向传递动力，获得的发动机制动力比较大。

7) 手动/自动的切换

手动/自动一体式变速器是在自动变速器的基础上配以手动换挡功能而成的，如图7.29所示。装有手动/自动一体式变速器的汽车在任何时刻都可以进行自动换挡与手动换挡的切换。同时，在仪表板上显示挡位状态，可以自由选择自动变速器的舒适度和手动变速器的动感。

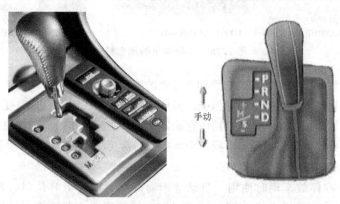

图7.29 常见手动/自动一体式变速器的挡位布置

装有手动/自动一体式变速器的汽车，手动换挡不需要踩离合器，换挡是通过换挡手柄的推拉完成。

把选挡杆置于 D 位，即可使变速器处于自动挡的模式下工作。把选挡杆置于 M 位，即可使变速器处于手动挡的模式下工作。在 M 位置，换挡杆推向"＋"符号时完成加挡操作，推向"－"符号时则完成减挡操作。

2. 电控自动变速器控制开关的使用

电控自动变速器除了可用操纵手柄进行换挡控制外，还可以通过操纵手柄上或汽车仪表板上的一些控制开关来进行一些其他控制。不同车型的自动变速器，控制开关的数量和名称不尽相同，常见的有以下几种。

1) 超速挡开关(O/D 开关)

这一开关用来控制自动变速器的超速挡。当 O/D 开关接通时，自动变速器在 D 位下最高可升至 4 挡(超速挡)；当 O/D 开关断开后，仪表板上的"O/D OFF"指示灯亮起，自动变速器最高只能升至 3 挡(直接挡)，不能升入超速挡。

2) 模式开关

大部分电子控制自动变速器都有一个模式开关，用来选择自动变速器的控制模式，即指自动变速器不同的换挡规律，以适应不同路况的使用要求。常见的控制模式有以下几种。

(1) 经济模式(economy)。在该模式下，自动变速器的换挡规律将尽可能使发动机经常处于经济转速范围内，从而提高燃油经济性。

(2) 动力模式(power)。在该模式下，自动变速器的换挡规律能使发动机经常处于大功率范围内，从而提高汽车的动力性和爬坡能力。

(3) 标准模式(normal)。在该模式下，自动变速器的换挡规律使汽车既保证一定的动力性，又有较佳的燃油经济性。

(4) 手动模式(manual)。在该模式下，驾驶人可在各挡位之间以手动方式选择合适的挡位，使汽车像装用了手动变速器一样行驶，而又不必像手动变速器那样换挡时必须踩离合器踏板。

(5) 雪地模式(snow)。雪地模式适用于在冰雪路面上行驶。在起步时，自动变速器会自动选择 2 挡起步，当操纵手柄置于"2"位时，自动变速器保持在 2 挡工作，而操纵手柄置于"1"位时，自动变速器保持在 1 挡工作。如初始位置在 2 挡的话，则当车速降至 1 挡后，不再升挡。

3) 保持开关

保持开关也称挡位锁定开关。按下这个开关后，自动变速器的自动换挡作用消失，只能通过手动换挡。

7.4.3 电控自动变速器的基础检查

1. 发动机怠速检查

发动机怠速检查的目的是确定当自动变速器操纵手柄置于 P 位或 N 位时，汽车发动机的怠速转速是否在规定的范围内。

发动机怠速检查的条件是：发动机达到正常工作温度，已安装空气滤清器，进气系统所有的管路和软管均已接好，所有附件(包括空调在内的用电器)均已关掉，所有的真空管路,包括废气再循环(EGR)装置在内,均已正确连接,电子控制燃油喷射(EFI)系统的配线连接器已完全插好,点火正时已正确设定,同时自动变速器位于空挡。

满足上述条件后,可将转速表接至发动机并开始怠速检查。检查时,最好先将发动机以2500r/min的转速高速空转1.5s,再检查怠速转速的高低。通常装有自动变速器的汽车发动机怠速为750r/min,若怠速不符合规定,则应检查怠速控制阀和进气装置,并予以调整。

2. 自动变速器油的检查

1) 油面高度的检查

自动变速器的生产厂家不同,油面高度的检查条件也不同,油尺的刻度标准也不完全相同。

检查时一般都要求:自动变速器处于热状态(油温为70~80℃),汽车停放在水平路面上并拉紧驻车制动器,发动机怠速运转。

踩下制动踏板,将自动变速器的选挡操纵手柄在各挡位轮换停留较短时间(1~2s),使油液充满液力变矩器和所有执行元件,然后将发动机熄火,将选挡操纵手柄拨至停车挡(P)位置。

此时抽出油尺,用干净的抹布擦净后重新插入,再拔出检查,油面高度以达到油尺上规定的上限刻度附近为准。

需要注意的是,油尺上的冷态范围(COOL)用于常温下的检测,只能作为参考,而热态范围(HOT)才是标准的。如果超出允许范围,则需添加或排出部分油液。

2) 油质的检查

正常的自动变速器油(用于自动变速器的液力传动油,英文名称为 Automatic Transmission Fluid,简称 ATF)清澈纯净呈红色且无异味。如果使用不当,容易出现油液变质。因此,必须加强对油液品质的检查。

油液品质的检查,可用检测仪器进行检查。如无检测设备,可从外观上判断,如用手指捻一捻油液,感觉一下黏度,用鼻子闻一闻有无特殊气味。

自动变速器油的污浊度可以直接由颜色的差异观察出来,其颜色变化规律一般为鲜红→浅褐→深褐→暗红→黑。油液品质越差则颜色越深越暗。

若发现油液变质,应及时换用新油。大量的使用和维修经验证明,自动变速器油液品质变化与其故障原因对应关系见表7-5。

表7-5 自动变速器油液品质变化与其故障原因对应关系

自动变速器油液品质变化	自动变速器油液品质变化的原因
颜色发白、浑浊	水分已进入油中
黑色、发稠,油尺上有胶质油膏	自动变速器油油温过高
深褐色、棕色	油液使用时间过长;长期高负荷运转,或某些部件打滑、损坏,引起自动变速器过热
油液中出现固体残渣	离合器片、制动带和单向离合器磨损严重
油液中有烧焦味	油温过高,油面过低;油冷却器、滤清器或管路堵塞

图7.30所示的自动变速器油呈现深褐色、发黑、发暗,已经不能继续使用。图7.31所示的自动变速器油浑浊不清、颜色发白,说明水分已进入油中,必须及时更换同牌号的新油。

3) 油温和通气管的检查

油温是影响自动变速器油和自动变速器使用寿命的一个重要因素。油温过高将使油液

图 7.30　废油的颜色(呈现深褐色，发黑)

图 7.31　混入水分的自动变速器油(浑浊不清、颜色发白)

黏度下降，性能变坏，产生油膏沉淀物和积炭，堵塞细小孔道，阻滞控制滑阀，降低润滑、冷却效果，破坏密封件等，最终导致故障。影响油温的主要因素有液力变矩器故障、离合器与制动器打滑或分离不彻底、单向离合器打滑及油冷却器堵塞等。

因此，驾车时必须按规定正确操纵自动变速器，保证自动变速器技术状况良好。行车途中应注意检查自动变速器壳体的温度是否正常，若发现温度过高，应立即停车检修。

因自动变速器过热而引起自动变速器油变质时，应首先检查油面高度是否合适。若油面高度合适仍过热，则应更换自动变速器油；若换油不能奏效，就需要检查管路是否堵塞；若仍然难以奏效，那就需要全面检修自动变速器。

此外，还应注意检查自动变速器壳体上的通气管是否畅通，以防被污泥堵塞，不利于变速器内外气压平衡，这一点往往被驾修人员所忽略。

3. 节气门全开检查

节气门全开检查的目的是检查在加速踏板踩到底，发动机的节气门全开时，发动机的输出功率是否在规定的范围内。

如经检查发现节气门开度不符合要求，应对发动机节气门操纵系统进行必要的检查和调整。

4. 空挡起动开关检查

空挡起动开关检查的目的是检查汽车发动机是否仅在自动变速器操纵手柄处于 N 位或 P 位时才可起动，以及倒车灯开关是否仅在操纵手柄置于 R 位时才接通，从而使倒车灯点亮。检查时，若发现发动机在操纵手柄被置于除 N 位和 P 位以外的其他位置(如 D 位、2 位、1 位等)时也能起动，则应进行必要的调整。

5. 超速挡控制开关检查

超速挡控制开关的检查用于确认自动变速器的超速挡电控系统是否工作正常。检查时自动变速器油温应处于正常状态(70~80℃)，然后将发动机熄火，将点火开关置于 ON 位置，按下超速挡(O/D)控制开关，察听位于变速器内的相应电磁阀有无动作时发出的喀哒声，如有喀哒声，则说明被检自动变速器的超速挡电控系统工作正常。若要确认自动变速器是否有超速挡，则必须进行道路试验。

7.4.4　失速试验

在前进挡或倒挡中，踩住制动踏板并完全踩下加速踏板时，发动机处于最大转矩工况，而此时自动变速器的输出轴及输入轴均静止不动，变矩器的涡轮不动，只有变矩器壳及泵轮随发动机一同转动,此工况称为失速工况,此时发动机的转速称为失速转速。

(1) 失速试验的目的。失速试验的目的是检查发动机输出功率、变矩器及自动变速器中制动器和离合器等换挡执行元件的工作是否正常。

(2) 准备工作。

① 让汽车行驶至发动机和自动变速器均达到正常的工作温度。

② 检查汽车的行车制动和驻车制动,确认其性能良好。

③ 检查自动变速器油液面高度,液面应正常。

(3) 试验步骤。失速试验的步骤如图 7.32 所示。

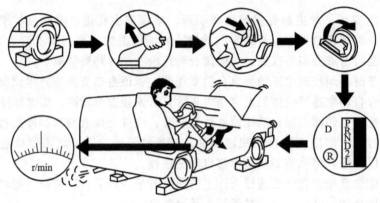

图 7.32 失速试验

① 将汽车停放在宽阔的水平路面上,前后车轮用三角木塞住。

② 拉紧驻车制动,左脚用力踩住制动踏板。

③ 起动发动机。

④ 将操纵手柄拨入 D 位。

⑤ 在左脚踩紧制动踏板的同时,用右脚将加速踏板踩到底且速度不再升高时,迅速读取此时发动机的转速。

⑥ 读取发动机转速后,立即松开加速踏板。

⑦ 将操纵手柄拨入 P 位或 N 位,让发动机怠速运转 1min,以防止油液因温度过高而变质。

⑧ 将操纵手柄拨入其他挡位(R 位、L 位或 2 位、1 位),做同样的试验。

在失速工况下,发动机的动力全部消耗在变矩器内油液的内部摩擦损失上,油液的温度急剧上升,因此在失速试验中,从加速踏板踩下到松开的整个过程的时间不得超过 5s,否则会使油液温度过高而变质,甚至损坏密封圈等零件。

不同车型的自动变速器都有其失速转速标准。大部分自动变速器的失速转速标准为 2300r/min 左右。若失速转速与标准值相符,说明自动变速器的油泵、主油路油压及各个换挡执行元件工作基本正常;若失速转速高于标准值,说明主油路油压过低或换挡执行元件打滑;若失速转速低于标准值,则可能是发动机动力不足或液力变矩器有故障。

7.4.5 时滞试验

在发动机怠速运转时将操纵手柄从空挡拨至前进挡或倒挡后,需要有一段短时间的迟滞或延时才能使自动变速器完成换挡工作,这一时间称为自动变速器换挡迟滞时间。

(1) 试验目的。测出迟滞时间的长短来判断主油路油压及换挡执行元件的工作是否正常。

(2) 试验步骤。时滞试验的步骤如图 7.33 所示。

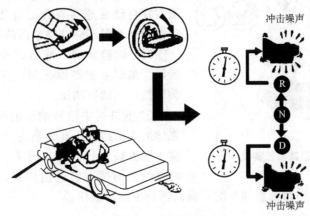

图 7.33 时滞试验

① 驾驶汽车，使发动机和自动变速器达到正常的工作温度。

② 将汽车停放在水平地面上，拉紧驻车制动。

③ 检查发动机怠速。如不正常，应按标准予以调整。

④ 将自动变速器操纵手柄从空挡位置拨至前进挡位置，用秒表测量从拨动操纵手柄开始至感觉到汽车振动为止所需的时间，该时间称为 N-D 时滞时间。

⑤ 将操纵手柄拨至 N 位，让发动机怠速运转 1min 后，再做一次同样的试验。

⑥ 上述试验进行 3 次，取其平均值。

⑦ 按上述方法，将操纵手柄由 N 位拨至 R 位，测量 N-R 时滞时间。

(3) 时滞试验的参考值。N-D 时滞时间为 1.2s 或更少；N-R 时滞时间为 1.5s 或更少。如果在本试验中测得的时间在规定值范围内，说明变速器部件正常。若 N-D 时滞时间过长，说明主油路油压过低，前进挡离合器摩擦片磨损过多或前进挡单向离合器工作不良；若 N-R 时滞时间过长，说明倒挡主油路油压过低、倒挡离合器或倒挡制动器磨损过大或工作不良。

7.4.6　油压试验

自动变速器控制油压正常与否，对自动变速器的工作影响很大。油压过高，会造成自动变速器换挡时冲击过大，液压系统也容易损坏；油压过低，会使离合器、制动器等换挡执行元件打滑，影响自动变速器的正常工作，并且加速了离合器和制动器摩擦片的磨损，严重时会导致摩擦片烧坏。因此油压试验是自动变速器检修中一项重要的检验内容。

(1) 试验目的。测量液压控制系统管路中的油压，用以判断油泵、阀、离合器和制动器的工作性能好坏。

(2) 准备工作。

① 行驶汽车，使发动机及自动变速器达到正常的工作温度。

② 将车辆停放在水平路面上，检查发动机怠速和自动变速器油的油面高度。如不正常，应进行调整。

③ 准备一个量程为 2MPa 的压力表。

④ 找出自动变速器各个油路测压孔的位置。通常在自动变速器外壳上有几个用方头螺塞堵住的用于测量不同油路油压的测压孔。

(3) 试验步骤。油压试验的步骤如图 7.34 所示。测试主油路油压时，应分别测出前进挡和倒挡的主油路油压。

① 前进挡主油路油压的测试。拆下变速器壳体上主油路测压孔或前进挡油路测压孔螺塞，接上压力表（图 7.35 和图 7.36）。起动发动机，将操纵手柄拨至前进挡位置，读出发动机怠速

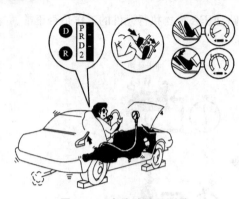

图 7.34 主油路油压测试

运转时的油压。该油压即为怠速工况下的前进挡主油路油压。

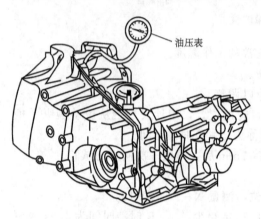

图 7.35 通用 4T65E 自动变速器压力测试点

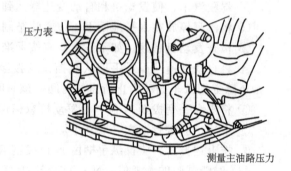

图 7.36 丰田 A540 自动变速器压力测试点

用左脚踩紧制动踏板，同时用右脚将加速踏板完全踩下，在失速工况下读取油压。该油压即为失速工况下的前进挡主油路油压。

将操纵手柄拨至空挡或驻车挡，让发动机怠速运转 1min 以上。将操纵手柄拨至各个前进低挡位置，重复上述步骤，读出各个前进低挡在怠速工况下和失速工况下的主油路油压。

② 倒挡主油路油压的测试。拆下自动变速器壳体上的主油路测压孔或倒挡油路测压孔螺塞，接上压力表。起动发动机，将操纵手柄拨至倒挡位置。在发动机怠速运转工况下读取油压值，即为怠速工况下的倒挡主油路油压。

用左脚踩紧制动踏板，同时用右脚将加速踏板完全踩下，在发动机失速工况下读取油压，即为失速工况下的倒挡主油路油压。

将操纵手柄拨至空挡位置，让发动机怠速运转 1min 以上，将测得的主油路油压与标准值进行比较。不同车型自动变速器的主油路油压不完全相同，若主油路油压不正常，说明油泵或控制系统有故障。

7.4.7 手动换挡试验

(1) 试验目的。手动换挡试验用于确定电控自动变速器故障出在电子控制系统还是其他部位。

(2) 试验方法。将自动变速器换挡电磁阀线束接线器拨开，使自动变速器电控单元失去自动控制换挡作用，然后通过手动换挡，看自动变速器是否能正常工作，即观察发动机转速和车速的对应关系，以判断自动变速器所处的挡位。

不同车型的电子控制自动变速器在脱开换挡电磁阀后，操纵手柄的挡位与变速器实际工作挡位的对应关系不尽相同，大多数型号见表7-6。

表7-6 挡位和操纵手柄的对应关系

操纵手柄位置	挡位	操纵手柄位置	挡位
P	驻车挡	D	超速挡
R	倒挡	S	3挡
N	空挡	L	1挡

若操纵手柄的位置与自动变速器所处的挡位相对应，则说明电控自动变速器的阀体及换挡执行元件工作正常。电子控制自动变速器工作不良的故障原因可能出自电子控制系统。如果手动换挡试验出现异常，则说明自动变速器的液压控制系统或换挡执行元件有故障，应通过其他试验方法来确定故障范围。

试验结束后接上电磁阀线束接线器，同时清除电控单元中的故障码，防止因脱开电磁阀线束接线器而产生的故障码保存在电控单元中，影响自动变速器的故障自诊断工作。

7.4.8 道路试验

由于自动变速器最终是以其在车辆行驶状态下所表现出来的使用性能和换挡性能的优劣来加以评价的，所以，道路试验是重要的而且也是必需的试验。

1) 试验目的

道路试验是进一步检查和分析自动变速器的故障原因，以及检验修复后的自动变速器的功能是否正常的有效手段之一。

2) 试验内容

道路试验是对自动变速器性能的最终检验，检验内容侧重于换挡点、换挡冲击、振动、噪声和打滑等方面。

3) 准备工作

(1) 道路试验前，汽车的发动机、底盘等各总成或系统的技术状况应完好，自动变速器应已经过了各种检查和试验。

(2) 进行道路试验时，自动变速器中的油液温度应处于正常状态，即70~80℃。

(3) 将超速挡开关置于ON位置，并将模式开关置于标准模式或经济模式位置。

(4) 设法找到被试车型自动变速器的换挡规律图或换挡点表，以便对照检查。

4) 试验方法

(1) D位的升挡和降挡试验。

将操纵手柄置于D位，踩下加速踏板，使节气门保持在1/2开度，使汽车加速行驶。检查内容如下。

① 自动变速器是否自动地按1挡→2挡、2挡→3挡、3挡→超速挡的规律自动升挡。若自动变速器不能升入高挡，说明控制系统或换挡执行元件有故障。

当察觉到自动变速器升挡时，记下升挡车速。一般4挡自动变速器在节气门开度保持在 1/2 时，由 1 挡升至 2 挡的车速为 25～35km/h，由 2 挡升至 3 挡的车速为 55～70km/h，由 3 挡升至 4 挡的车速为 90～120km/h。

由于升挡车速和节气门开度有很大的关系，即节气门开度不同时，升挡车速也不同，而且不同车型的自动变速器各挡位传动比的大小都不同，其升挡车速也不完全一样，因此，只要升挡车速基本保持在上述范围内，而且汽车行驶中加速良好，无明显的换挡冲击，都可认为升挡车速基本正常。

若汽车行驶中加速无力，升挡车速明显低于上述范围，说明升挡车速过低（即升挡过早）；若汽车行驶中有明显的换挡冲击，升挡车速明显高于上述范围，说明升挡车速过高（即升挡太迟）。

升挡车速太低一般是控制系统的故障所致；升挡车速太高则可能是控制系统的故障所致，也可能是换挡执行元件发生故障。

② 检查升挡时有无出现换挡冲击、打滑及振动等现象。如果有明显的换挡冲击，可能是主油路的油压过高，蓄能器或单向阀不良。

③ 闭锁离合器的工作状况的检查。使自动变速器升至超速挡，当车速在 80km/h 稳定行驶时，踩下加速踏板，发动机转速应无明显变化。否则说明闭锁离合器没起作用，通常是闭锁离合器控制系统有故障。

④ 自动变速器降挡检查。汽车从超速挡→3 挡、3 挡→2 挡、2 挡→1 挡降挡时车速是否符合标准值。

⑤ 降挡时有无异常的振动和噪声。

(2) 在 S 位（或 2 位）下的试验。

将自动变速器操纵手柄置于 S 位（或 2 位），使节气门保持一定的开度，检查内容如下。

① 自动变速器是否自动地从 1 挡升至 2 挡，换挡车速与标准值是否相符。

② 自动变速器在 2 挡下行驶时，松开加速踏板，看有无发动机制动效果。如果无发动机制动，则说明 2 挡制动器有故障。

③ 检查在升挡和降挡时，有无异常噪声和冲击。

(3) 在 L 位（或 1 位）下的试验。在 L 位行驶时，检查加速或减速时有无异常噪声。当突然松开加速踏板时，检查有无发动机制动作用。如果无发动机制动作用，则说明控制系统或前进强制离合器有故障。

(4) 强制降挡试验。使汽车在 D 位下中速行驶，保持节气门开度为 1/3 左右，迅速将加速踏板踩到底，检查自动变速器是否被强制降低一个挡位（应有明显的增矩效果）。松开加速踏板，自动变速器又回到高挡位。若踩下加速踏板后没有出现强制降挡，说明强制降挡功能失效。如果有强制降挡作用，但在降挡时发动机的转速异常的高（高于 5000r/min），并在松开加速踏板升挡过程中出现冲击，则说明换挡执行元件磨损严重而打滑，应拆修自动变速器。

(5) R 位试验。停车后将自动变速器操纵手柄置于 R 位，应能够迅速倒车，并且无打滑现象。

(6) P 位试验。在坡度大于 9% 的坡道上停车，换入 P 位，松开驻车制动和制动踏板后应不溜车。

7.4.9 自动变速器故障诊断流程

自动变速器故障诊断流程如图 7.37 所示。

(1) 首先对自动变速器作基本检查，排除油位不正确、油质变坏、连动机构及发动机

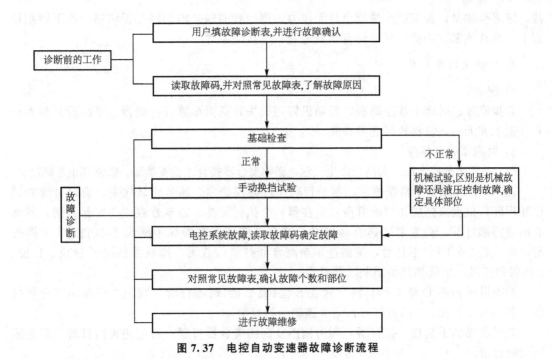

图 7.37 电控自动变速器故障诊断流程

本身故障引起的变速器不正常。

（2）区别故障是电控系统引起的，还是机械操纵系统或液压系统引起的，提取故障码是发现电控系统故障的有效方法。提取故障码的具体方法参见本书第 9 章。

（3）机械操纵系统和液压控制系统故障的区别，可通过各种试验（即油压试验、失速试验、道路试验、时滞试验等）进行。

（4）各种自动变速器修理手册上均有故障诊断表，通过查看故障诊断表可以大大缩小故障范围，提高诊断准确性和效率。

7.4.10 典型故障的诊断与排除

1. 汽车不能行驶

1）现象

无论操纵手柄位于倒挡、前进挡或低挡，汽车均不能行驶，或冷车行驶一小段路程，热车就不能行驶。

2）故障原因及排除

（1）自动变速器油泄漏严重，检查油底壳、自动变速器油散热器及管道有无泄漏，修复后加油液。

（2）操纵手柄和手动阀摇臂之间的连杆拉索松脱，手动阀保持在空挡或停车挡位置，进行检修调整。

（3）油泵进油滤网堵塞。拆油底壳，检查滤网，清洁或更换。

（4）主油路严重泄漏。拆主油路测压孔螺塞，起动发动机，观察孔内有无自动变速器油流出。若有大量油喷出，说明正常；若有一定油压，热车后明显下降，说明油泵磨损过甚,应更换油泵;若有极少油流出且无压力,则检查油底壳内滤网是否堵塞,若不堵则检查手动阀及油泵。必要时可分解自动变速器、更换油泵等。

2. 自动变速器打滑

1) 现象

起步或加速时踩下加速踏板,发动机转速很快升高而车速升高缓慢,平路行驶基本正常,但上坡无力,发动机转速异常高。

2) 故障原因及排除

(1) 油面太低或太高。太高会产生气泡,影响离合器接合。检查油面,恢复其正常高度。

(2) 离合器或制动器摩擦片、制动带磨损过甚或烧焦。通过路试检查,确定打滑的挡位和程度,根据换挡规律判断打滑发生在哪一个执行元件。以辛普森式变速器为例,若所有前进挡都打滑,则为前进离合器打滑;若自动变速器在操纵手柄位于 D 位时,1 挡打滑,而 L 位(或 1 挡)不打滑,则前进单向离合器打滑;若无论操纵手柄位于 D 位、L 位、1 挡时都打滑,则低挡及倒挡制动器打滑。

若操纵手柄在 D 位 2 挡打滑,而在 S 位(或 2 挡)时不打滑,则为 2 挡单向离合器打滑;若 D 位、S 位、2 挡都打滑,则 2 挡制动器打滑。

若只有操纵手柄在 3 挡打滑,则为倒挡及高挡离合器打滑;若在超速挡打滑,则超速制动器打滑。

若操纵手柄在倒挡和高挡时都有打滑现象,则为低挡及高挡离合器打滑;若倒挡和 1 挡都有打滑现象,则为低挡及倒挡制动器打滑。

对于打滑故障,先要测主油压,找出打滑原因。若各挡均打滑,原因往往是主油压低。若主油压正常,则只更换磨损、烧蚀的摩擦元件即可;若主油压不正常,则拆卸变速器,对油泵或阀板进行检修,更换变速器所有密封圈和密封环。

3. 换挡冲击大

1) 现象

起步或行驶中挂挡,汽车振动较严重或有明显闯动。

2) 故障原因及排除

(1) 发动机怠速过高,调整到规定怠速转速。节气门拉索或节气门位置传感器调整不当,使主油压过高,应调整至适当油压。

(2) 升挡过迟。若作道路试验发现升挡过迟,可能是离合器或制动器打滑,应拆卸分解变速器修理。

(3) 主油压调压阀有故障,导致主油压过高。应检查主油压,若怠速时主油压过高,可能是主油压调压阀或节气门阀有故障,如弹簧力过大、阀心卡滞等;若怠速时主油压正常,但起步升挡时有较大的冲击,则可能是前进离合器或倒挡及高挡离合器的进油单向阀钢球损坏或漏装。应拆卸阀板进行修理。

(4) 减压器(蓄能器)卡住,不能起减振作用,可检测换挡时的主油路油压。正常情况下,换挡时主油路油压会有瞬时的下降。如果换挡时主油路油压没有下降,则说明活塞卡滞,应检修阀板和减振器。

(5) 电控自动变速器出现换挡冲击过大的故障。检查油压电磁阀的线路及油压电磁阀工作是否正常,检修线路或更换油压电磁阀。如果电控单元在换挡瞬间没有向油压电磁阀发出控制信号,说明电控单元有故障,应更换电控单元。

4. 升挡过迟

1) 现象

汽车行驶中升挡车速明显高于标准值,升挡前发动机转速偏高;必须采用松加速踏板提前升挡的操作方法,才能使自动变速器升入高挡。

2) 故障原因及排除

先进行故障自诊断,提取故障码排除电控系统故障。

(1) 节气门拉索或节气门位置传感器调整不当或损坏,应检查、调整、更换。

(2) 检查调速器是否卡滞或弹簧预紧力是否太大,也可测调速器油压,并与标准值对比。

(3) 若调速器油压正常,可能是换挡阀工作不良,应拆检或更换阀板。

5. 不能升挡

1) 现象

行驶中,变速器始终保持在1挡,不能升入2挡及高速挡;或可升入2挡,但不能升入3挡及超速挡。

2) 故障原因及排除

先进行故障自诊断,提取故障码排除电控系统故障,一般可能是节气门位置传感器或车速传感器有故障。

(1) 节气门拉索或节气门位置传感器调整不当,应调整解决。

(2) 调速器故障,可测调速器油压。若车速升高时,调速器油压为零或低,可能是调速器油路严重泄漏,应拆检并修理调速器或更换。

(3) 车速传感器故障,检查或更换。

(4) 换挡阀故障,拆阀板,检查阀有无卡滞。阀芯卡滞可用金相砂纸抛光,清洗装入,若仍有问题则更换阀板。

(5) 控制系统无故障,应分解自动变速器,检查各换挡执行元件有无打滑现象,其油路和活塞有无泄漏现象。

6. 无超速挡

1) 现象

车速已升高至超速挡工作范围,但自动变速器仍不能从3挡换入超速挡,或采用提前升挡(即松开加速踏板几秒再踩下)的方法也不能升入超速挡。

2) 故障原因及排除

首先故障自诊断,提取故障码,排除电控系统故障。

(1) 超速挡开关故障。检查:在ON位置,超速指示灯不亮,在OFF位置应亮。若异常,检查电路或更换超速挡开关。

(2) 超速电磁阀故障。检查:打开点火开关,不起动发动机,按下超速挡开关时,查听超速电磁阀有无工作的声音,如不工作,检查线路或更换电磁阀。

(3) 挡位开关、节气门位置传感器有故障。挡位开关的信号应和操纵杆位置相符,节气门位置传感器的电阻或输出电压应能随节气门的开大而上升,并与标准相符。若异常,应调整或更换挡位开关及节气门位置传感器。

(4)变速器油温度传感器故障。检查其不同温度下的电阻值,并与标准值对比。如发现异常,更换变速器油温传感器。

(5)超速行星排及3-4挡换挡阀故障。用举升器举起汽车,驱动轮离地。发动汽车,如空载状态下能升入超速挡,并且升挡车速正常,说明控制系统工作正常,不能升挡的原因为超速制动器打滑,在有负荷的状态下不能升入超速挡。

如果能升入超速挡,但升挡后车速提不高,发动机转速下降,说明超速行星排中的直接离合器或直接单向超越离合器卡死,使超速行星排在超速挡状态下出现运动干涉,加大了发动机运转阻力。

如在无负荷(空载)下仍不能升入超速挡,说明控制系统有故障。对此,应拆卸阀板,检查3-4挡换挡阀。如卡滞,将阀芯拆下清洗抛光,如不能修复则更换阀板总成。

7. 无前进挡

1) 现象

倒挡正常,前进挡不能行驶,即D位不能起步,在S位、L位(即2、1挡)可以起步。

2) 故障原因及排除

(1)操纵杆调整不当,按规定调整。

(2)前进离合器严重打滑,检查前进挡油路主油压。若油压正常,拆检前进离合器,检查摩擦片;若有烧蚀及严重磨损,则更换。

(3)前进离合器油路泄漏,检查前进挡油路主油压。油压过低说明有泄漏,拆检自动变速器,更换前进挡油路各处密封圈及环。

(4)前进单向离合器打滑或装反。若主油压及前进离合器正常,拆检单向离合器,对照维修手册检查安装方向。若装反,则重装;若打滑,则更换。

8. 无倒挡

1) 现象

前进挡正常行驶,倒挡时不能行驶。

2) 故障原因及排除

(1)操纵手柄调整不当,应检查调整。

(2)倒挡油路泄漏,检查倒挡油路的油压。若过低,说明倒挡油路泄漏,拆检自动变速器修复相关部位。

(3)若油路油压正常,则拆检自动变速器。倒挡及高挡离合器或倒挡及倒挡制动器可能损坏,必要时更换。

9. 频繁跳挡

1) 现象

行驶中加速踏板位置不动,自动变速器仍会经常突然降挡;而发动机转速异常升高,产生换挡冲击。

2) 故障原因及排除

(1)先进行故障自诊断,如有故障码,查找原因并排除。

(2)检查节气门位置传感器、车速传感器,如有异常则更换。

(3)检查控制系统电路、接地线是否可靠接地,并修整。

(4)换挡电磁阀接触不良,可拆油底壳检查电磁阀插接情况。

(5) 电控单元故障,检查各接线脚工作电压,有异常则更换;也可用新电控单元及新阀板作对比试验,检查电控单元、阀板是否有故障。若是,则更换。

(6) 控制线束若明显有故障,则检查、更换。

10. **挂挡后发动机怠速易熄火**

1) 现象

怠速运转时,操纵杆从 P 位或 N 位换到各个挡时,发动机熄火;在前进挡或倒挡行驶中,踩下制动踏板停车时,发动机熄火。

2) 故障原因及排除

(1) 发动机怠速过低(一般要达到 750r/min),应调整至正确。

(2) 进行故障自诊断,排除电控系统故障。

(3) 挡位开关故障。检查挡位开关信号,应与操纵手柄的位置一致,调整至正确。

(4) 检查输入轴转速传感器,如损坏应更换。

(5) 阀板中锁止控制阀卡滞。拆卸阀板,检查锁止控制阀。如卡滞,将阀芯清洗抛光装复,若仍有问题则更换阀板。如油底壳内有大量摩擦粉末,应解体自动变速器并检修。

11. **无发动机制动**

1) 现象

行驶中操纵杆位于前进低挡(S、L 或 2、1)位置,松开加速踏板,发动机转速为怠速,但汽车没有明显减速;下坡时操纵杆进入前进低挡,不能产生发动机制动作用。

2) 故障原因及排除

(1) 先进行故障自诊断,排除电控系统故障。

(2) 自动变速器打滑,做道路试验。若打滑,则拆修自动变速器。

(3) 挡位开关调整不当,操纵杆调整不当,检查调整。

(4) 2 挡强制制动器打滑或低挡及倒挡制动器打滑。如 L 位有发动机制动,而 S 位没有,说明 2 挡强制制动器打滑;如 S 位有发动机制动,而 L 位没有,则说明低挡及倒挡制动器打滑,可拆修自动变速器分别检修。

(5) 控制发动机制动的电磁阀故障。检查线路有无断路、短路;电磁阀电阻是否正常,通电有无声响,异常则检修更换。

(6) 阀板故障。拆卸清洗各控制阀,若阀芯卡滞,可抛光修复,或更换阀板。

(7) 电控单元故障。检查各脚电压,特别注意与节气门位置传感器、挡位开关连接的各个脚。也可用新电控单元试装,故障消失则更换电控单元。

12. **不能强制降挡**

1) 现象

汽车以 3 挡或超速挡行驶时,突然把加速踏板踩到底,变速器不能立即降低一个挡位,致使汽车加速无力。

2) 故障原因及排除

(1) 节气门拉索或节气门位置传感器调整不当,应调整。

(2) 强制降挡开关损坏或安装不当,检查并调整。当加速踏板踩到底,该开关应闭合;松开即断开。用手按动开关,如触点能闭合,说明开关安装不当,应重新调整;如按下不能闭合，则更换开关。

(3) 强制降挡电磁阀损坏或线路短路、断路。对照自动变速器电路图，在线束插头处测量强制降挡电磁阀是否存在线路短路、断路或电磁阀损坏，必要时进行检修或更换相关部件。

(4) 阀板中强制降挡控制阀卡滞。拆卸阀板，分解、清洗和抛光阀芯，无法修复则更换阀板。

13. 变矩器无锁止

1) 现象

汽车行驶中，车速、挡位、行驶状况已满足锁止离合器起作用的条件，但锁止离合器未锁止，汽车燃油消耗量偏高。

2) 故障原因及排除

先进行故障自诊断，通过故障码发现问题。

(1) 变速器油温传感器故障，拆油底壳，检查变速器油温传感器，不符合标准则更换。

(2) 检查节气门位置传感器，如在一定节气门开度下，节气门位置传感器输出电压过高或电位计电阻过大，则调整或更换。

(3) 锁止电磁阀故障或线路短路、断路，检修或更换。

(4) 锁止控制阀故障，拆阀板清洗、抛光阀芯，装复，如不能修复，则更换阀板。

(5) 若控制系统无故障，则更换变矩器。

14. 自动变速器油易变质

(1) 现象。新换自动变速器油不久即变质，由于自动变速器温度太高，加油口会冒烟。

(2) 故障原因及排除。

① 自动变速器油散热器管路堵塞，限压阀卡滞。检查方法：汽车中速行驶 5～10min，自动变速器温度正常。自动变速器油散热器温度应达 60℃ 左右，若温度过低，说明油管堵塞或通往自动变速器油散热器的限压阀卡滞，使自动变速器油不能及时冷却，导致油温过高而变质。

② 离合器、制动器间隙太小。若自动变速器油散热器温度太高，说明离合器和制动器间隙太小，应拆解变速器调整。

③ 主油路油压太低，离合器和制动器在工作中打滑。检测主油路油压，若太低，检查节气门拉索或节气门位置传感器调整情况；若正常，拆解自动变速器，检查油泵是否磨损过甚，阀板主调压阀、节气门阀是否卡滞，主油路是否漏油。

④ 汽车可能超负荷行驶，或加入不合规定的自动变速器油。对此，应改变驾驶习惯，更换合适的自动变速器油。

15. 异响

(1) 现象。行驶中自动变速器始终有异常响声，停车挂空挡，则异响消失。

(2) 故障原因及排除。

① 油泵磨损严重或油面过高、过低而产生异响，调整油面，更换油泵。

② 变矩器因锁止离合器、导轮单向离合器损坏而产生异响，行星齿轮机构异响，换挡执行元件异响。

可把汽车在举升器上举起，起动发动机，在空挡、前进挡、倒挡等状态下检查自动变速器发出异响的部位和时刻。若任何挡位都有连续异响，通常为油泵或变矩器异响，检查变矩器内有无大量摩擦粉末,若有,则更换或拆修变矩器;若正常,则检修、更换油泵。

若自动变速器只在行驶中才有异响,空挡不响,则为行星齿轮机构发响,应拆检变速器,检查其行星齿轮机构、单向离合器、轴承及推垫片等,若异常应更换。

7.4.11 从车上拆卸自动变速器

1. 后驱动自动变速器拆卸步骤

从车上拆卸后驱动自动变速器的步骤(图7.38)如下。

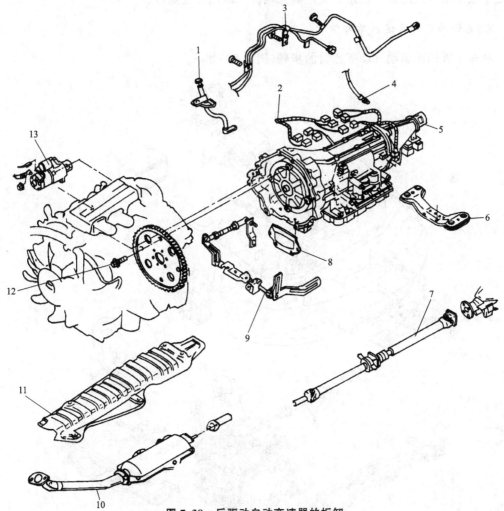

图 7.38 后驱动自动变速器的拆卸

1—油尺及加油管;2—线束;3—散热器油管;4—车速表软轴;5—自动变速器;6—支架;
7—传动轴;8—飞轮壳盖板;9—操纵杆连接杆;10—排气管中段;11—护罩;
12—变矩器与飞轮连接螺栓;13—起动机

(1)关闭点火开关,拆蓄电池负极电缆,放掉自动变速器油。

(2)拆变速器节气门拉索,拔下变速器上的所有线束插头,做好记号以方便装配。拆车速表软轴、自动变速器油加油管、散热器油管、操纵杆与手动阀摇臂的连接杆等所有与自动变速器连接的零部件。

拆去排气管中段，拆去自动变速器下方的护罩、护板等，拆下传动轴。

(3) 拆开飞轮壳盖板，用螺钉旋具撬动飞轮，逐个拆下飞轮与变矩器的连接螺栓。

(4) 拆去起动机。

(5) 拆下自动变速器与车架的连接支架，用千斤顶托住变速器。

(6) 拆下自动变速器变矩器壳与飞轮壳的连接螺栓，把变矩器和自动变速器一同抬下。

注意变矩器很容易从输入轴滑下跌落，可用一支架与变矩器壳螺栓连接，挡住变矩器使之不致下滑，或用铁丝横扭在变矩器壳端面，以挡住变矩器。

2. 前驱动自动变速器拆卸步骤

从车上拆卸前驱动自动变速器的步骤(图 7.39)如下。

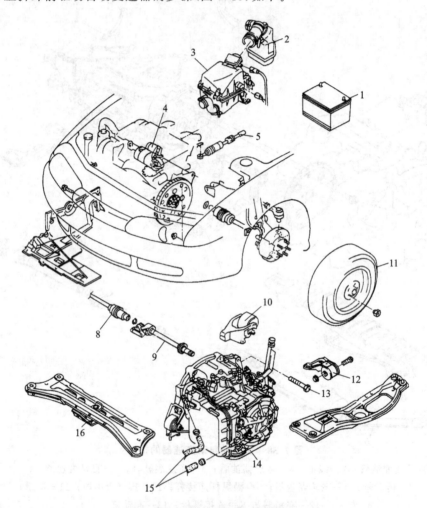

图 7.39　前驱动自动变速器的拆卸

1—蓄电池；2—进气管；3—空气滤清器；4—起动机；5—操纵手柄拉杆；6、8、9—左、右半轴；
7—变矩器与飞轮的连接螺栓；10、12—支架；11—前轮；13—变速器与发动机的连接螺栓；
14—自动变速器；15—散热器油管；16—护板

（1）先拆其上有关的零部件，如蓄电池、空气滤清器、进气管等。

（2）拆卸左右前轮及半轴，并用专用支架把发动机吊住(图 7.40)，用千斤顶托住自动变速器。

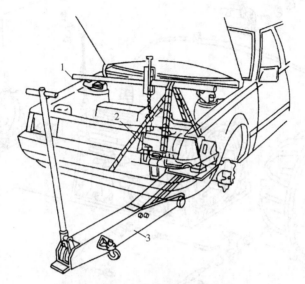

图 7.40　专用支架吊住发动机
1—专用支架；2—自动变速器；3—卧式千斤顶

（3）松开自动变速器与发动机飞轮及壳体螺栓，把自动变速器与变矩器一同拆下。

7.4.12　自动变速器的分解

各种自动变速器由于结构不同，分解方法也有所区别，但自动变速器拆解是大同小异的，只要掌握基本分解方法，拆解各种自动变速器就比较容易了。

1. 拆卸自动变速器前变矩器壳、后端壳(延伸壳)和油底壳及阀板

（1）取下前端的变矩器。

（2）拆除所有安装在自动变速器壳体上的部件，如加油管、挡位开关、车速传感器、输入轴传感器等。

（3）拧下变矩器壳与变速器壳的连接螺栓，取下变矩器壳。

（4）拆除输出轴凸缘及后端壳，从输出轴上拆下车速传感器感应转子。

（5）拆下油底壳，松开进油滤网与阀板之间的固定螺栓，取下滤网。拔下连接在阀板上的线束插头，松开阀板与自动变速器之间的固定螺栓，拆除与节气门阀连接的节气门拉索，取下阀板总成，如图 7.41 所示。用压缩空气吹油孔，减振器活塞会向外移动，用手指接住活塞取出。

2. 拆卸油泵总成

拆下油泵周围的螺栓，用相关工具(拉具、惯性锤)取下油泵，如图 7.42 所示。

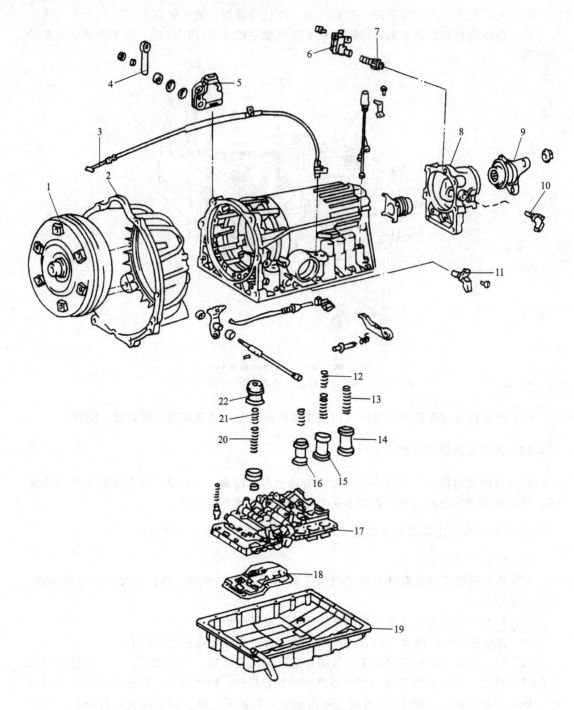

图 7.41 A341E 自动变速器的分解(一)

1—变矩器；2—变矩器壳；3—节气门拉索；4—手动阀摇臂；5—挡位开关；
6—车速表传感器；7—车速表传感器驱动齿轮；8—后端壳；9—输出轴凸缘；
10—车速传感器；11—输入轴转速传感器；12、13、20、21—减振弹簧；
14、15、16、22—减振器活塞；17—阀板；18—进油滤网；19—油底壳

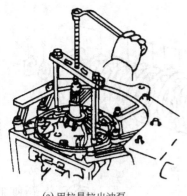

(a) 用拉具拉出油泵　　　　　　　　　(b) 用惯性锤拉出油泵

图 7.42　油泵拆卸

3. 拆解行星齿轮变速器

前面已拆了变矩器、变矩器壳、后端壳、油底壳、阀板，余下的即行星齿轮变速器壳及其内部的行星齿轮机构、换挡执行元件（离合器、制动器、单向离合器）和推力轴承等，可依次拆下，如图 7.43 所示。

（1）从前方取下超速行星架和直接挡离合器组件及超速齿圈。

（2）拆超速制动器；用卡环钳子拆下卡环，取出制动片；拆下超速制动器鼓的卡环，松开壳体上的固定螺栓，用拉具拉出超速制动器鼓。

（3）拆 2 挡强制制动带液压缸缸盖及活塞，先拆去卡环，用压缩空气吹出活塞。

（4）取出中间轴，高挡、倒挡离合器及前进离合器组件。

（5）拆 2 挡制动带销轴，取出制动带。

（6）拆前行星排。

（7）取出前后太阳轮组件及低挡单向离合器。

（8）拆卸 2 挡制动器，拆卡环，取出摩擦片、钢片及活塞衬套。

（9）拆输出轴、后行星排和低挡及倒挡制动器组件。

拆下零部件，依次排放。垫片、轴承不要错放。

对于其他车型的自动变速器，可参照以上方法进行拆解。

7.4.13　自动变速器的零部件检修

1. 液力变矩器的检修

（1）检查外部有无损伤、裂纹，轴套外径有无磨损，驱动油泵的缺口有无损伤。轴套可用百分表打摆差（可把百分表装在飞轮上打），偏摆误差不大于 0.03mm。

（2）可用专用工具插入变矩器，检查单向离合器，顺时针转，逆时针不动。若异常应拆修或更换变矩器。

（3）分两次用 2L 干净的自动变速器油清洗变矩器后倒出。

2. 油泵的检修

（1）拆下密封环及油泵螺栓，打开油泵。

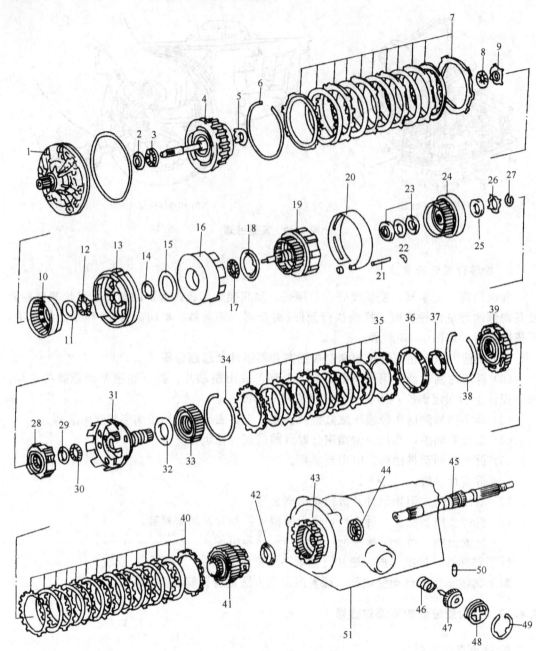

图 7.43 A341E 自动变速器分解（二）

1—油泵；2、5、9、11、14、23、26、29—止推垫片；3、8、12、17、22、25、30、42、44—推力轴承；
4—超速行星架和直接离合器组件；6、27、34、38、49—卡环；7—超速制动器钢片和摩擦片；
10—超速齿圈；13—超速制动器鼓；15、18、32、37—尼龙止推垫圈；16—倒挡及高挡离合器组件；
19—前进离合器组件；20—2挡强制制动带；21—制动带销轴；24—前齿圈；28—前行星架；
31—前后太阳轮组件；33—2挡单向离合器；35—2挡制动器摩擦片和钢片；36—活塞衬套；
39—2挡制动器鼓；40—低挡及倒挡制动器摩擦片和钢片；41—后行星架和行星轮组件；
43—后齿圈；45—输出轴；46—弹簧；47—2挡强制制动带活塞；
48—2挡强制制动带液压缸缸盖；50—超速制动器鼓进油孔油封；51—变速器壳

(2) 用塞尺测量油泵内齿轮(大齿轮)外圆与壳体间隙,标准值为 0.07~0.15mm,极限值为 0.3mm。小齿轮及内齿顶与月牙板的间隙,标准值为 0.11~0.4mm,极限值为 0.3mm。

齿轮与泵壳平面的端隙,标准值为 0.02~0.05mm,极限值为 0.1mm。

(3) 目视有无磨损,如有则更换新件。

(4) 组装前用煤油清洗所有零件,吹干并涂上少许自动变速器油,换油封、密封圈(涂自动变速器油),螺栓拧紧力矩为 10N·m。

(5) 检查:将油泵插入变矩器内转动,齿轮转动应平顺,无异响。

3. 离合器、制动器的检修

离合器、制动器检修工作包括分解、检验和更换(更换损坏件及所有密封件)。

(1) 分解时拆取卡环、挡圈、摩擦片;用专用工具压下活塞回位弹簧,拆卡环,取活塞(可用压缩空气吹)。

(2) 制动器的分解与离合器基本相同。

(3) 离合器和制动器的检验。如摩擦片烧焦,表面粉末冶金层脱落或变形,则应更换。摩擦片烧损要找出原因,若只换摩擦片,可能还会出现相同的故障。

若钢片磨损、翘曲,则更换。

若制动带内表面烧焦、脱落、磨损严重,则更换。

若挡圈摩擦面磨损,则更换。

若活塞损伤或拉毛,则更换。

(4) 离合器和制动器的装配。各零件用煤油洗净、吹干,装配前,配合面涂少许自动变速器油;更换的摩擦片或制动片、带,应浸泡在自动变速器油中 15~60min。

将卡环装到位,注意将挡圈有台阶的一面向上;装好后,用压缩空气检查活塞是否能正常移动。若不正常,则检查活塞是否漏气。

用塞尺检查、测量离合器和制动器的自由间隙,与自动变速器标准值对照。片数越多,间隙越大。碟形片压平了才测得准,若不符合标准值,可用不同厚度的挡圈调整或用压板厚度调整。

4. 行星排和单向超越离合器的检修

(1) 分解时注意单向超越离合器的锁止方向,拆时一定注意标记。一般顺时针方向能自由转动,而逆时针方向则不能转,单向超越离合器处于锁止状态。

但后行星架单向超越离合器锁止与转动方向与上述相反。

(2) 检验。检查太阳轮、行星轮、齿圈齿面磨损或疲劳、剥落情况,若严重应更换。

行星轮与行星架的间隙用塞尺检查,一般为 0.2~0.6mm。

(3) 装配。用煤油洗净各零件,涂少许自动变速器油装配。装好单向超越离合器,检查锁止方向。

5. 阀板的检修

(1) 分解。先拆下手动阀阀芯及电磁阀等零件。松开上下阀板固定螺栓,分开上下阀板。取出时,上阀板与隔板一同拿出,并使油道一面向上,再取隔板,以免小零件如阀球错失,取下阀板及单向球阀(要记录球阀位置或与资料对照,不能错),拆出上下阀板所有控制阀,拆时先取柱塞,再让阀芯弹簧自由落出或用木锤敲出,不能用铁丝勾。

(2) 检修。清洗所有零件(用煤油),再吹干。阀芯轻微刮伤时用金相砂纸抛光,如阀卡死在阀孔中,则更换阀板总成,更换隔板上的纸质垫及塑胶阀球。

(3) 装配。零件在自动变速器油中浸泡几分钟再装配,位置不能错,不能把各控制阀弹簧装错,要严格按照维修手册的相关说明进行装配。

上下阀板螺栓的拧紧力矩为 6.1N·m。阀芯应在阀孔中活动自如,若卡滞则拆下清洗重装。装配时不能使用密封胶、粘合剂。检修、装配阀板要有详细的技术资料对照,若无资料则拆卸分解要有记录或以其他方式留底,以免装错及重装。

6. 壳体的检修

(1) 检查变矩器壳、变速器壳、后端壳和油底壳,若变形、裂纹,则应更换。

(2) 若油底壳接合面不平,应用锉刀修整。

(3) 清除密封平面上残留的密封衬垫及密封胶。

(4) 用煤油清洗壳体,用压缩空气把油道吹通、吹净。

(5) 更换所有的 O 形圈。

7. 自动变速器油散热器的检修

(1) 可在车上检修,检查油管各接头是否漏油,更换 O 形圈。

(2) 检查散热器及油管是否破裂、堵塞,以便更换或焊修、清理。

(3) 可用专用设备清洗散热器内部,或放出所有自动变速器油,用压缩空气吹出,再加入 1L 自动变速器油清洗、吹净。

8. 电控系统检修说明

检查电液控制自动变速器电控系统中传感器、执行器(电磁阀)、开关、电控单元。可在未拆卸前,利用电脑检测仪(解码器)读取故障码,找出电控系统故障的范围;但要确定故障具体部位或某一元件,则要进一步利用万用表等简单工具,按自动变速器维修手册中提供的检测方法、检测步骤及标准数据进行检查。一般电控元件是密封不可分解的,损坏后只能更换。

7.4.14 自动变速器的组装

1. 注意事项

(1) 各零部件清洗干净,各离合器、制动器、阀板、油泵等总成均已装好并调整完毕。

(2) 组装时,应更换自动变速器各接合平面及轴颈上的所有密封圈或密封环。

(3) 安装一些小零件(如推力轴承、止推垫片、密封环等)。为防止零件掉落,可在小零件表面涂抹一些普通润滑脂或凡士林,以便固定安装。

(4) 组装中特别注意各个推力轴承、止推垫片和垫圈的位置,方向不能错乱。

2. 行星齿轮变速器的组装

(1) 把推力轴承和装配好的输出轴、后行星排及倒挡制动器组件装入变速器壳,如图 7.44(a)所示。

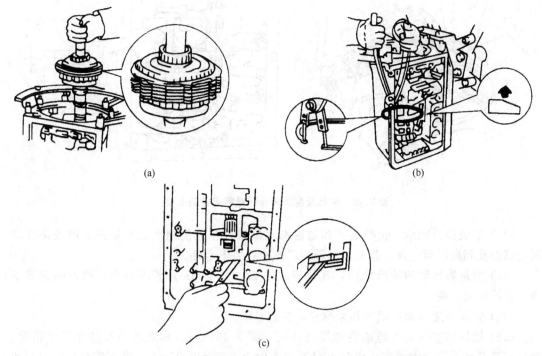

图 7.44　安装后行星排、低挡及倒挡制动器和 2 挡制动器鼓

(2) 装入 2 挡制动器鼓,注意把制动鼓上的进油孔朝向自动变速器下方(即阀板一侧)。安装卡环时,注意使卡环有倒角的一面朝上,如图 7.44(b)所示。

(3) 用塞尺测量低挡及倒挡制动器的自由间隙,标准值为 0.70~1.22mm。若不符合,则用不同厚度的挡圈调整,如图 7.44(c)所示。

(4) 装入 2 挡制动器活塞衬套、止推垫片和低挡单向超越离合器,注意单向离合器的安装方向。

(5) 把 2 挡制动器的钢片和摩擦片装入变速器壳体,装入卡环。用塞尺测量 2 挡制动器自由间隙,并与标准值进行比较,标准值为 0.63~1.98mm。若不符合,则用厚度不同的挡圈调整。

(6) 装入前、后太阳轮组件,前行星架和行星轮组件及推力轴承。

(7) 把自动变速器立起,安装前行星架上的卡环及止推垫片。

(8) 安装 2 挡强制制动带及制动带销轴。

(9) 把已装配好的倒挡及高挡离合器组件、前进离合器组件及前齿圈组装在一起,注意安装好各组件之间的推力轴承及止推垫片。

(10) 使自动变速器前部朝下,把组装在一起的倒挡及高挡离合器组件、前进离合器组件及前齿圈装入变速器[图 7.45(a)]。将倒挡及高挡离合器鼓上的卡槽插入前、后太阳轮驱动鼓上的卡槽内。

(11) 用塞尺测量倒挡及高挡离合器鼓与前、后太阳轮驱动鼓卡槽之间的轴向间隙[图7.45(b)],其值应为 9.8~11.8mm。如不符合,则说明安装不当,应拆检后重装。

(12) 安装 2 挡强制制动带活塞及液压缸缸盖。

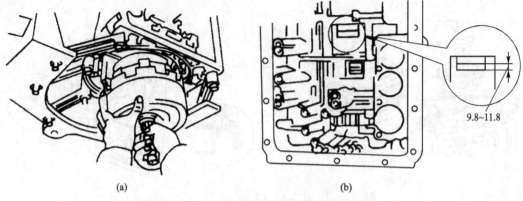

图 7.45 倒挡及高挡离合器鼓等组件的安装

(13) 安装推力轴承、止推垫片和超速制动器鼓,注意使超速制动器鼓上的进油孔和固定螺栓孔朝向阀板一侧。拧紧制动鼓固定螺栓,装上卡环。

(14) 测量输出轴的轴向间隙,其值应在 1.23~2.49mm。若不符合,则说明安装不当,应拆检后重装。

(15) 安装超速制动器钢片和摩擦片,装上卡环。

(16) 把压缩空气吹入超速制动器进油孔[图 7.46(a)],检查超速制动器工作情况,测量超速制动器的自由间隙[图 7.46(b)],其值为 1.75~2.05mm。若不符合标准,则通过更换不同的挡圈来调整。

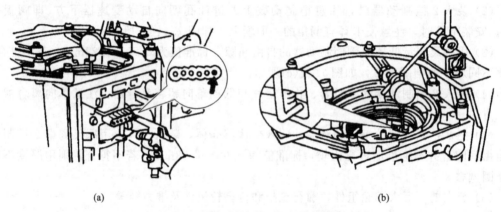

图 7.46 超速制动器工作状况的检查

(17) 装入超速齿圈和推力轴承、止推垫片。

(18) 装入超速行星架、直接离合器组件及推力轴承。

(19) 安装油泵,拧紧油泵固定螺栓,其拧紧力矩为 21N·m。

(20) 用手转动输入轴,应在顺时针、逆时针都能自由转动。若异常,则应拆检后重装。

(21) 再次把压缩空气吹入各个离合器、制动器的进油孔(图 7.47),检查其工作情况。在吹入压缩空气时,应能听到离合器、制动器活塞移动的声音。如异常,应拆检后重装,并找出原因。

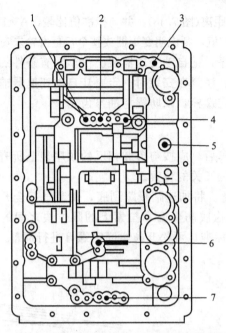

图 7.47　A341 自动变速器各离合器和制动器进油孔位置

1—前进离合器进油孔；2—倒挡及高挡离合器进油孔；3—直接离合器进油孔；4—超速制动器进油孔；5—2挡强制制动带进油孔；6—2挡制动器进油孔；7—低挡及倒挡制动器进油孔

3．阀板、油底壳及前后壳体的组装

（1）安装4个减振器活塞及弹簧，安装时更换活塞上的O形圈，活塞上抹少量自动变速器油，各弹簧不能装错，弹簧规格可查维修手册。

（2）把阀板总成装入自动变速器，连接节气门拉索与节气门阀。阀板连接螺栓长度不同，要装正确，用10N·m力矩拧紧各个固定螺栓。

（3）安装各电磁阀线束接头。

（4）安装滤网及油底壳。

（5）将车速传感器感应转子装入输出轴。

（6）安装变速器后端盖及输出轴凸缘。凸缘紧固螺母的拧紧力矩为123N·m，用冲子把螺母锁死在输出轴上。

（7）安装前端壳，固定螺栓有大小两种规格，大螺栓的拧紧力矩为57N·m，小螺栓的拧紧力矩为34N·m。

（8）安装自动变速器外壳上的其他部件，如车速传感器、输入轴转速传感器、挡位开关及加油管等。

（9）向变矩器内注入约2L干净的自动变速器油，把加满油液的变矩器装入自动变速器前端。

7.4.15　自动变速器的安装与调整

1．自动变速器的安装

在将自动变速总成装上汽车之前，应先测量变矩器前端面（与飞轮的接合平面）与自动变速器前端面(变矩器壳端面)的距离(图7.48),并与标准值比较,A341E自动变速器油的距离应为17.1mm。若测得值小于标准值,则说明变矩器或整个行星齿轮未安装到位,应检查后重装。

按与拆卸时相反的顺序,把自动变速器装上汽车,有条件的可对自动变速器进行台架检验及试验后再装上汽车。注意在安装时一定要让自动变速器前端面与发动机飞轮壳后端面完全贴合后才能锁紧固定螺栓,以防损坏油泵齿轮。

2. 自动变速器的调整

将自动变速器安装上车后,应按与拆卸相反的顺序装上所有连接零件,检查调整好节气门拉索、操纵手柄及挡位开关的位置。

(1)节气门拉索的调整。将加速踏板踩到底,使节气门全开,检查固定在节气门体支架上的节气门拉索端头的橡胶防尘套和拉索上的限位块之间的距离,其标准为0~1mm(图7.49)。若距离不符合标准,可松开拉索固定螺母进行调整。

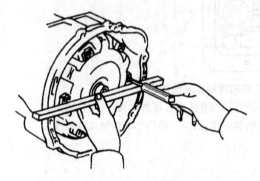

图7.48 自动变速器前端面与变矩器前端面距离的测量

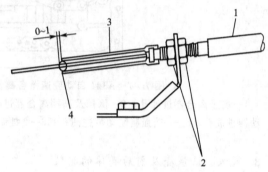

图7.49 节气门拉索的调整
1—节气门拉索;2—固定螺母;3—防尘套;4—限位块

(2)操纵手柄及挡位开关的调整。若操纵手柄及挡位开关调整不当,其实际位置与手柄位置不同,将造成挂不进挡或发动机不能起动。

调整方法如下。

① 拆下操纵手柄与自动变速器手动阀摇臂之间的连杆。

② 将操纵手柄拨至空挡位置,如图7.50(a)所示。

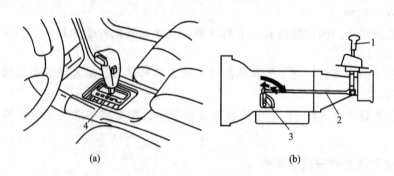

图7.50 操纵手柄的调整
1—操纵手柄;2—连杆;3—手动阀摇臂;4—空挡位置

③ 将手动阀摇臂拨向空挡位置,方法是先将手动阀摇臂拨至极限位置(P位),再退回2格,如图7.50(b)所示。

④ 将操纵手柄稍用力朝向R位方向推,与此同时,连接并固定手柄与手动阀摇臂之间的连杆。

⑤ 将操纵手柄拨至各个位置,检查其功能。先加注3~4L自动变速器油后,再检查换挡指示灯的指示位置与操纵手柄的实际位置是否一致。操纵手柄在P、N位时,发动机是否能起动;操纵手柄在R位时,倒车灯是否亮,若不符则作相应的调整。

7.4.16 自动变速器的路试

1. 自动变速器油的加注和检查

自动变速器修复装车后,先加入3~4L自动变速器油才能起动发动机;再观察油尺,添加足够的自动变速器油。

油面高度检查方法如下:
(1) 汽车停在水平地面,拉紧驻车制动。
(2) 发动机怠速运转。
(3) 踩住制动踏板,把操纵手柄拨至P、D、S、L位等,每个挡位停留几秒钟,使变矩器和所有换挡执行元件中都充满自动变速器油,最后拨至P位。
(4) 取出油尺,擦拭干净,再插入后取出,检查高度。冷态油温时,油在刻度线下限;热态时,油在刻度线上限。若不够继续加至刻度,但一定不要多加,否则会产生泡沫,影响换挡功能。

自动变速器油为专门的变速器工作用油,要按厂家规定选择变速器油,一般用Dexron Ⅱ型液力传动油,加油不当会造成自动变速器损坏。

调整完毕加注好自动变速器油,进行道路试验,检查工作情况。

2. 路试检查

上述所有工作完毕之后,还要对自动变速器进行道路试验,作路试检查。道路试验是对自动变速器性能的最终检验,检验内容侧重于换挡点、换挡冲击、振动、噪声和打滑等方面。如果道路试验不合格,则重新进行检查和调整,必要时要对变速器进行再次拆检。

7.5 主减速器和差速器的维修

主减速器主要用于减速增矩,并可改变发动机转矩的传递方向,以适应汽车的行驶方向。差速器主要用于保证左、右驱动轮以不同的转速旋转。半轴把转矩从差速器传到驱动轮。

7.5.1 失效形式及故障分析

主减速器(图7.51)的主要失效形式有主动锥齿轮端头的螺纹损伤,前、后轴承座颈因磨耗而受到的损伤,花键因长期使用而产生的沿花键宽度的磨损,以及锥形主动齿轮和从动齿轮齿面的自然磨损或斑蚀、剥落,或由于驾驶技术的关系使两齿轮的轮齿受到严重碰击而致断裂等情况。

差速器(图 7.52)主要的失效形式有行星齿轮的自然磨损、齿轮的损坏和十字轴的磨损等。

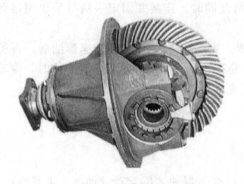

图 7.51　主减速器

图 7.52　差速器

汽车在行驶中,由于半轴齿轮和行星齿轮止推垫片磨损变薄而引起差速器齿轮啮合间隙增大及半轴齿轮键槽磨损而产生不正常的声响。这种声响只在汽车转向时发生,因此称为差速器发响。此外,在行驶中常见的故障有发响、过热等。

1. 发响

发响是齿轮在啮合中产生撞击或啮合间隙不当而造成的不正常声响。车辆在急剧改变车速或上坡时,听到后桥发响,一般为啮合间隙过大或啮合不良造成的。在加速或放松加速踏板减速后,听到后桥发响,一般为啮合间隙过小或啮合不良引起的。

主减速器发响的根本原因是齿轮、轴承发生了较严重的磨损或损坏,在工作中破坏了它们之间的正常啮合,因而在工作中产生了撞击声响。

此外,由于差速器和主、从动锥齿轮轴承磨损,或主、从动锥齿轮的磨损而使啮合间隙增大、轴承损坏或齿轮个别齿打坏、从动齿轮的铆钉或螺栓松动等,都有可能引发响声。

2. 过热

过热现象是指汽车行驶一定里程后,主减速器壳体烫手,并且有不能忍受的感觉。

(1)触摸接近轴承处,手放上时能够忍受但又不能长久停留,即认为合适,这是因为轴承有预紧度,温度高一点是允许的;但如果手放上后不能忍受,说明轴承装配过紧,应进行检查调整。

(2)如果是普通发热,则说明缺少润滑油或啮合间隙过小,此时应加注润滑油;齿轮啮合间隙过小时应适当调整放大。

7.5.2　主减速器和差速器的拆装与检修

1. 从车上拆卸主减速器和差速器

日本丰田汽车公司生产的乘用车(如丰田皇冠)上使用的是 IRS 型主减速器、差速器,其结构与普通型略有不同,但内部结构、原理、功用均相同,都是一种单级式主减速器结构。现以丰田 IRS 型主减速器和差速器修理全过程为例介绍,其他普通型的修理可参照进行。

(1) 拆下放油塞，放尽其内的润滑油。拆下伴轭凸缘与传动轴凸缘的连接螺栓、螺母，将传动轴分离卸下。

(2) 用千斤顶将主减速器和差速器壳体支撑稳妥，拆下左、右两侧传动半轴的连接螺栓、螺母，取下传动半轴；拆下后弹簧支承座螺母。

(3) 拆下后弹簧支承座4个固定螺栓。

(4) 拆卸主减速器和差速器壳体6个螺栓（左右各3个）。

(5) 将千斤顶缓缓放松，壳体慢慢放低，然后取下。

(6) 拆卸上盖上的8个固定螺栓，取下上盖和垫圈；拆卸侧齿轮轴，用专用工具将侧齿轮轴自壳体上拆下，如图7.53所示。

(7) 用专用工具拆卸侧齿轮轴油封，如图7.54所示。

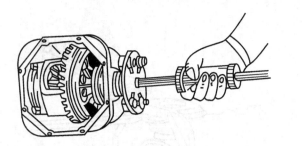 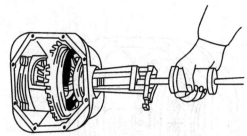

图7.53 拆卸侧齿轮轴　　　　　　　　　图7.54 拆卸侧齿轮轴油封

(8) 拆卸伴轭凸缘。用锤子和凿子将螺母锁紧圈撬开，用专用工具将凸缘固定，再用套筒扳手拆卸固定螺母（图7.55）。用专用工具拆下伴轭凸缘（图7.56）。

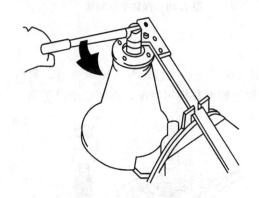 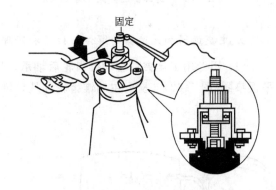

图7.55 拆卸固定螺母　　　　　　　　　图7.56 拆卸伴轭凸缘

(9) 拆卸油封和油环（图7.57）。用专用工具拆下油封，再拆下油环。

(10) 拆卸前轴承和轴承隔圈（图7.58）。用专用工具拆下前轴承，再拆下轴承隔圈。如轴承或隔圈磨损严重或损坏，应予以更换。

(11) 拆卸差速器壳和从动锥齿轮（图7.59）。在轴承盖和差速器外壳上做出装配记号，拆下左右两个轴承盖。

(12) 用专用工具拆下两侧轴承预荷重的调整平板垫圈，如图7.60所示。

(13) 拆下差速器壳左(LH)、右(RH)两侧轴承外座圈，挂妥标签，以做装配时的位置记号(图7.61);取出差速器壳体,自主减速器和差速器壳体内拆下从动锥齿轮。

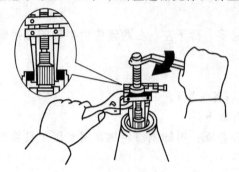

图7.57 拆卸油封和油环

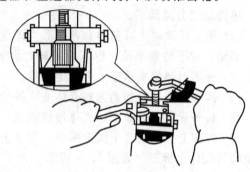

图7.58 拆卸前轴承和轴承隔圈

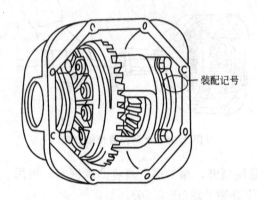

图7.59 拆卸差速器壳

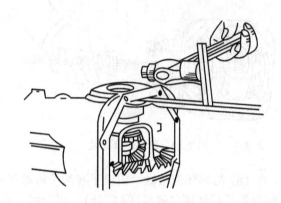

图7.60 拆卸平板垫圈

2. 主减速器和差速器的解体、检查和修理

(1) 用专用工具夹住主动锥齿轮后轴承,用压力机将主动锥齿轮与后轴承分离,取出平板垫圈(图7.62)。检查主动锥齿轮和从动锥齿轮的磨损和损坏情况,必要时予以更换。

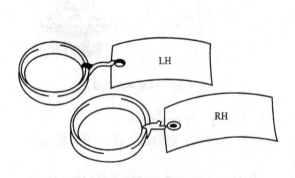

图7.61 轴承外座圈挂标签

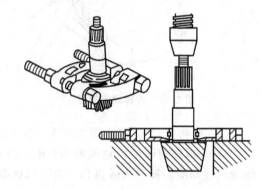

图7.62 拆卸主动锥齿轮后轴承

(2) 更换主动锥齿轮后轴承。

① 在主动锥齿轮上装上新(或旧)的平板垫圈,垫圈的斜削面应对正主动锥齿轮。

② 将专用工具垫在后轴承的下面，用压力机将主动锥齿轮压入后轴承的适当位置。

(3) 更换主减速器和差速器壳体上的主动锥齿轮前后轴外座圈。

① 用铜棒抵着外座圈边缘，分几处用锤子轻敲，将外座圈平稳地卸下。

② 安放妥更换的新外座圈，用压力机压进新外座圈至适当的位置。

(4) 用专用工具拆卸差速器壳侧轴承，对侧轴承进行检查或修理，必要时应更换新件，如图7.63所示。

(5) 拆卸从动锥齿轮。

① 用锤子、一字螺钉旋具撬开从动锥齿轮固定螺栓的锁定板，再在从动锥齿轮与差速器壳之间做好装复记号。若锁定板损坏，应换用新件。

② 用塑胶锤或铜锤轻敲从动锥齿轮，使之与差速器壳分开。

(6) 拆卸差速器壳并检修各零件。

① 用锤子敲冲头，使壳分解。卸下小齿轮(行星齿轮)轴、两个行星小齿轮、两个侧齿轮(半轴齿轮)和4个止推垫圈。

② 检查各零件磨损及损坏情况，必要时应予以修整或更换。

(7) 差速器壳体的装复。

① 差速器壳经拆检修整，即予装复。选用适当厚度的止推垫圈，确保达到额定的齿隙(两侧应选用相同厚度的垫圈)。标准齿隙为 0.05~0.20mm。止推垫圈厚度为 0.96~1.04mm、1.60~1.14mm、1.26~1.24mm 和 1.261~1.34mm。

② 装妥差速器壳内的止推垫圈、两小行星齿轮和轴、侧齿轮及止推垫圈，并检测齿隙，如图7.64所示。

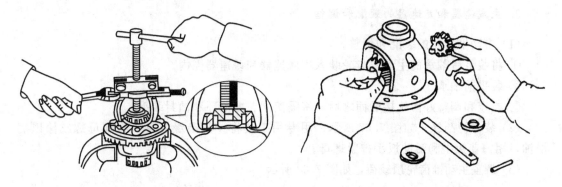

图7.63 更换外座圈　　　　图7.64 组装差速器

③ 检查侧齿轮齿隙(图7.65)。将一个小行星齿轮固定，用手拨动齿轮并用百分表检测齿隙。标准齿隙为 0.05~0.20mm。如不合标准，可选用不同厚度的止推垫圈予以调整。

(8) 装妥新的侧轴承。如图7.66所示，用专用工具衬着新的侧轴承，利用压力机将其压入差速器壳孔内。

(9) 装妥从动锥齿轮。

① 将差速器壳接合表面清洗干净。

② 将从动锥齿轮放在油浴容器中，加热到100℃左右(不能超过110℃)。

③ 取出后趁热迅速用洁净的溶剂将从动锥齿轮接触表面揩干净，对正已做好的装配记号，迅速装妥。

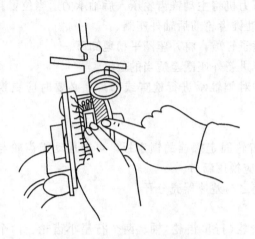

图 7.65 检查侧齿轮齿隙

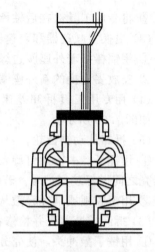

图 7.66 安装侧轴承

(10) 装妥锁定板和螺栓。装好锁定板，将从动锥齿轮固定螺栓涂以润滑油，装入锁定板孔及螺孔中，对称而均匀地分次拧紧，再按规定力矩拧紧。拧紧力矩为 98.5N·m。

(11) 装锁止螺栓。用锤子和冲头将锁定板边部敲起并与螺栓头部包住，以防螺栓松动。

(12) 检查从动锥齿轮的圆跳动量。

① 将差速器壳装上主减速器后，拧紧调整螺母到轴承不存在间隙为止。

② 用百分表检测从动锥齿轮的圆跳动量，最大圆跳动量为 0.07mm。

3. 主减速器和差速器的装配和调整

(1) 主动锥齿轮的装配和调整。

① 将装妥后轴承的主动锥齿轮装入主减速器和差速器壳内。

② 装妥前轴承。

③ 检查和调整好齿轮接触面之后，将隔离圈、抛油环和油封装妥。

(2) 装伴轭凸缘。如图 7.67 所示，用专用工具将伴轭凸缘装好。将螺母螺纹涂以润滑油，用梅花扳手和活动扳手拧紧螺母。

(3) 调整主动锥齿轮预载荷，如图 7.68 所示。

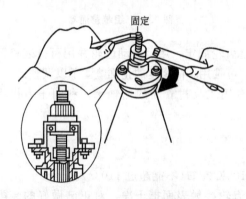

图 7.67 装伴轭凸缘

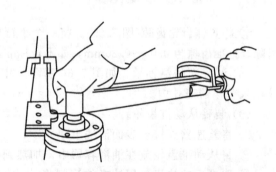

图 7.68 调整主动锥齿轮预载荷

① 用专用工具将伴轭凸缘固定住。
② 调整主动锥齿轮预载荷(预紧力)时,拧动伴轭凸缘中央螺母即可。
③ 因未装隔离圈,故每次只能拧紧螺母少许,不要拧得过紧。
(4) 用扭力扳手(俗称公斤扳子)测量主动锥齿轮与从动锥齿轮之间齿隙的预载荷(图7.69),新轴承为 $1.2\sim1.9$N·m,旧轴承为 $0.6\sim1$N·m。
(5) 装差速器壳。
① 将轴承外座圈按拆卸时所做标记装入原来的位置,不要将左右方向搞错。
② 将差速器壳装于主减速器和差速器壳体内。
(6) 调整从动锥齿轮与壳体的间隙。如图7.70所示,只要在从动锥齿轮的背侧垫以平板垫圈调整,就可确保应有的间隙。

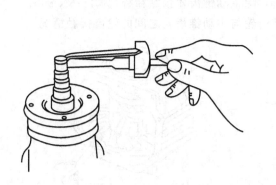

图7.69 测量预载荷

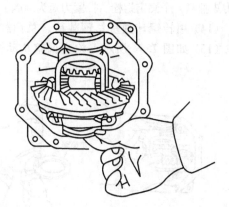

图7.70 调整从动锥齿轮与壳体的间隙

(7) 用木锤敲从动锥齿轮的边缘,垫圈和轴承即可自由上紧。
(8) 将从动锥齿轮齿面与侧轴承毂固定定位,然后测量其齿隙(图7.71)。齿隙参考值为0.10mm,按齿隙的大小选用不同厚度的从动锥齿轮侧垫圈,分置于差速器壳两侧。
(9) 将装好侧垫圈的差速器壳连同外座圈一同装入主减速器差速器外壳,用木锤敲入。如图7.72所示,用百分表检测从动锥齿轮齿隙。齿隙为 $0.13\sim0.18$mm,如不合规格应进行调整。

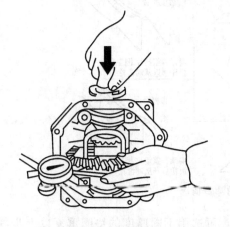

图7.71 测量齿隙

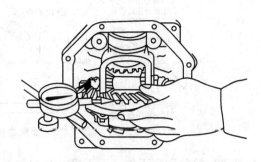

图7.72 检测从动锥齿轮齿隙

(10) 调整侧轴承预载荷(图 7.73)。拆卸从动锥齿轮侧垫圈,用千分尺测量其厚度。

(11) 以所测齿隙作为参考值,装上比拆下的从动锥齿轮侧垫圈厚度高 0.06~0.09mm 的新垫圈。

选用的新垫圈,应可先用手指压入 2/3 的位置,然后用木锤轻敲侧垫圈于安放位置,再检查从动锥齿轮齿隙。

(12) 用百分表检测从动锥齿轮齿隙(图 7.72)。齿隙为 0.13~0.18mm,如不合规格则可平均增加或减少两侧之间等量的垫圈,调整到规定的齿隙。更换侧垫圈后,齿隙可能在 0.02~0.03mm 之间变动。

平板垫圈与差速器之间应无间隙,但应有与从动锥齿轮的间隙。

(13) 装侧轴承盖。装两侧轴承盖时,应对准拆卸时与外壳所做的装复记号,用扭力扳手按规定力矩拧紧 4 个固定螺栓。拧紧力矩为 80N·m。

(14) 用转矩计测量总预载荷。总预载荷(除主动锥齿轮预载荷外)为 4~6N·m。

(15) 如图 7.74 所示,检查调整从动锥齿轮与主动锥齿轮之间的轮齿接触情况。

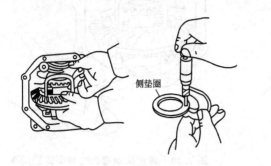

图 7.73 调整侧轴承预载荷

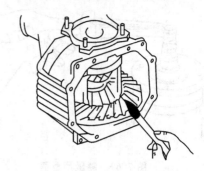

图 7.74 检查轮齿接触情况

① 在从动锥齿轮上 3 个或 4 个不同位置的轮齿上涂以红丹颜料。
② 以手握住伴轭凸缘,并朝两个不同方向旋转,检视轮齿的啮合印痕分布情况。

(16) 如图 7.75 所示,根据检视的轮齿印痕分布情况选用调整垫片,以达到正确接触的位置。

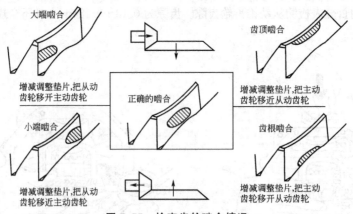

图 7.75 检查齿轮啮合情况

如果轮齿接触印痕不能达到正确接触的位置,可选用不同厚度的垫圈重复以上步骤加以调整,直至达到正确的啮合印痕为止。

(17) 装隔离环和前轴承。当从动锥齿轮与主动锥齿轮的啮合齿隙调整正确后，装上新的轴承隔离环和前轴承。

(18) 装抛油环和新油封。安装抛油环，在油封端涂以润滑油，用专用工具装新油封，油封深度为1.5mm。

(19) 装妥伴轭凸缘。用扭力扳手按规定力矩拧紧凸缘螺母，拧紧力矩为110N·m。

(20) 如图7.69所示，检查前轴承的预载荷。

① 如预载荷大于额定值，应更换轴承隔离环。

② 如预载荷小于额定值，则以13N·m的力矩再拧紧，直至达到额定预载荷。

③ 应重复测量预载荷程序。

(21) 检查伴轭凸缘的斜度（图7.76）。用百分表检测伴轭凸缘的纵向和横向斜度。最大纵向、横向斜度均为0.10mm。如斜度大于最大值，则应检查轴承，不能将主动锥齿轮螺母拧紧以减小预载荷。

(22) 用锤子和凿子敲紧主动锥齿轮螺母锁紧垫圈。

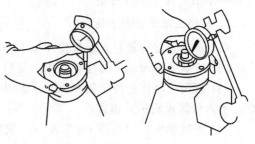

图7.76 检查伴轭凸缘的斜度

(23) 装侧齿轮轴油封。将油封端涂以多用润滑油，用工具将油封装妥，直到与主减速器和差速器外端端面平齐为止。

(24) 装侧齿轮轴。装齿轮轴之前，应更换好卡环。用木锤将齿轮轴敲入，直到与主动锥齿轮轴相接触为止。

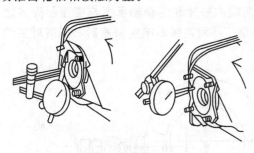

图7.77 测量齿轮轴的偏移量

(25) 测量齿轮轴的偏移量，如图7.77所示。最大偏移量为0.20mm。如偏移量大于最大值，则应更换侧齿轮轴。装上主减速器、差速器外壳盖以便装上车架。

4. 主减速器和差速器的安装

(1) 安装主减速器和差速器。将主减速器和差速器用举升器或千斤顶顶住，然后装上外壳螺栓并按规定力矩拧紧。拧紧力矩为97N·m。

(2) 装妥后弹簧支架座。用扭力扳手按规定力矩拧紧后弹簧支承座4个固定螺栓。拧紧力矩为19.5N·m。

(3) 装妥后弹簧座支承螺母。用扭力扳手按规定力矩（75N·m）拧紧后弹簧座支承螺母。拧紧力矩为75N·m。

(4) 各部连接和加注齿轮油。

① 将传动轴凸缘与伴轭凸缘连接起来。

② 连接后传动半轴，按规定力矩拧紧4个连接螺栓。拧紧力矩为70N·m。

③ 装妥放油塞，将主减速器和差速器壳内注满齿轮油，装妥注油塞。

7.5.3 典型驱动桥的装配与调整

驱动桥的装配精度要求较高，装配质量对总成性能的影响较大。如果内部机件配合不当，将会产生不正常的响声并加速机件磨损，严重时甚至会打坏齿轮、烧坏轴承，造成不应有的损失。

驱动桥装配时应进行检查和调整,其中主要是圆锥滚子轴承的预紧度和齿轮啮合印痕及啮合间隙的检查和调整。下面以上海桑塔纳乘用车为例,简要介绍驱动桥的装配与调整方法。

上海桑塔纳乘用车驱动桥为变速转向驱动桥,由主减速器、差速器和驱动轴组成。其装配调整步骤如下。

1. 主动轴的安装与调整

桑塔纳乘用车的主动轴就是变速器的输出轴,其装配与调整要求参见上海桑塔纳乘用车维修手册,这里不再赘述。

2. 装配主减速器与差速器

(1) 将差速器的复合式止推垫片涂上一薄层齿轮轴,然后装入差速器壳内。

(2) 安装半轴齿轮、凸缘轴并用六角螺栓拧紧。

(3) 把两个小行星齿轮错开180°,转动半轴,将行星齿轮、止推垫片与差速器罩壳对准,推入行星齿轮轴并锁紧。

(4) 将从动齿轮加热到100℃左右,安装到差速器壳上,并用定心销导向。将圆锥滚子轴承加热到100℃左右压紧,并压入车速表驱动齿轮,压入深度为1.4mm。为保证这一要求,压入时可采用厚1.4~1.5mm的垫圈或挡圈。

(5) 调整主锥齿轮和从动锥齿轮的啮合间隙。桑塔纳乘用车的驱动桥是通过改变调整垫片的厚度 S_1、S_2 和 S_3 来实现间隙调整的,具体调整方法如下。

① 调整前需了解主、从动锥齿轮调整位置各标记的含义,如图7.78所示。调整垫片的位置如图7.79所示,这些垫片包括差速器壳两端的垫片和主动轴承壳与变速器壳体之间的垫片。在变速器上进行安装工作时,如果调换零件后直接影响主减速器,则需对主动锥齿轮、从动锥齿轮或传动组件重新进行调整。

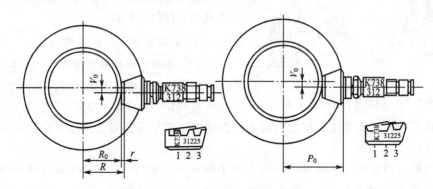

图7.78 主、从动锥齿轮标记的含义

KD传动组件:1—K738为主减速齿轮副标记,表示速比为7.38;2—"312"为主、从动锥齿轮的配对号码;3—在生产过程中使用特殊的检验器测量的校对规的偏差"r",偏差"r"是以0.01mm为单位标出的,例如"25"即表示 $r=0.25$mm;R_0——特殊检验器所使用的校对规的长度,$R_0=50.70$mm;R——从动锥齿轮和主动锥齿轮端面间的实际尺寸;V_0——双曲线,偏心距=13mm

成批生产的传动组件:r 这个数据在批量生产中不需要;P_0——批量生产的调整尺寸。在批量生产中,主动锥齿轮的位置由 P_0 来确定,在从动锥齿轮上没有偏差尺寸 r 的标记,也省略了配对编号。由于没有偏差尺寸 r,若要调换零件需拆卸主动锥齿轮,而且直接影响主动锥齿轮位置时,需要测量出一个实际值

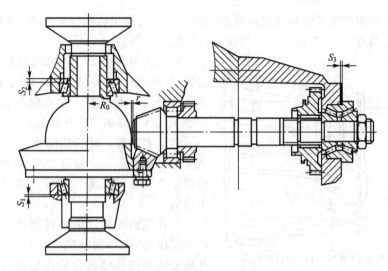

图 7.79 调整垫片的位置
S_1、S_2—从动锥齿轮用调整垫片厚度；S_3—主动锥齿轮用调整垫片厚度

② 当必须调整主、从动锥齿轮位置时，应按以下程序进行：首先求出主动锥齿轮垫片和差速器垫片的总厚度。当更换变速器壳、主减速器盖、差速器的圆柱滚子轴承、差速器壳或从动锥齿轮时，需要重新调整从动锥齿轮，就必须先测量和确定调整垫片的厚度。

测量和确定调整垫片厚度时，先将圆锥滚子轴承的外圈和 1.2mm 厚的调整垫片一起推进罩壳直至挡块，并将设有调整垫片的圆锥滚子轴承外圈推入盖内直至挡块。

将不带转速表齿轮的差速器轴承端装进罩壳，然后装上轴承盖，以 245N·m 的力矩交叉地拧紧紧固螺栓。

如图 7.80 所示，安装夹紧套筒(VW521/4)和套筒(VW382/8)上下移动夹紧套筒，读出千分表的摆差。

垫片的总厚度＝摆差＋预紧量(通常取 0.40mm)＋原垫片厚度(1.20mm)。例如，摆差为 0.50mm 时，则垫片的总厚度为

(0.50＋0.40＋1.20)mm＝2.10mm

根据总厚度求需加垫片的厚度，即

需加垫片的厚度＝总厚度－原垫片厚度

按上例

需加垫片的厚度＝(2.10－1.20)mm＝0.90mm
然后求主动锥齿轮垫片厚度 S_3，即

$$S_3 = e + r \qquad (7-1)$$

式中　e——测量值；
　　　r——偏差值。

求 S_3 时可分两种情况。第一种情况是更换主

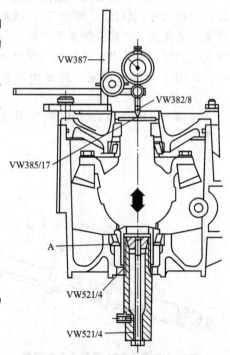

图 7.80 专用量具的安装与测量

动锥齿轮用双列圆锥滚子轴承或变速器罩壳时，一挡齿轮用轴承支座和滚针轴承及主、从动锥齿轮上无偏差值"r"标记时，可按下述方法进行调整。

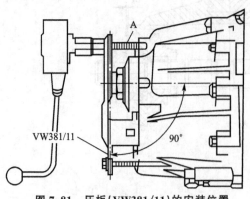

先安装专用压板（VW381/11），旋松变速器罩壳的螺钉，用两个螺栓旋紧压板，如图 7.81 所示，使压板与主动锥齿轮成直角，螺栓 A 用 2N·m 的力矩拧紧。

拆下差速器，将通用测量心棒（VW385）放到变速器罩壳下，测量与"r"的差异。将测得的值记下，在调换零件以后，应尽可能达到这个数值。

在换用新件后，将双列圆锥滚子轴承的外环与厚度为 S_3 的调整垫片一起压入轴承支座，并将安装好的联轴齿轮装在轴承支座内并压入双列圆锥滚子轴承的第一内环；用 98N·m 的

图 7.81 压板（VW381/11）的安装位置

扭力将联轴齿轮螺母拧紧。然后放入新的密封圈，将轴承支座与联轴齿轮一起安放在变速器罩壳内，拧紧紧固螺栓。再用通用测量心棒重新测出安装位置。

如果调换零件后测量值较小，则装入较厚的调整垫片；如果调换零件后所测得的数值偏大，则装入较薄的调整垫片。

例如，换件前的测量值为 0.50mm，换件后的测量值为 0.40mm，若原垫片厚度为 0.80mm，则应安装 [0.80+(0.50−0.40)]mm=0.90mm 厚的垫片。备用调整垫片的厚度为 0.15~1.20mm，每增加 0.05mm 为一级。

第二种情况是当更换主动锥齿轮时，若齿轮上标有偏差值"r"，可按下述方法调整垫片：先将双环/双列滚子轴承（不包括调整垫片）外圈压入轴承座，然后将主动锥齿轮装入轴承支座并压入双列圆锥滚子轴承。用保护夹板将齿轮夹在台虎钳上，并用 98N·m 力矩拧紧主动锥齿轮螺母。再装好新的密封垫，将轴承支座与主动锥齿轮一起装入变速器罩壳，并用 4 个螺栓固定。将通用测量心棒（VW381/11）调节环调节到 $a=35$mm，$b=60$mm，如图 7.82 所示。

将调节量规（VW385/30）调节到 $R_0=50.7$mm，并装到测量心棒上，将千分表调零，如图 7.83 所示。

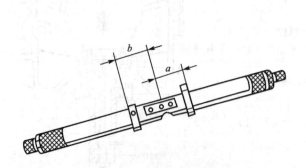

图 7.82 测量心棒的调整

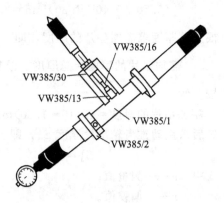

图 7.83 调节量规和千分表的安装

将量规板(VW385/33)放至主动锥齿轮的端部并将测量心棒放入罩壳内,如图7.84所示。

将轴承盖与轴承外环安装在一起并用4个螺栓固定好,使用量具测量偏差值e。其方法是移动调整环将定心垫片向外压(使测量心棒用手能转动为止),转动测量心棒,直至千分表指示出最大的量程,该量程即为偏差"e"(注意拆下测量心棒之后,需要检查调节量规(VW385/30)是否仍回复零位,否则应重新测量),然后确定调整垫片厚度,即

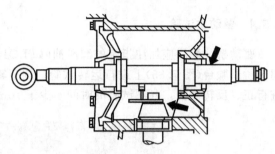

图7.84 量规板的安装

$$S_3 = e + r \tag{7-2}$$

式中 e——测量的值(最大量程);

r——偏差值(在齿轮上以0.01mm为单位标出)。

例如:$e=0.15$mm,$r=0.45$mm,则$S_1=(0.15+0.45)$mm$=0.60$mm

可选用的备用垫片的厚度为0.15~1.20mm,每隔0.05mm为一级。

3. 调整主、从动锥齿轮的啮合间隙

将主动锥齿轮与垫片安装好,垫片厚度S_3为1.20mm,用盖上的测量值加上预紧度,求出S_1和S_2。其步骤如下。

先将差速器转动几次,以便固定圆锥滚子轴承,安装千分表;再用2N·m力矩将两个M8mm×50mm的螺钉对角交叉地拧紧,将压板(VW381/11)压紧,使压板与主动锥齿轮垂直,通过压板将主动锥齿轮拧紧在变速器壳上。将从动锥齿轮旋至挡块,把千分表调到"0"位,转动从动锥齿轮,读出啮合间隙,并记录读数。

拧松差速器上夹紧套筒的螺钉及主动锥齿轮上的压板,把从动锥齿轮转动90°,再重复测量3次,将4次测出的数值相加,算出平均啮合间隙值。如果每次测得的偏差超过0.05mm,安装的从动锥齿轮或传动组件就不能正常工作,应复查装配工作,必要时应更换传动组件。

例如:第一次测量为0.45mm,第二次测量为0.47mm,第三次测量为0.46mm,平均值为0.46mm,则可求出调整垫片的厚度S_2为

$$S_2 = 垫片厚度 - 啮合间隙 + 0.15\text{mm}$$

例如:安装的垫片厚度为1.20mm,啮合间隙的平均值为0.46mm,则

$$S_2 = (1.20 - 0.46 + 0.15)\text{mm} = 0.89\text{mm}$$

再求出垫片的厚度S_1。例如,垫片的总厚度为2.10mm,从动锥齿轮垫片的厚度S_2为0.89mm,则

$$S_1 = 垫片总厚度 - 从动锥齿轮垫片厚度 = (2.10 - 0.89)\text{mm} = 1.21\text{mm}$$

根据求出的垫片厚度S_1和S_2,安装这两个垫片。安装后多点测量啮合间隙,啮合间隙必须在0.10~0.20mm之间,多次测量的结果,相互之间的偏差值最大不得超过0.05mm。

7.5.4 驱动桥试验

驱动桥装配后应加注指定的润滑油(如 EQ1090E 规定用 L－AN32 全损耗系统用油)在驱动桥试验台(图 7.85)上进行运转试验。试验转速一般为 1400～1500r/min。在此转速下进行正、反转试验,各项试验的时间不少于 10min。

图 7.85 驱动桥试验台

试验过程中各轴承区的温升应不大于 25℃,齿轮啮合不允许有敲击声或高低速变化的响声,各结合部位不允许有漏油现象。试验合格后应该用煤油和柴油各 50% 的清洗油清洗干净,然后加注规定的齿轮油。

7.6 悬架系统的维修

悬架系统(图 7.86)是车架(或承载式车身)与车桥(或车轮)之间所有传力连接装置的总称。尽管汽车悬架的结构形式多种多样,但一般都是由弹性元件、减振器和导向装置三部分组成的,它们分别起缓冲、减振和导向作用,同时又都起传力作用。

图 7.86 悬架系统

7.6.1 失效形式及处理方法

1. 车身侧倾过大

(1) 横向稳定杆弹力减弱，或连接杆损坏，应更换稳定杆或连接杆。
(2) 横向稳定杆或下悬架臂磨损及损坏，应更换。
(3) 减振器损坏，应更换。

2. 乘坐不舒适（太软或太硬）

(1) 轮胎尺寸或帘布层数不合规定，应更换合乎规定型号的轮胎。
(2) 轮胎充气压力不正确，应调整气压至规定范围。
(3) 减振器损坏，应予以更换。
(4) 弹性元件弹力减弱、磨损或损坏，应予以更换。

3. 汽车在平地上停放时车身倾斜

(1) 一侧悬架弹簧弹力减弱，应予以更换。
(2) 横向稳定杆连接杆损坏或磨损，应予以更换。
(3) 悬架臂衬套磨损，应予以更换。

4. 悬架有不正常噪声

(1) 悬架臂球头节润滑不良或磨损，应予以润滑或更换。
(2) 减振器损坏，应予以更换。
(3) 稳定杆连接杆损坏或磨损，应予以更换。
(4) 悬架连接有松动处，应重新拧紧。
(5) 悬架臂衬套磨损，应予以更换。

5. 行驶不稳定

(1) 弹性元件弹性减弱，应予以更换。
(2) 减振器损坏，应予以更换。
(3) 稳定杆弹力下降、损坏或稳定杆连接杆磨损，应更换相应零件。
(4) 悬架臂衬套磨损，应予以更换。
(5) 悬架臂球头节磨损，应予以更换。
(6) 转向系统出现故障，应予以检修。
(7) 车轮定位不当，应重新调整。
(8) 车轮损坏或不平衡，应换新车轮或重新平衡。

关于车轮平衡和车轮定位的相关内容，请读者参阅本书的参考文献[2]。

7.6.2 悬架系统构件的维修

悬架系统的维修主要是对各元件的安装及功能进行检查。元件不得有松动、间隙过大、弯曲或变形、弹力减弱、磨损过度等，特别是悬架臂弯曲、衬套磨损或球头节磨损，将使车轮定位失准，易发生故障。主要检查内容如下所述。

1. 悬架弹簧

（1）弹簧有无裂纹、损坏或磨损，可通过外观目测检查。有裂纹、损坏及磨损过度的应更换。

（2）弹簧弹力是否下降。可将汽车停放在平地上，各轮胎充气至规定值，按维修手册所规定的部位测量车辆高度。若某部位高度低于规定值或整车高度都低于规定值，说明某处或所有弹簧的弹力下降，应更换失效的弹簧。

（3）弹簧安装情况。如螺旋弹簧的端部是否紧靠弹簧座，钢板弹簧的纵向、横向间隙是否符合规定（可用撬杠撬动检查），U形螺栓和卡子有无变形、松弛、损坏等，应视情况更换相应的零件。

2. 悬架杆件

（1）用撬杠撬动各悬架臂、支撑杆、稳定杆和控制杆的固定架，检查各个方向的间隙。若间隙过大，则说明连接松动或衬套磨损，应重新拧紧或更换衬套。

（2）对撑杆式悬架，可用手扳住轮胎顶部，推拉车轮来检查上支架的间隙，检查上支架安装部位有无松动、损坏。松动则应拧紧，损坏的零件应予以更换。

（3）检查悬架臂有无变形，若有变形应予以校正或更换变形的零件。

（4）检查安装连接情况。安装松动的，应按规定力矩重新拧紧，支架有裂纹和损伤的要更换。

（5）检查球头节间隙，间隙过大、磨损严重的应予以更换。

3. 减振器

（1）检查减振器有无油液泄漏、变形和损坏，若有则应更换。

（2）检查安装部位有无裂纹、损坏或间隙过大，若有则应更换相应零件或作适当修复。

（3）检查减振器的工作情况。用手在汽车的四周用力向上或向下扳动，然后放开，看上下的振动是否立即停止。如不能，则说明减振器已经失效，应予以更换。

4. 车轮定位

检查前轮定位情况，使之在规定值范围内。在汽车直线行驶时，检查后轮轨迹，它应对称于汽车纵向中心线。

7.7　转向系统的维修

转向系统（图7.87）是驾驶人操纵汽车行驶方向的枢纽，其性能的好坏直接关系到车辆的操纵性和安全运行。在汽车的使用中，容易遇到转向系统故障，若不及时检修和排除，就有机械失灵以致交通肇事的危险。因此，在使用中要注意维护，发现故障要及时诊治，消除安全隐患，确保车辆安全运行。

图 7.87 转向系统

7.7.1 失效形式及故障分析

1. 行驶跑偏

1) 现象

汽车行驶中，转向盘位于中间位置不动，汽车却自动地向某一边行驶。

2) 原因

(1) 左、右轮胎磨损不等或气压不相同。

(2) 两前轮定位参数不一致。

(3) 左、右转向横拉杆弯曲、变形，铰链处间隙过大。

(4) 两前悬架螺旋弹簧变形过大。

(5) 轮毂轴承磨损后导致间隙过大。

3) 排除方法

(1) 检查轮胎气压和两轮磨损程度。调整左、右轮胎气压至规定值(200kPa)；若两轮磨损相差较大，应将轮胎换位。

(2) 调整前轮定位有关参数，使之符合规定值。

(3) 左、右转向横拉杆若变形或弯曲，应校直或更换；铰链处若间隙过大(应为 0.25～0.50mm)，更换球头销(座)。

(4) 螺旋弹簧若发生较大的塑性变形或折断，应更换新件。

(5) 轮毂轴承若磨损过度则应更换。

2. 转向偏重

1) 现象

左右转动转向盘时，感到非常吃力。

2) 原因

(1) 前轮定位不准确。

(2) 轮胎气压不足。

(3) 转向传动机构变形、磨损，球头销过紧。

(4) 转向器内缺油。

(5) 安全转向柱及法兰盘变形。

(6) 前螺旋弹簧折断或车身变形。

3) 排除方法

(1) 用前轮定位仪检查前轮定位参数，使其达到规定值。

(2) 若轮胎气压过低，应对其充气，使之达到规定值（满载时前后轮气压均为 200kPa）。

(3) 将左、右转向横拉杆铰接处拆开，看球头销（座）是否有过紧处。若有，应调松并加注润滑油；若变形、磨损严重，则应更换。

(4) 若转向器内油量过少，应注油至规定高度。

(5) 若安全转向柱及法兰盘变形严重，应校正或更换。

(6) 更换折断的前螺旋弹簧。若车身变形，应维修或更换。

3. 左、右转向轻重不一致

1) 现象

汽车行驶中，向左再向右转动转向盘，感到一侧重另一侧轻。

2) 原因

(1) 分配阀中的滑阀调整不当，使滑阀偏离中间位置。

(2) 分配阀滑阀台肩两侧的预开缝隙不等。

(3) 滑阀内有污物，使滑阀或反作用柱塞卡住，造成左右移动阻力不同。

(4) 动力缸一侧存有空气。

3) 排除方法

视各有关部件的损坏程度进行调整、修复或更换。

7.7.2 转向系统的检查

1. 转向盘游动量的检查

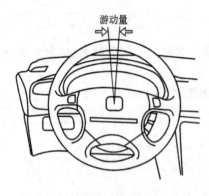

图 7.88 转向盘游动量检查

(1) 停放汽车，使前轮位于自动回正位置。在不转动前轮时，测量转向盘的游动量，如图 7.88 所示。

(2) 如果游动量超过规定值，则调整齿条导轨。如果仍然得不到规定值，则检查转向齿轮机构和连动机构。

2. 转向柱的检查

(1) 检查转向柱的滚子轴承及滚子轴承的间隙、运动情况，如有噪声或间隙过大，则更换万向节或转向柱总成。

(2) 检查定位凸缘是否损坏，如损坏则更换定位凸缘。

(3) 检查减振板、减振板导向元件、滑盖是否变形或断裂，如有变形或断裂应更换。

(4) 检查倾斜杆预载。

① 将倾斜杆从松动的位置移到锁止的位置 3~5 次，然后测量倾斜杆端部的预载，如图 7.89 所示，其预载为 70~90N。

② 如测得的值不在规定的范围内，则按以下步骤调整预载：松开倾斜杆，将转向柱置于"空挡"位置。拆下 M6 的锁紧螺栓，拆下限位器，左、右转动锁紧螺栓来调整预载，将倾斜杆拉到最高位置，并装入限位器，再次检查预载。如测得的值不在规定的范围内，则重复上述步骤。

3. 动力转向泵压力的检测

注意，应先检查动力转向泵的液位和转向泵传动带的张力。

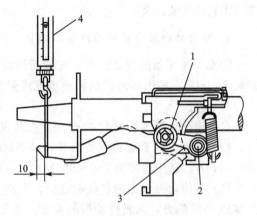

图 7.89 倾斜杆预载检查
1—倾斜杆锁紧螺栓；2—M6 锁紧螺栓；
3—限位器；4—弹簧计

(1) 从转向泵出口接头上拆下软管，然后将转向泵管接头适配器连接到转向泵出口。
(2) 将软管适配器连接到动力转向压力表上，然后将出口软管与适配器相连。
(3) 将动力转向压力表接到转向泵接头适配器上（图 7.90）。

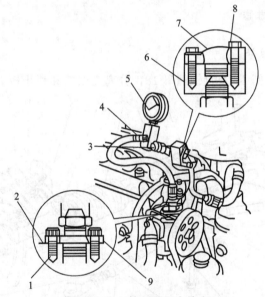

图 7.90 转向泵压力检查
1—M6 螺栓；2—泵出口接头；3—压力控制阀；4—断流阀；5—动力转向压力表；
6—动力转向软管适配器；7—出口软管接头；8—软管连接螺栓；9—动力转向泵接头适配器

(4) 完全接通断流阀和压力控制阀，起动发动机，使之怠速运转。
(5) 从一侧锁止位向另一侧锁止位转动转向盘几次，使转向液升温至工作温度。
(6) 接通断流阀，测量平稳后的液压，如转向泵良好，则压力表的读数至少应为 1500kPa。
(7) 断开断流阀，然后逐渐断开压力控制阀，直至压力表指针不动，读取压力值。

(8) 立即使断流阀接通,如果转向泵工作良好,压力表读数至少应为 6400～7400kPa。若压力表读数低,表明泵输出压力太低,不能有效地实现助力转向,应维修或更换转向泵。

4. 动力转向泵传动带的检查与调整

注意,使用新的传动带时,先按新传动带的标准垂度或张力进行调整,然后让发动机运转 5min 后,按旧传动带的标准垂度或张力再次进行调整。

1) 检查

(1) 传动带张力测量仪检查法。在传动带上连接传动带张力测量仪,测量传动带张力。检查传动带是否有裂纹或损坏,必要时换用新传动带。传动带标准张力:旧传动带为 390～540N,新传动带为 740～880N。

(2) 非传动带张力测量仪检查法。在动力转向泵传动带轮和曲轴传动带轮间的传动带上施加 98N 的力,测量传动带的垂度。正常时,旧传动带为 13.0～16.0mm,新传动带为 11.0～12.5mm。

2) 调整

(1) 松开动力转向泵安装螺母,转动调节螺栓使传动带张力达到标准值,然后重新拧紧安装螺母。

(2) 起动发动机,将转向盘从左侧锁止位置转至右侧锁止位置几次,然后让发动机停转,重新检查传动带的垂度。

7.7.3 转向系统构件的维修

1. 转向传动机构的维修

(1) 卸下横拉杆球头销 17 及自锁螺母 18,分离支架 6 和锁止板 23,如图 7.91 所示。

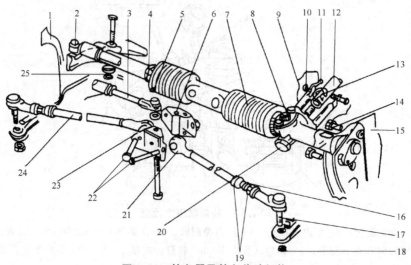

图 7.91 转向器及转向传动机构

1—右侧车轮罩;2—转向减振器螺栓;3—转向减振器;4—防尘套夹箍;5—螺母;6—支架;7—波纹管防尘套;8—调整螺钉;9—隔板;10—自锁螺母;11—隔板密封件;12—法兰套管;13—夹箍;14—螺栓;15—左侧车轮罩;16—调整拉杆;17—横拉杆球头销;18、25—自锁螺母;19—锁止螺母;20—转向齿轮螺塞;21、24—转向横拉杆;22—连接螺栓;23—锁止板

(2) 从支架上拆下左、右转向横拉杆。

(3) 从支架上拆下转向减振器。

(4) 检查支架、锁止板是否有变形或裂纹，变形轻微时可修复或校正；严重时应更换。

(5) 检查左、右转向横拉杆是否有弯曲现象。若有弯曲且其值超过 1.0mm 或发生双向弯曲，则应更换新件。

(6) 用磁力探伤机检查左、右转向横拉杆是否有裂纹。若有裂纹，必须更换。

(7) 检查调整拉杆上的螺纹是否损坏，若损坏应更换。

(8) 检查左、右转向横拉杆两端球头销与销座的连接是否松动，必要时更换球头销。

2. 动力转向系统的维修

(1) 检查液压系统的油压(应为 637～784kPa)。若油压过低，应检查该系统的渗漏处或动力缸、分配阀、叶轮泵的工作情况，必要时应更换有关部件。

(2) 检查液压油的黏度、是否变质或有无杂质，视情况对其更换。

(3) 检查储油罐中的油面高度。若油面过低，应检查有无渗漏之处，并将液压油加至规定高度。

(4) 检查液压系统中是否混有空气。若有则应立即排除。

7.8 制动系统的维修

为了在技术上保证汽车的安全行驶，提高汽车的平均行驶车速，以提高运输生产率，在各种汽车上都设有专用的制动系统(图 7.92)，使行驶中的汽车减低速度甚至停车或者使已经停下来的汽车保持不动。

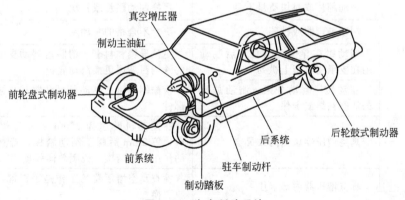

图 7.92 汽车制动系统

7.8.1 制动系统的故障原因和排除方法

制动系统的故障原因和排除方法见表 7-7。

表 7-7 制动系统故障诊断表

故障现象	故障原因	排除方法
制动踏板软弹性	液压系统中有空气	排除液压系统中的空气
	制动蹄片弯曲或变形	更换不合格的制动蹄
	制动蹄片或衬块和制动鼓或制动盘没有完全贴合	研磨制动蹄片或衬块,使制动蹄片或衬块和制动鼓或制动盘完全贴合
	后制动器调整不当	调整后制动器
制动踏板高度降低	制动片自动调整不灵,使蹄片和制动鼓之间的间隙过大	开动汽车,向前、向后使用制动停车,制动器即自动调整。若踏板行程仍过大,则需要调整制动蹄蹄片与制动鼓的间隙
	后制动蹄片磨损严重	更换制动蹄片
	制动蹄弯曲变形	更换制动蹄
	液压系统中有空气	排除液压系统中的空气
	液压系统泄漏	加注制动液至规定的液面。踩下制动踏板,检查制动钳、制动分泵、油管、软管及接头处是否泄漏并进行修理或更换
	制动液不合格,温度高时制动液汽化	用清洁的制动液冲洗液压系统并加注规定的制动液
	制动总泵活塞密封圈磨损或总泵缸内孔刮伤、泵缸磨损或锈蚀	更换制动总泵活塞密封圈或制动总泵
	制动钳与其固定支板导轨接合面形成油污、铁锈或腐蚀,制动衬块粘在支板接合面上	清除制动钳和导轨接合面上的污垢
制动踏板硬、制动不灵	真空增压器真空软管松动或软管漏气	紧固连接处或更换漏气的软管
	制动蹄片或衬块质量不良	更换制动蹄片或衬块
	制动蹄弯曲或破碎	更换不合格的制动蹄
	制动钳在导销处卡住,后制动蹄在支承座底板上扒劲	更换导销和衬套,清除后制动支承座底板上的铁锈污垢或更换制动底板
	制动钳、制动分泵、制动总泵的活塞粘结或卡住	检修制动钳、制动分泵和制动总泵,或更换部件
	真空增压器单向阀失灵	在发动机转速为1500r/min时使发动机熄火,等2min后踩下制动踏板,若真空增压器的作用不到两次,说明单向阀损坏
	真空增压器内部卡住	检查真空增压器的工作是否正常,若不正常应更换
	制动总泵缸回油孔被污垢堵塞	检修或更换制动总泵
	制动管路堵塞或不畅	用压缩空气清洁管路污垢,更换不合格的零件
	制动液不合格,使橡胶零件膨胀,在缸孔中卡住	更换橡胶零件和规定的制动液

(续)

故障现象	故障原因	排除方法
制动器拖滞	真空增压器内部卡住	找出真空增压器发卡的原因，必要时更换增压器
	驻车制动拉索调整不正确或卡住	调整驻车制动拉索，更换卡住的拉索
	后制动器回位弹簧软或损坏	更换后制动器回位弹簧，必要时更换制动蹄
	制动器自动调整器不起作用	检修自动调整器，更换不合格的零件
	制动钳、制动分泵、制动总泵的活塞卡住	检修制动钳、制动分泵和总泵，必要时更换
	制动摩擦片被制动液或润滑油沾污	找出被沾污的原因，更换全部制动蹄
	制动总泵回油孔堵塞	用压缩空气吹通回油孔，严禁用铁丝捅被堵塞的孔
	制动蹄上的摩擦片松动或不合适	紧固或更换制动蹄
	制动钳固定支板螺栓松动	紧固螺栓
	后制动器底板松动	紧固后制动器底板螺栓
制动时跑偏	一侧制动摩擦片有油污	找出油污的原因，更换两侧摩擦片
	一侧制动蹄弯曲、变形或摩擦片松动	更换两侧制动蹄
	一侧制动钳固定支板松动	紧固松动的螺栓
	制动摩擦片与制动毂或制动盘未磨合	研磨制动摩擦片
	制动钳活塞卡住	检修或更换制动钳
	制动摩擦片被水浸湿	在行驶中连续使用制动，以使水分蒸发
	悬架装置紧固件松动	紧固悬架装置的螺栓
	轮毂轴承磨损或损坏	更换轮毂轴承
	轮胎气压不当	按标准给轮胎充气
制动时发抖	制动鼓或制动盘划伤或不圆	同时更换左右两侧制动鼓或制动盘
	制动蹄变形，摩擦片打滑	更换制动蹄片
	摩擦片上有油污	找出油污的原因
	分泵有故障	检修分泵
	制动盘摩擦片卡住	更换制动蹄片
	真空增压器有故障	更换真空增压器

(续)

故障现象	故障原因	排除方法
制动时有噪声	制动蹄片磨损，蹄片直接与制动鼓接触	更换制动蹄
	制动蹄摩擦片松动或回位弹簧折断	更换损坏的零件
	制动底板不平	更换制动底板
	制动盘或制动鼓破裂，磨出沟痕	更换制动盘或制动鼓
	使用不合格的制动片	更换不合格的制动片
	制动蹄弯曲变形或破碎	更换全部制动蹄
	制动盘表面铁锈过多	清洁制动盘上的铁锈
	制动钳上有毛刺或生锈	清洁制动钳上的毛刺或铁锈

7.8.2 制动系统的检查与维护

汽车制动系统技术状况的好坏直接关系到行车安全。评价制动系统技术状况的综合指标是制动距离。

制动器摩擦片与制动鼓磨损、油污或卡滞；液压制动系统中有空气、制动液渗漏及总泵内制动液不足；气压制动系统控制阀或制动气室密封不良及空气压缩机传动带松弛、工作效率降低等，均会造成制动距离的增加。

因此，制动系统的检查，除制动系统零件的紧固、清洁和润滑外，主要是检查制动蹄片与制动鼓间隙、真空增压器的密封性及制动系统中空气的排除等。

1. 前轮制动器的检查

前轮盘式制动器的拆卸与分解如下。

(1) 将车架起，拆下车轮和制动管路。
(2) 拆制动钳体。
(3) 拆下弹簧、制动摩擦片、垫片及支承板等。
(4) 拆卸气缸体滑动轴套、防尘罩和活塞。

桑塔纳 TEVES 型盘式制动器的摩擦片的使用极限为不超过 7mm。在拆卸制动钳时，如不更换摩擦片，拆卸之前应在摩擦片上做记号，以便于重新装配；否则会影响制动效果。

制动摩擦片的检查：外侧摩擦片可以通过轮辐上的孔目测检查其厚度，内侧摩擦片可以利用反光镜进行目测。摩擦片的使用极限为 7mm，同时还应检查磨损的均匀度。更换制动盘时，同一车辆两个制动盘必须同时更换，以确保两轮所产生的制动力相等。修理时，还应检查制动盘有无偏摆，如果磨损后偏差大于 0.06mm，应予以更换。

拆装制动片时，在活塞回位之前，应先抽出制动油罐中的制动液。特别是在已经添加了制动液后，容易造成腐蚀油漆涂层的现象。排放制动液时，只能用专门的盛放制动液的塑料瓶或容器。制动液有毒性,切忌通过软管用嘴吸出。

2. 后轮鼓式制动器的检查

利用制动器底板上的观察孔检查制动摩擦片的厚度和拖滞情况。新的摩擦片厚度为5mm,磨损极限为2.5mm。制动摩擦片是用铆接的方式与底板连接固定在一起的。更换时,可以连底板一起更换,也就是更换整个制动蹄,也可以只更换制动摩擦片本身。可按如下方法更换后轮制动摩擦片。

(1) 撬下轮毂盖,松开车轮螺母,拆下车轮。
(2) 通过车轮螺栓孔,向上拨动楔形调整块,使制动蹄放松,然后取下制动蹄。
(3) 用钳子拆下制动蹄保持弹簧及座圈。
(4) 用螺钉旋具或撬杆取出软蹄和下回位弹簧,拆下驻车制动拉索。
(5) 用钳子拆下楔形调整块弹簧及上回位弹簧,取出制动蹄,拆下回位弹簧,取下制动蹄。
(6) 若更换摩擦片,应先去掉旧铆钉及孔中的毛刺,并按先中间、后两边的顺序,重新铆接新摩擦片。
(7) 装上回位弹簧,并把制动蹄与推杆连接好。
(8) 装上楔形调整块,凸出的一边朝向制动底板。
(9) 将另一制动蹄装到推杆上,并装入上回位弹簧。
(10) 装制动拉索。
(11) 将制动蹄装到支架中,并装上制动蹄保持弹簧和座圈。
(12) 装入制动鼓及后轮轴承并调整轴承间隙。
(13) 用力踩制动踏板一次,使后制动器能正确就位。

3. 真空增压器的检查与更换

一般情况下,在发动机怠速时产生的真空度为50kPa,在大节气门时真空度为10kPa;在抬起加速踏板、踩下制动踏板时,真空度为80kPa,此时真空增压器的增强系数为3.0。

1) 真空增压器的检查

将发动机熄火,然后用力踩制动踏板若干次,以清除真空增压器中留有的空气。用适中的力踩下制动踏板并保持在一定位置,然后起动发动机。如果真空增压器正常,则制动踏板的位置应有所下降,否则应检查真空管路。如果真空增压器已损坏,则应更换一个新的。

2) 真空增压器的更换

更换真空增压器时,最好将制动总泵与支架一起从车身拆下,这样比较方便。各螺母的拧紧力矩是15N·m。

4. 驻车制动器的检查与调整

驻车制动器的传动机构是机械式的,通过钢丝绳传动作用于后轮。将驻车制动器拉杆拉紧至棘爪嵌入棘轮第2时,驻车制动器开始起作用(此前为自由行程也称空行程)。放开驻车制动器,两个后轮都应能自由转动。如果需要对驻车制动器进行调整,可按如下方法进行。

(1) 松开驻车制动器。
(2) 用力踩制动踏板一次。

(3) 将驻车制动器拉杆拉紧至棘爪嵌入棘轮 2 齿，使驻车制动器对后轮实施制动。

(4) 拧紧调整螺母，直到用手不能拨动两个被制动以后的后轮为止。

(5) 放松驻车制动器，观察两个后轮是否都能运转自如。

5. 制动系统放气

制动系统维修后或者制动系统进行清洗、换液后，都需要对制动系统进行放气。制动系统放气需借助于一定的仪器，也可以人工进行。

放气以制动总泵为中心，先远后近，顺序如下：右后轮分泵→左后轮分泵→右前制动钳→左前制动钳。人工放气时，将软管一端接在放气螺栓上，另一端插在容器中。用力踩制动踏板并保持住压力，然后拧松放气螺栓，排出空气，再将放气螺栓拧紧。

重复上述步骤几次，注意制动泵上的液罐是否有液体，应随时添加直至空气全部排出，出现新的制动液为止。

6. 制动液的补充和更换

位于前制动总泵上方的制动液储液罐（图 7.93）上有制动液液面的最高和最低标记。如发现制动液少了，应及时添加。

图 7.93　制动液储液罐（制动总泵上的白色储液罐）

制动液有毒性和腐蚀性，不可与油漆相接触，同时它还有较强的吸湿性，能吸收周围空气中的水分。过多的水分会降低制动液的制动效能，所以必须每两年更换一次制动液。不论是添加还是更换制动液，都应使用汽车制造商认可的制动液。

特别注意不能将不同厂家的制动液混加在一起，因为不同厂家生产的制动液有不同的化学成分，混加制动液有可能损坏制动系统中的零件，特别是橡胶件，从而影响车辆的安全行驶。

关于制动液的质量标准、选择及使用、更换方法，读者可参阅本书的参考文献[3]。

复习思考题

1. 简述离合器常见故障的原因及排除方法。
2. 简述手动变速器常见故障的原因及排除方法。
3. 简述金属带式无级变速器常见故障的原因及排除方法。
4. 简述自动变速器常见故障的原因及排除方法。
5. 简述自动变速器失速试验的定义、目的和试验方法。
6. 简述自动变速器时滞试验的定义、目的和试验方法。
7. 简述自动变速器油压试验的定义、目的和试验方法。
8. 简述主减速器和差速器常见故障的原因及排除方法。
9. 简述悬架系统常见故障的原因及排除方法。
10. 简述转向系统常见故障的原因及排除方法。
11. 简述制动系统常见故障的原因及排除方法。

第8章 汽车车身维修

教学提示

车身维修就是把损伤的车身恢复到原来状况的工艺过程,其基本方法和步骤是:校正基础件,更换、修理覆盖件及附件,最后进行车身涂装。

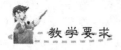
教学要求

本章主要介绍汽车车身损伤形式和相应的维修方法。重点内容是汽车车身损伤的维修方法。要求学生了解汽车车身常见的损伤形式,熟悉汽车车身测量和校正设备的使用方法,掌握汽车车身的一般修复方法。

8.1 汽车车身结构与常见损伤形式

8.1.1 乘用车车身的结构形式

1. 车架与车身分体式

车架与车身分体式如图8.1所示,车架(大梁)与车身是独立的两部分,车身通过螺栓与车架连接,连接点有减振橡胶垫块。车架支承车身,起着主要承载的作用,碰撞时主要由车架承受撞击力。这种结构形式在货车、客车中仍在采用,在乘用车上已很少采用了。

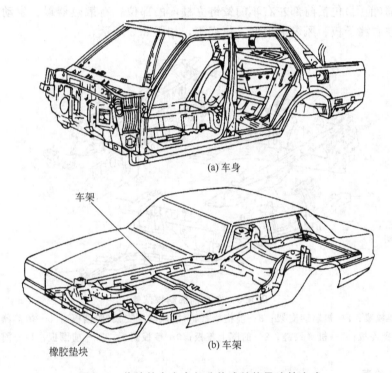

(a) 车身

车架

橡胶垫块

(b) 车架

图 8.1 传统的车身车架分体式结构及连接方式

2. 整体式车身

整体式车身取消了能分开的独立车架,用加强的车身下部构件代替了车架,并采用框架式车身结构增强车身强度及承载发动机、传动系统总成的能力,也称为承载式车身。现代乘用车基本都采用这种形式,如图8.2所示。

8.1.2 乘用车车身的组成

车身可分为车身前部(前围)、侧部(侧围)、顶盖(顶围)、后部(后围)和底部(地板)。各部分又可细分为零部件。

图 8.2　整体式车身结构

1. 车身前部（前围）

车身前部（前围）包括前部左右车门铰链立柱前的部位，有散热器罩、发动机罩、前围板、灯框、左右翼子板、风窗玻璃框、仪表等，如图 8.3 所示。

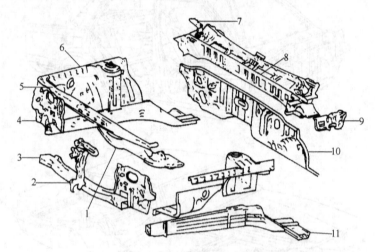

图 8.3　车身前部结构部件

1—前悬架横梁；2—机罩锁支架；3—前横梁；4—散热器侧支架（侧挡板）；5—散热器上支架；6—前挡泥板；7—机罩铰链；8—前围上盖板；9—盖板侧板；10—前围板；11—前纵梁

2. 侧部（侧围）

侧部（侧围）是前立柱（A 柱）与后围立柱（C 柱）之间的部分，包括车门及附件、门框中立柱（B 柱）、车窗、门锁装置等，如图 8.4 所示。

3. 顶部（顶围）

顶部（顶围）是与前部、侧部、后部相连接的车顶部分，包括顶部框架及蒙皮、顶窗等。

4. 后部（后围）

后部（后围）包括汽车后部框架、后玻璃窗或尾门和后保险杠等。后部（后围）有两种形式：一种是普通乘用车式，行李舱与乘员舱是分开的，如图 8.5 所示；另一种是旅行车后吊门式，行李舱与乘员舱是不分开的，如图 8.6 所示。

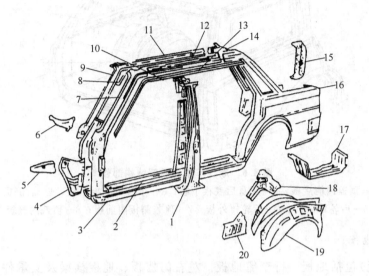

图 8.4 车身侧部结构部件

1—中立柱（B柱）；2—地板主侧梁；3—外侧护板；4—盖板侧板；5—前车身柱下角撑板；
6—盖板侧托架；7—前车身上部外柱（A柱）；8—前立柱（A柱）上部内侧加强板；
9—前上部内立柱；10—中立柱（B柱）上部外侧加强板；11—顶盖内侧梁；12——顶盖外侧梁；
13—顶盖排水槽；14—顶盖内侧板；15—后侧板支架；16—后侧板；17—后侧板下部延长板；
18—行李托架至地板连接件；19—后轮罩外板；20—后轮罩中心撑板

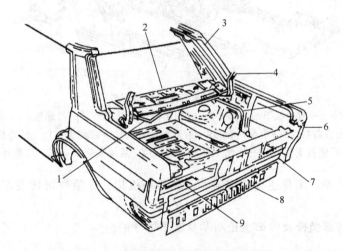

图 8.5 普通乘用车车身后部结构部件

1—后座软垫托架；2—后围上盖板；3—顶盖内侧板；4—行李舱门铰链；
5—后轮罩；6—后侧板；7—后围板；8—行李舱后壁板；9—后地板

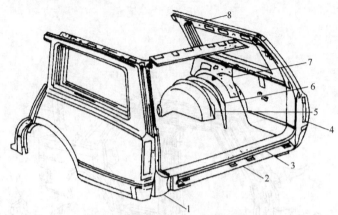

图 8.6 旅行车车身后部结构部件

1—顶盖内侧后板；2—车身后底板下板；3—车身后底板上板；4—后侧板；
5—后轮罩内板；6—后轮罩外板；7—顶盖侧板内前板；8—顶盖内侧板

5. 底部(地板)

底部(地板)包括地板、行李舱地板、左右门槛板、地板横梁及支承件等，如图 8.7 所示。

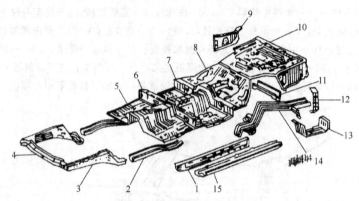

图 8.7 车身底部结构部件

1—地板主侧梁；2—前地板下加强梁；3—前侧梁；4—前横梁；5—前地板；6—前地板横梁；
7—中部地板前板；8—中部地板；9—后地板侧板；10—后地板；11—后地板横梁；
12—后侧板支架；13—后侧下部延长板；14—后地板侧梁；15—门槛外板

除上述部件之外，车身还有许多附件，如门锁机构、保险杠机构及车门、发动机盖、行李舱盖等。

此外，车身内部坐椅及内饰也是与车身密不可分的。

8.1.3 大客车及货车车身

大客车及货车车身，特别是货车车身一般采用车架形式，但大客车车身也有采用框架承载式车身的(无车架)。

客车车身由立柱、横梁等框架组成骨架，如图 8.8 所示，外部焊铆钢、铝蒙皮。为增加蒙皮强度及平整度，多用预应力张拉工艺将蒙皮焊在车身骨架上。

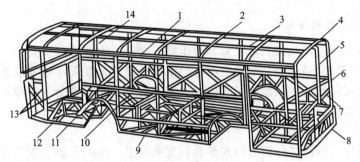

图 8.8 客车车身骨架

1—上边梁；2—顶横梁；3—顶纵梁；4—前风窗框上沿；5—风窗中柱（鼻梁）；
6—前立柱；7—前风窗框下沿；8—前围裙边；9—侧裙边；10—斜撑（牛腿）；
11—窗台；12—底架（承载式车身的底部）；13—门立柱；14—窗立柱

货车则有驾驶室，长头、短头驾驶室相似于乘用车车身前部，平头驾驶室外形相似于客车车身前部，多由薄钢板冲压件组成，如图 8.9 所示。货车有车架及货厢，车架承担车体重量及货厢内货物的重量。

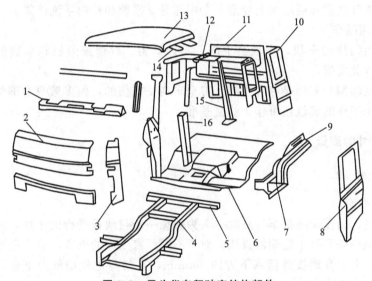

图 8.9 平头货车驾驶室结构部件

1—仪表板；2—前围板；3—前围侧板；4—地板纵梁；5—地板横梁；6—地板；
7—脚踏板；8—车门；9—门槛；10—后围侧板；11—后围板；12—上边梁；
13—顶盖；14—顶盖横梁；15—后立柱；16—前立柱

8.1.4 汽车车身常见的损伤形式

汽车车身损伤主要是碰撞所致。轻微碰擦并不能使车身车架及骨架变形，只需将钣金件敲复位即可；但碰撞严重时，就应分析碰撞的部位和损伤的形式。

1. 车架式车身的碰撞损伤

碰撞会造成车架变形，发生边梁左右弯曲、上下弯曲、断裂及菱形变形、扭转变形等，有时为整体变形，有时为局部变形。

2. 整体式车身的碰撞损伤

整体式车身分为发动机室、乘员室和行李室三部分。为保证乘员安全,乘员室的结构应使其变形很小(强度高);而发动机室与行李室容易损坏、变形,以吸收能量;来自侧面的碰撞振动则被减振钢板、顶盖侧梁、中立柱和车门吸收。车辆受到碰撞后,损伤形式为歪斜、下垂、弯皱和扭曲。车身碰撞情况如下。

1) 前部碰伤

对于较轻碰撞,保险杠会被后推或断裂,支承变形,前翼子板、散热器及其底座、散热器上支承、机罩锁支架都会变形弯曲。对于严重碰撞,除上述损伤更严重外,前侧梁会弯曲,前悬架横梁会因此弯折,发动机会移动,前围板会变形等。

2) 后部损伤

对于较轻碰撞,后保险杠、后地板、行李舱盖及地板可能变形。对于严重碰撞,后顶盖侧板会塌陷至顶板底面,中心车身立柱会弯曲,后侧梁上弯会变形等。

3) 侧面碰撞损伤

造成车门及门框构件、中立柱及地板变形,前翼中部受到严重的侧向碰撞时,前轮会被推进去,前悬架横梁和侧梁均会变形,会损坏悬架系统和转向系统性能。

4) 顶部碰撞损伤

由高处坠落物撞击车顶,车顶会下陷,车顶侧梁、后顶盖侧板和车窗都会损伤,车门、立柱也会因此受损。

汽车撞击及倾翻的变形是综合性的。有全车均受损伤的,但多数只是部分受损伤,有修复的价值,未损伤的部位还可作为修复基准。

8.1.5 车身尺寸的测量

1. 测量基准

1) 水平基准面

汽车设计时,为便于测量车身高度,人为假想一个与地板平行的平面,这就是水平基准面,侧面看是一条平行于底面的直线。对于不同厂家生产的汽车,这个基准面与地板的距离是不同的,有的在地板最低点下方约400mm,有的与地板最低点重合,也有的在地板最低点上方几十毫米。

汽车制造商提供的测量数值是以基准面计算的,所以维修车身时一定要查阅汽车制造商提供的相关资料。

汽车维修时,可以视作业的方便把车身架起来,从平台上测量各点高度,对照原厂资料上的尺寸,很容易求出基准面尺寸与实际底面尺寸的差值,也就是把所有高度尺寸都增加或减少一个数值,以方便维修测量,如图8.10所示。

2) 中心面(线)

用一个平面把汽车纵向分为左右相等的两部分,这一假想平面即为中心面,它垂直于水平基准面。工厂提供的车身数据就是此面(线)到各部分的距离尺寸。大部分汽车是左右对称或基本对称的,不对称的汽车极少,但其资料会标明尺寸数据,从车顶俯视下去,这个面就是一条直线,即车架或车身中心线,左右对角线以它为交汇点。若左面损伤,可以右边尺寸为参考修理,如图8.10(a)所示。

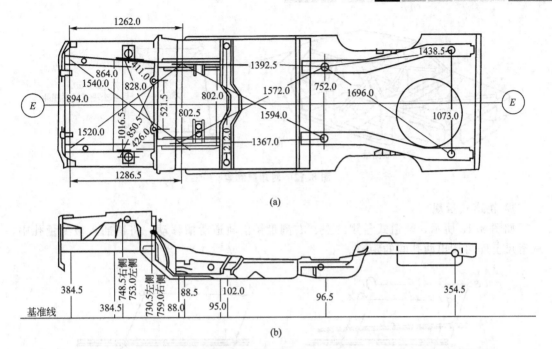

注：尺寸公差为±3mm，正视图上尺寸对称。孔的测量以下缘为准（除非另有注明）。

图 8.10 整体式车身的下部车身尺寸

3) 零平面（线）

汽车车身分为前部、中部和后部三部分，交接的两个面垂直于水平基准面，有的车以前部、中部交接的面为零平面或零线，并以此为基准标前后各点与零线相距的尺寸，如图 8.11 所示。

通过水平基准面（线）、中心面（线）及零线的尺寸标注，就可以把车身每个点的坐标尺寸都标出来。收集原厂尺寸是非常重要的，检测评估车身损伤时，可以这些尺寸为基准，判定损伤程度；修复、校正也以这些尺寸为依据；竣工检验还是以这些数据为检验标准。

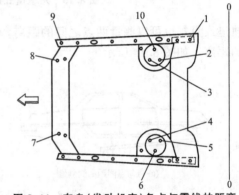

图 8.11 车身（发动机室）各点与零线的距离
1—机罩铰链孔；2、3、4、5、6、10—前悬架附件孔；
7、8—支承臂孔；9—翼子板孔（可另列一表写出标注图上点与零线的距离）

除用上述方法来表示车身尺寸外，生产厂还对各主要框架标注对角线尺寸，用特定的测量点标注内框尺寸。这些尺寸精确反映出汽车的标准尺寸，有利于修整及安装，如图 8.12 所示。

2. 测量仪器

汽车碰撞损伤明显时，目测及用卷尺、板尺测量就能大致断定其损坏程度、形式及尺寸差异；但遇到不明显变形及初步校正后需进一步校正、调整和检验时，就需要比较精确的测量，精确测量的仪器也有简单和复杂之分。

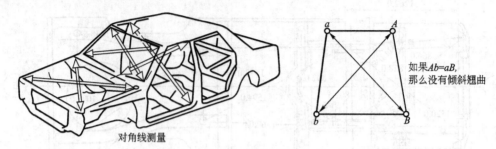

图 8.12 对角线测量

1) 轨道式量规

如图 8.13 所示,轨道式量规的左、右测量销沿轨道滑槽移动,将销插入被测量孔中,从滑尺上即可读出两孔间的距离。

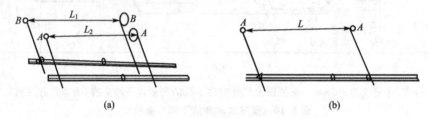

图 8.13 用轨道式量规测圆孔中心距

轨道式量规也可以测量两点之间的距离,可测任意两点(包括对角线),也可测点与基准线的距离,如图 8.14 所示。

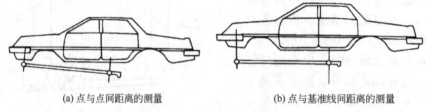

(a) 点与点间距离的测量　　(b) 点与基准线间距离的测量

图 8.14 用轨道式量规测量

2) 自定心量规(中心量规)

自定心量规与轨道式量规有一定的相似,可用来测量和诊断车架的破坏程度,如图 8.15 所示。

自定心量规的端部可以做成垂直弯臂,取代挂钩,使测量车架更方便,稍作改进也可测轴距、前束等。

车辆作翘曲检查时,在两个基本无损伤的地方悬挂两个量规,同时在损伤区悬挂两个量规。正常情况下这些量规应平行,并且中心在一条直线上。如检查到不平行及中心销错位,则车辆已发生翘曲,可以据此测出损伤点与基准线的差值,如图 8.16 所示。

利用轨道式量规与自定心量规可以检查、诊断汽车扭转变形、菱形变形、断裂损伤、上下弯曲、左右弯曲等损伤。

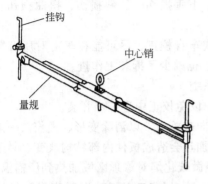
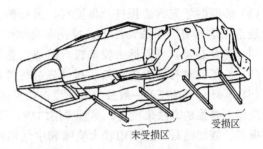

图8.15 自定心量规　　　　图8.16 用自定心量规检查车辆

3) 通用测量系统

把自定心量规、轨道式量规技术集合成框架式带底平台的三维测量系统，成为精确测量工作台，多个测量头同时测量汽车前、后、顶、底与标准面（线）的距离，如图8.17所示，还可在系统中安置高精确度的基准线激光测量系统。

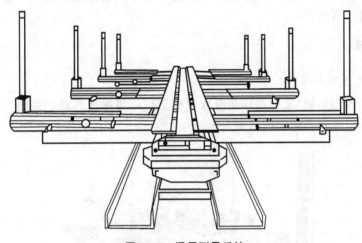

图8.17 通用测量系统

各工厂生产的测量系统有一些差异，有简单的，也有复杂的，可通过说明书了解其构造、功能和具体操作。

另外，车身车架专用校正设备平台也可以测量受损车辆，有的校正设备本身就有检测系统，校正平台是坚固不易变形的，也是多功能的设备。

8.2　乘用车车身的校正

8.2.1　车身校正注意事项

（1）根据不同的设备，确定不同的校正方法，从设备说明书上详细了解设备操作方法及设备功能。

(2) 校正顺序一般是先菱形损伤，再弯皱损伤、下垂损伤、歪斜损伤、扭曲损伤。校正前拆去风窗玻璃、车门及附件。

(3) 必要时才先拆去板件及保险杠，进行整体式车身校正，尽可能在车上对所有零件进行校正，这样有利于施加压力，校正车身结构件，也减少了拆装工作量。

(4) 若有必要，可以拆去发动机等总成及悬架系统。

(5) 校正前对有裂缝的车架、板件先进行焊接，以免校正中进一步开裂。

(6) 车架、车身校正一般按与其受撞击相反的方向来施力，以消除变形、损伤。一般应采用拉而不是推的方法来校正。尽量少用加热，因为加热会造成板件内部结构改变、易于腐蚀等损害。需加热时，应使用较大喷嘴和中性焰或轻微碳化焰对修理区域加热到所需温度。

(7) 拉伸校正可稍微过度（即达到适度的"矫枉过正"），以抵消回弹变形，但要掌握过度量。

(8) 在校正拉伸过程中，有时用木锤、锤子敲击以消除变形及内应力；有时可加热消除并且施力可以分几个阶段逐步校正，即校正一段时间后放松，然后再校正。

(9) 拉伸校正时，要经常测量长度方向及进行对角线检查。

(10) 在使用校正设备时，一定要按操作程序进行，充分注意安全，应有安全操作须知，非操作人员不得操作。

8.2.2 校正设备

1. 车身、车架校正系统

车身、车架校正系统（又称汽车车身大梁校正仪，俗称地八卦，如图 8.18 所示）是多功能的校正系统，也具备精确的测量系统。

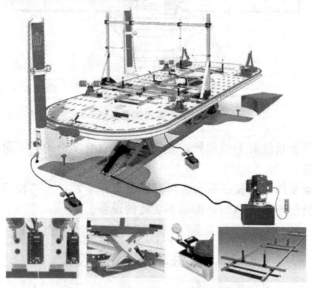

图 8.18　车身、车架校正系统（地八卦）

车身、车架校正系统设备配置齐全，并可与其他车身修复附件（图 8.19）搭配，设备数据库存有全球汽车车身数据，并可不断升级；与四轮定位仪搭配，更能使校正车身及整车达到修复的要求；也配备有手动液压、脚踏气动液压、全自动电液压的动力源，可方便地

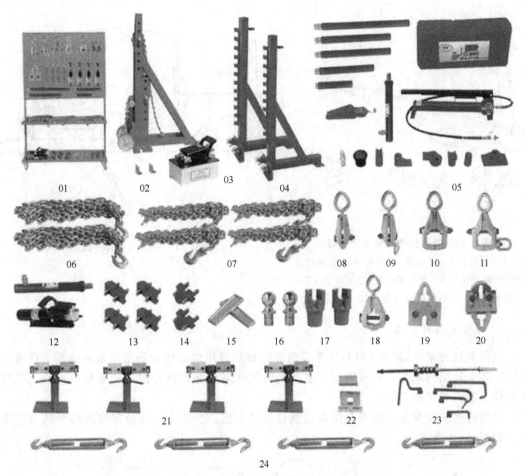

图 8.19　车身、车架校正系统(地八卦)附件

01—展示架(1台)；02—钣金拉搭(1台)；03—方式气动泵(1台)；04—钣金拉柱(2台)；05—液压钣金组
10t(1套)；06—链条5t(2条)；07—链条3t(4条)；08—扁嘴钳夹5t(1只)；
09—扁嘴钳夹(双向，1只)；10—方形钳夹(1只)；11—方形钳夹(双向，1只)；
12—圆式气动泵(1台)；13—链条固定器(4套)；14—支转头底座(2副)；15—插销(22只)；
16—支转头(2只)；17—液压杆头(2只)；18—钢板钳6t(1只)；
19—单角钳夹6t(1只)；20—直角方向钳夹6t(1只)；21—车身固定式夹具组(4副)；
22—固定式夹具(8副)；23—钣金接引器(1套)；
24—双钩连接器(4副)

对损伤车身、车架进行拉伸整形。

车身、车架校正系统坚固的厚钢板平台不易变形，而且可以移动。

2. 简易便携式车身牵拉器

简易便携式车身牵拉器(图8.20)能在任意方向上施加校正力。校正时，主梁、支座和横梁常用于把汽车抬离地面，它们和下车身夹组合使用时，形成基座。

摆臂用链条及拉力钩与需校正的部分连接，用液压泵与支承杆使摆臂运动，把变形部位拉复位，如图8.21所示。

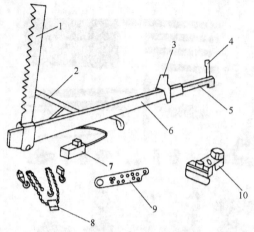

图 8.20 简易便携式车身牵拉器
1—摆臂；2—支承杆；3—可调试支座；
4—延伸支座；5—伸长梁；6—主梁；7—泵；
8—铰链；9—车架角钢拉力盘；10—自紧拉力钳

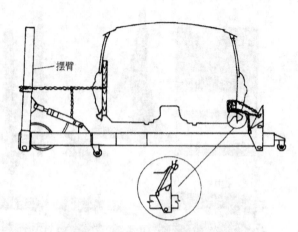

图 8.21 便携式车身牵拉器牵拉

3. 轻便液压杆系统

轻便液压杆系统(图 8.22)利用手动液压泵提供液压力，使液压缸活塞杆运动，在液压杆两端装上适当的端头，就可方便、省力地对损伤车身部位进行推压、展宽、夹紧、拉拔和延伸，达到校正的目的。

液压杆系统与其他校正设备结合，就能从多方面、多角度完成对车身各部分的校正操作，如图 8.23 所示。

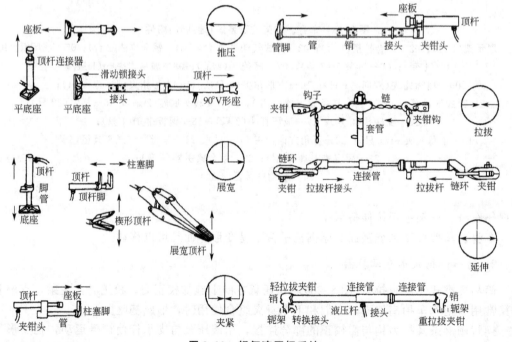

图 8.22 轻便液压杆系统

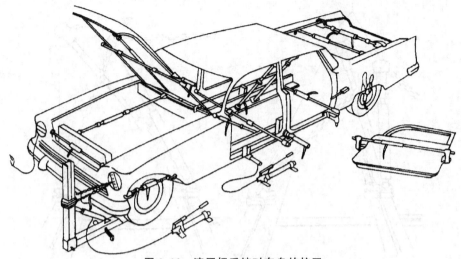

图 8.23 液压杆系统对车身的校正

8.2.3 校正修理

1. 支承与夹紧

在汽车校正施力前,一定要把车身牢固地支承在校正设备上,利用专用、通用支承夹具夹持车身,而支承夹具与校正平台连在一起,以便车架、车身校正时,车辆不会整体移动。

校正车身的牵引力通过夹紧装置施加到损伤部位,夹紧装置由螺栓固定夹夹持在某一部位;也可以在车身上焊上若干固定夹,待校正完毕再将其去除,如图 8.24 所示。

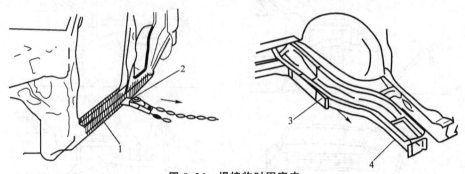

图 8.24 焊接临时固定夹

1—车门槛板;2、3—临时焊接钢片;4—后侧梁

2. 牵拉校正

如图 8.25 所示,校正夹紧装置(螺栓固定夹或焊接头)与张拉链条一端连接,链条另一端则固定在校正平台支承座上。链条利用液压缸中液压杆的推力被拉紧施力,起到校正牵拉作用。液压缸是由手动液压泵提供压力油的。

链条位置及长度调整后,可以改变牵拉力的方向,使校正方位得以保证。校正一般按先校正长度方向,再倾斜校正,最后高度校正的顺序进行。根据校正方向和校正位移量确定固定点和牵拉方向,牵拉要估计一定的回弹量。牵拉时,可分次牵拉,拉一次,卸力测量;再牵拉,直至修复。各种牵拉方式如图 8.26 所示。

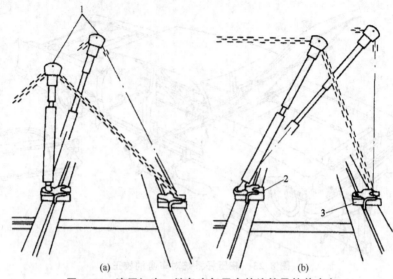

(a) (b)

图 8.25 液压缸座、链条座与平台的连接及拉伸方向

1—链条头和横轴；2—液压缸座；3—链条座

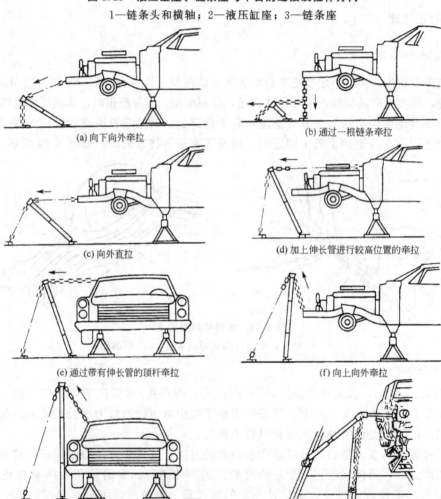

(a) 向下向外牵拉　　　　　　　　(b) 通过一根链条牵拉

(c) 向外直拉　　　　　　　　(d) 加上伸长管进行较高位置的牵拉

(e) 通过带有伸长管的顶杆牵拉　　　　　(f) 向上向外牵拉

(g) 车顶上的向上牵拉　　　　　　(h) 典型的推压安装方式

图 8.26 各种牵拉方式

8.3 覆盖件及构件的修复

8.3.1 覆盖件及构件的手工成形工艺

1. 常用工具

汽车钣金工经常对有缺陷和损伤的钣金覆盖件进行修复或配做一些构件。对汽车车身进行钣金作业时,常用的工具如图8.27和图8.28所示。

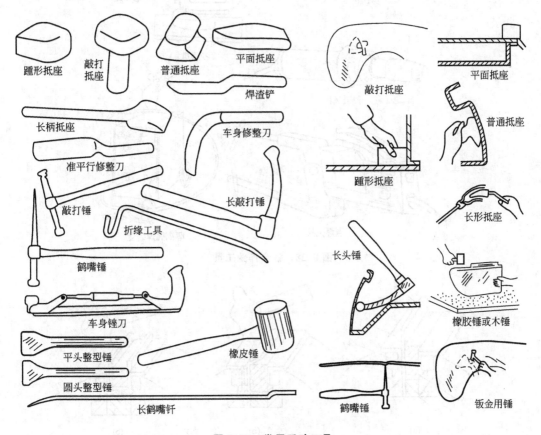

图 8.27　常用手动工具

2. 手工成形工艺

汽车手工钣金成形工艺包括弯曲、放边与收边、拔缘、起拱、卷边、咬缝、制肋和矫正。下面仅以弯曲为例进行介绍。

弯曲就是把平面金属板料弯折为一定角度。操作方法是：下料的板件夹在台虎钳上,弯折线与钳口铁平齐,用木锤或铁锤从头到尾敲击成形。若多角弯折,则要用辅助胎模(规铁)与台虎钳结合进行弯制,如图8.29所示。

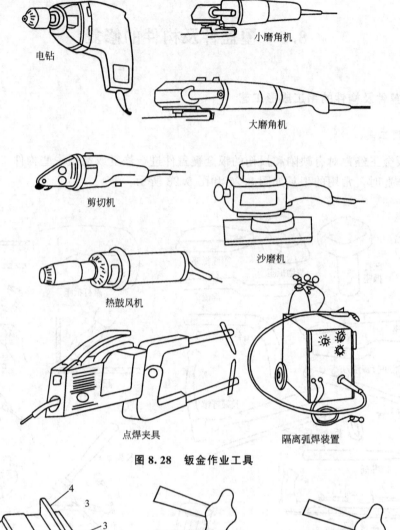

图 8.28　钣金作业工具

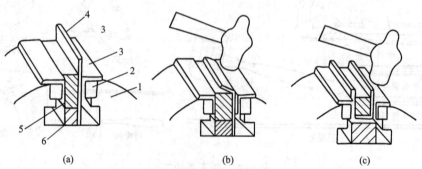

(a)　　　　　　　　　(b)　　　　　　　　　(c)

图 8.29　弯制"□"形工件

1—台虎钳；2—钳口；3—垫板；4—板料；5—规铁；6—垫块

利用不同形状的规铁，可以弯折出不同形状的工件；同样，利用圆钢可以弯出圆筒件。

8.3.2　钣金修理

汽车撞击时，钣金件受到外力而产生弯曲、拉伸等变形，不太严重的受损件或不容易购买的件就需要修复，修复方法为冷加工(锤击)和热加工(加热收缩及焊接)。在修复前应对钣金件的材质进行分析、认识，才能采取正确的修理方法。

1. 汽车车身钢板的类型

1) 低碳钢

车身上主要采用低碳钢，如冷轧板、热轧板。低碳钢塑性好，易于进行冷、热加工，焊接性能也好；缺点是强度低，若用加厚的办法提高强度，却又增加了质量。

2) 高强度钢

超高强度钢(UHSS)又称双相钢，是钢材在带钢热轧机上通过淬火得到的，具有两相显微组织，强度是低碳钢的10倍以上。汽车上的车门护梁和保险杠加强件，就是采用超高强度钢制造的，如图8.30所示。

由于超高强度钢非常坚硬，冷态下很难或不可能校正，如果加热不当其高强度会受到破坏，所以由超高强度钢制造的零件损伤时，不能修理而只能更换。安装新件时若需要连接，可采用气体保护焊。

高强度钢(HSS)的强度比低碳钢高，是经过一定热处理形成的。车身许多零部件应用此类材料，如发动机盖、车门护梁、保险杠、翼子板等。它们可以焊接、加热，但不正确的加热会降低钢的强度。因此，应根据厂家推荐的加热温度加热。

高强度低合金钢(HSLA)通过在低碳钢中加磷来提高强度，具有与低碳钢类似的可加工性。乘用车车身前后梁、车门槛板、保险杠及车门立柱等都采用此类材料。修理时应严格控制加热温度(370~480℃)和加热时间(少于3min)，同时应采用气体保护焊。

另外，有的车上还用镀锌钢，可以焊接，但加热会产生有毒烟气，应注意采取通风及保护措施。

2. 钢板的可加工性

钢材的物理结构由原子构成，原子微粒结合在一起形成晶粒，晶粒以一定形状成为晶格组织，有一定的规律，如图8.31所示。

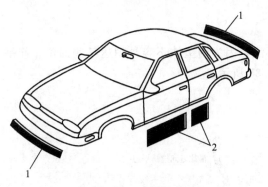

图 8.30 超高强度钢部件
1—保险杠；2—车门护梁

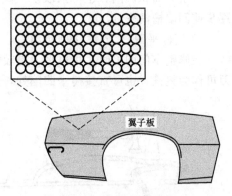

图 8.31 钢的晶粒结构

改变平坦的钢板形状，折弯处的晶粒位置发生错动，即产生晶格畸变。材料发生塑性变形(永久变形)后，晶格发生畸变，这时材料强度会比原来状况下大为提高，这就是冷作硬化。冷作硬化导致晶格扭曲，产生残余应力，需要通过热处理或其他方法消除。

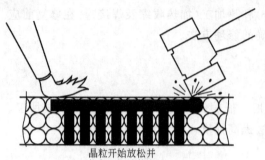

图 8.32 加热、敲击使金属恢复原状态

受损板件恢复时，一方面要恢复到原来的形状，另一方面要消除碰撞和修复中产生的残余应力。因为残余应力会明显降低材料强度。

通过正确的方法可以释放应力，使金属晶格基本恢复到初始状态。所采用的方法是有控制地对板件加热或使用锤子敲击扭曲部位，如图 8.32 所示。

3. 钣金件的表面修整

由于碰撞，金属蒙皮会产生凹凸不平，需要敲平整形以使其恢复原状。

1）锤子、垫铁敲击整形

如图 8.33 所示，将垫铁贴紧凸起的反面，用锤子敲击凸起部位，把凸起部位压缩回原来的形状。敲击力要轻且连续。凹形件修整与凸形修整不同的是敲击点，不是在垫铁顶面的上方，而是蒙皮的凸起部位。将垫铁贴紧最低处，用锤子敲击附近的凸起处，如图 8.34 所示。

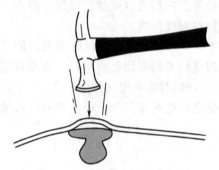

图 8.33 垫铁敲击凸起面修理

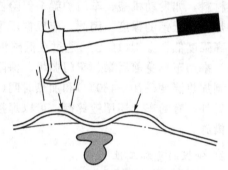

图 8.34 凹形件修整、错位敲击

对于大面积凹陷，也可采取以上敲击法恢复，但要从凹陷外围敲击到附近金属表面，逐步使凹陷槽消失。

2）用修平刀（匙形铁）撬平凹陷

在修整车门凹陷时，用修平刀是较好的办法，因为用垫铁不容易到达某些部位。修平刀可作为垫铁，也可直接撬平凹陷处，如图 8.35 所示。

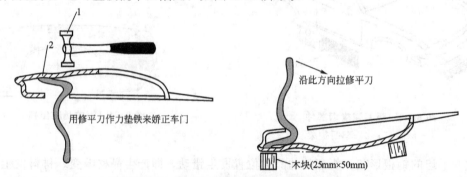

图 8.35 修平刀作垫铁或直接撬平凹陷处

1—锤子；2—车门

3) 拉出凹陷

采用拉出装置，如滑动锤拉出器、吸环等装置结合使用，可把凹陷的蒙皮拉出，特别是蒙皮背面不易到达的地方。

有的用真空吸盘与滑动锤拉出凹陷，有的则在凹陷处焊钉或钻孔拧入螺钉，再用滑动锤拉出凹陷处，如图 8.36 所示。

敲击或拉出凹凸蒙皮后，还要修整平顺，可用专门的锉刀锉平。锉平时若发现高低点，再敲平或拉平，直至高低一致达到平顺为止。

图 8.36 拉出凹陷

4. 金属表面收缩整形

金属蒙皮碰撞产生变形，出现拉伸、隆起、凹槽，俗称料"长"了，金属板变薄，发生硬化现象。利用收缩法可把金属晶粒拉回原来的位置上，以消除应力。

1) 收缩原理

金属受热膨胀，长度增加；冷却收缩，长度缩短恢复。如果金属棒或板两端被单向固定，对它先加热，然后冷却，金属棒就会缩短。原因是：加热时金属棒膨胀，由于两端伸长方向固定，无法纵向伸长，棒内部产生很大的压力，如图 8.37(a)所示；当温度进一步升高时，金属棒受热部分变软，在压力作用下，赤热部分直径增大变粗而压力消失，如图 8.37(b)所示；加热后突然冷却，金属棒收缩，由于原加热部分已加大了，钢棒长度缩短，如图 8.37(c)所示。由于两端单向固定，收缩不受阻，从而达到收缩的目的。

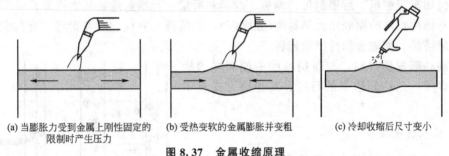

(a) 当膨胀力受到金属上刚性固定的限制时产生压力　　(b) 受热变软的金属膨胀并变粗　　(c) 冷却收缩后尺寸变小

图 8.37 金属收缩原理

2) 金属板上变形部位的收缩

把变形区一小块地方加热至暗红色，随温度升高，金属板受热开始隆起，试图向受热范围以外的地方膨胀。由于周边金属既冷又硬，金属板无法膨胀而产生压力；继续加热后，赤热部分变软，受压力作用而变厚；然后冷却，金属板会收缩而面积缩小，消除了拉伸，不影响周围晶格状态。

根据以上操作，可以对损伤板料多处进行小型加热，以达到收平的目的。

8.3.3　钣金件的连接方法

1. 螺钉连接法

除了焊接以外，由于钣金件较薄，可以用螺钉连接。使用时，在底板上钻定位孔，其

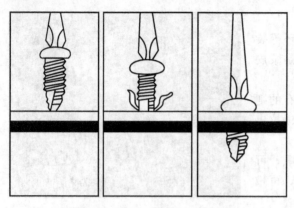

图 8.38 钻孔、攻螺纹并拧上螺钉

直径小于螺钉直径;拧紧时,螺钉附近的材料受到挤压而产生位移,位移变形就产生了紧密连接的效果(相当于底板定位孔处受到挤压,加工成一个螺母),如图 8.38 所示。

2. 铆接

用铆钉把两块金属或非金属零件连在一起,铆钉有铁、铜、铝材质的。有普通敲击铆接的铆钉,还有一种拉铆钉,需用专门的拉铆枪及专门的拉铆钉进行拉铆连接。

3. 金属粘接

把非金属粘接剂置于两个被粘件结合面上,加压、固化后粘接在一起,这就是粘接。粘接对所有材料都适用,特别是对于不能焊接或铆接的紧固尤为重要。粘接有多种粘接剂,常用的有环氧树脂胶粘剂、酚醛树脂胶粘剂和氧化铜胶粘剂。

8.3.4 结构板件的切割与修复

受损伤的整体式车身部件需要整体更换时,一般都按生产时的接合部切割分离,然后安装新件并焊铆连接;但有的部件只是局部受损,而且易于修理,就可作局部切除修复。这些部位如车门槛板、后顶侧板、地板、前梁和后梁、行李舱地板及立柱等。

车身结构板件的横截面大都封闭(强度好),如槛板、立柱、车身梁等,有的截面为开口或单层搭接,如地板和行李舱地板。

切割局部损伤件后,与新制备的一段同样的构件重新焊接,以达到修复的目的。其连接方式有下述 3 种。

1. 插入物平接

对于封闭式截面构件,两段之间插入与截面相同的一段插入物,有利于被连接件的对中、定位和焊接,适合于切割修理车门槛板、立柱、车身梁等,如图 8.39 所示。

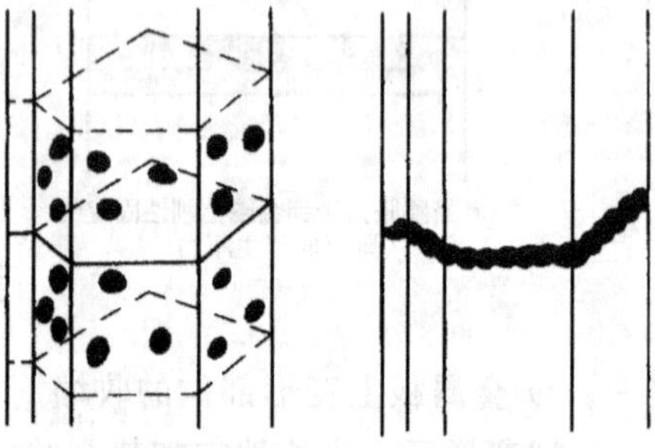

(a) 铆焊　　　　(b) 对焊

图 8.39　立柱插入物平接

2. 交错平接

两段之间不使用插入物,而是采用交错平接方式接在一起,要求两断口相互交错定位,保持对中精度。截面为矩形结构物可用此平接方式,如立柱、前梁等,如图 8.40 所示。

3. 搭接

板件一边搭在另一板件上进行焊接,称为搭接。后梁、地板、行李舱地板等适合用搭接法修焊,如图 8.41 所示。

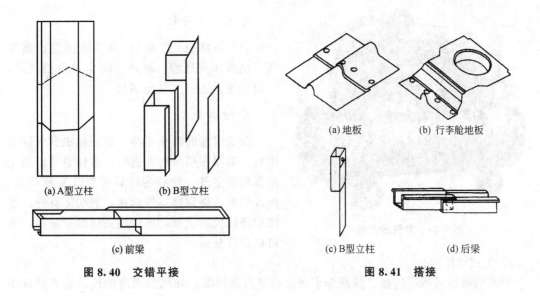

(a) A型立柱　　　(b) B型立柱　　　(a) 地板　　　(b) 行李舱地板

(c) 前梁　　　(c) B型立柱　　　(d) 后梁

图 8.40　交错平接　　　图 8.41　搭接

8.4　车身表面涂层的修复

8.4.1　涂层修复设备

1. 喷枪

喷枪(图 8.42)可以把空气和油漆混合到一起。它雾化油漆流,吹喷油漆到板件上形成漆膜,从而保护板件和起到美观作用。

图 8.42　喷枪

喷枪种类较多,质量也有较大区别。能有一把高质量喷枪并保护好,正确使用,并且经常作清洁和保养,就能喷出高质量的漆面。

2. 空气压缩机

空气压缩机（图 8.43）为喷漆提供压缩空气，也可作为打磨、清洁、除尘设备的气源，一般采用活塞式空气压缩机。

3. 喷漆房

为了喷漆时清洁干净，防止昆虫和气候的影响，喷漆在喷漆房内进行，这样也可以防止漆雾污染空气。喷漆房应具有空气交换功能、排放烟道，能调整空气流速，照明需良好。喷漆房是较大的设置，可以购买标准喷漆房，也可以自行制造。

图 8.43　空气压缩机

1）干式喷漆房

干式喷漆房采用折流板、滤网等干式过滤器过滤漆雾，抽风为横向抽风。喷漆过程中的漆雾，在通风机的作用下进入过滤器被粘附捕集，而空气经通风管排到室外。

干式喷漆房结构简单，通风量和风压小，涂料损耗小，涂覆效率高，不需作废水处理；缺点是清扫工作量大，过滤网需经常换，耗量大，着火危险性较大。

2）喷淋式喷漆室

喷漆过程中产生的漆雾，在通风机的作用下从喷淋室正面的入口处吸入喷淋室，被喷嘴的两级水雾冲洗至下部水槽中存积，余下含水分的空气经气水分离器脱水后排放。冲洗漆雾的水，经水槽过滤后，利用水泵循环使用，水污染后定期进行排放处理。

还有一种较大型的水帘式喷漆室，其效率高，漆雾处理得干净，能够回收油漆，适用于连续作业的有较大喷漆量的企业使用。

4. 烘干室

为加快漆膜干燥，需要对漆膜进行红外线烘干。对于整车喷漆（俗称"穿大褂"）的车，可进入烘干室（也称烤漆房，如图 8.44 所示）全车烘干；而对于局部喷漆的车辆，则可用便携式红外线灯组单元（图 8.45）烘干。一般烘干温度达到 40～100℃。

图 8.44　烘干室（也称烤漆房）

图 8.45　短波红外线烤灯（三管）

烘干的漆比常温自干漆有更好的光泽,而且质地坚硬,寿命持久。由于烘干漆比自干漆价格便宜许多而质量又好,所以使用烘干设备是很合算的。

8.4.2 涂层修复材料

1. 腻子

由于修复板件不会非常平整,就需要腻子填平,干燥打磨后,使板件表面平整光洁。腻子品种很多。其中,醇酸树脂类腻子干燥时间较长,广泛应用于客车和货车;氨基甲酸乙酯类腻子有很高的成膜能力、出色的粘接力和固色性能,并且容易打磨;聚酯类腻子的干燥时间短,有较高的成膜能力。

2. 漆料

油漆都是由颜料、粘合剂(树脂)、溶剂及添加剂组成的。

1) 粘合剂

合成瓷漆由醇酸树脂、颜料和溶剂组成。丙烯树脂瓷漆由醇酸树脂、丙烯酸树脂和溶剂组成。

2) 溶剂

溶剂是油漆的重要组成部分,常用溶剂有以下几种。

(1) 脂肪烃:矿物醇、石油。

(2) 芳香烃:二甲苯。

(3) 酯:乙酸乙酯、醋酸乙酯。

(4) 酮类:丙酮、丁酮。

3) 颜料

颜料包括天然颜料和化学合成颜料,达 90 多种,可调配各种颜色。

4) 瓷漆的干燥原理

丙烯酸酯和醇酸瓷漆中含有溶剂,喷涂后能够很快蒸发。这样,瓷漆表层就生成一层硬膜,然后漆层吸入氧气,内部发生氧化反应,干燥剂开始起作用。虽然瓷漆喷涂数小时后,从表面看瓷漆层已经干燥,实际上整个油漆层完全干燥还需要数周的时间。干燥过程中漆面软,一旦完全干燥,漆面将变得很硬且不易被普通溶剂溶解。

5) 金属漆

为了去除紫外线,提高油漆的耐久性和遮盖能力,改变油漆的颜色,油漆厂在油漆中添加云母、珍珠粉和金属微颗粒,这就是金属漆。

普通漆含有不透明的颜料,阻止太阳光穿透,反射太阳光,使人们对油漆层产生了有颜色的感觉。不透明颜料阻止紫外线穿透,漆层具有很好的耐久性。

金属漆允许光线穿透油漆层,漆中的金属颗粒、云母、珍珠粉和颜料对光线发生反射,形成人们感觉到的颜色和形状。不同角度和不同光线下观察金属漆,其漆层颜色会改变。一般金属漆面上再喷一层清漆,不但耐酸雨防紫外线,而且漆面更光亮、美观,颜色更丰富。

6) 油漆材料的匹配

若全车均为裸露的金属板(如通过喷砂打掉全部旧漆),就不需要特意选漆,只需按价格高低购买,调制合适的漆就行了;但若是在旧漆面线旧底层上做漆或补漆,就应判明汽车原来采用的油漆种类,尽可能用与原漆相同的油漆。

漆色的调配需要较高的经验和技能,人工调配补漆是很难达到原来颜色的。现已有专门的电脑调漆店(图 8.46),其调配漆的方法有下述两种。

图 8.46　电脑调漆店

(1) 从汽车发动机罩贴的颜色标识牌可以得到油漆的代号,根据车辆制造年代和油漆代号查颜色代号册,就可以确定具体的颜色代号。各油漆生产厂也有各种汽车的颜色代号,从颜色代号中可以查出其生产的各色油漆配合质量比。由于其电脑中存储着各种车的各种颜色的调制配方,查起来比较方便。查出配方后,按调漆质量在电子秤上按比例精确称量主色漆和调配漆,将它们搅拌均匀就得到所要求的颜色漆。

(2) 若是补漆年代较久的车,按车身标牌配出的漆仍不会与原色一致,可用颜色图表直接对照原车漆面试出某种颜色;按这种颜色的标号查出色漆比例,在电子秤上称量配制就行了。

油漆(面漆)配好,要有一定稀释剂(稀料),以便喷漆时调制成一定黏度的漆。调制黏度可用黏度杯或按油漆厂的说明加稀料。不正确的黏度将产生低质量的光泽效果,产生橘皮、塌陷、遮盖性差等后果。

3. 遮盖材料及其他材料

全车喷漆要遮盖不能上漆的部位,部分补漆更需遮盖许多不喷漆的地方。一般用带胶的塑料胶粘带和纸粘带贴在原漆面或非喷漆面边沿,再用纸大范围遮盖不喷漆的大面,纸与胶粘带应相接合。若要做彩色漆图案,也可用这种方法遮盖。

另外还需要一些辅料,如打磨用的各种粗、细磨粒的砂纸,过滤漆的过滤漏斗,清洗稀料,抹布等。

8.4.3　漆面的修复工艺

1. 去旧漆

若要彻底去除旧漆及原来的腻子底漆,可采用喷砂机,用喷砂打出金属本体,但工作条件很差。

若不要求彻底清除,就可以用砂轮或砂纸打磨旧漆面,以提高附着力和清洁旧漆面。

2. 上底漆

底漆有极大的附着力和抗腐蚀能力,一般有乙烯树脂或环氧树脂涂料。油漆生产厂已生产有与面漆相配合的底漆,查询采用即可。

3. 涂抹底层腻子

腻子品种多,应选择干燥成型快、易于打磨和细腻的腻子。快干腻子约30min就能干燥。

刮抹腻子及打磨的要求高,经验丰富、技艺熟练的漆工才能胜任。油漆的效果取决于腻子的刮抹与打磨。刮抹腻子、打磨,再刮抹、打磨,这道工序可能有几道至十几道之多。

4. 面漆底漆

腻子打磨完成后,可再喷一道面漆的底漆,其附着力强,遮盖力强,可遮盖原底色及补腻子的微孔。喷底漆后若发现瑕疵,仍可补刮腻子、打磨。

5. 喷面漆

底层处理完后,即可进行面漆喷涂作业。喷涂面漆前应注意以下事项。

(1) 面漆要搅拌均匀,以免颜料沉在下面,影响质量及颜色。

(2) 稀释油漆,黏度要调好,最好用黏度杯调试。

(3) 漆料一定要过滤干净,喷前才加入固化剂。

(4) 喷枪要干净,调整好。

(5) 压缩空气应经过过滤器,滤去水分、油、尘等杂质,用质量好的油水分离过滤器可达到这一目的。

(6) 按规定数值调整好喷漆压力(也称风压)。

(7) 最好在封闭的喷漆房中喷漆,有适当的温度与湿度,良好的照明、整洁的环境。

(8) 被喷车应遮盖好。

(9) 喷涂前用专用拭布擦拭喷涂面。

(10) 喷涂整车时,从顶盖开始,配备合适的长凳或架子。

6. 喷漆中的注意事项

(1) 漆工必须戴上防护面罩,喷枪距漆层垂直距离为150~210mm,第一次喷漆行程从顶盖的离漆工近的侧边开始,再从右到左和从左到右喷,相邻行程有50%的重叠;然后,随着距离增加,覆盖宽度也增加,喷枪由垂直到倾斜,重叠增加到60%~70%。喷到顶盖中心后,迅速移到另一侧面,为保留一个湿边,此时应从远的中心向近侧喷。发动机罩也应这样喷涂。

(2) 一般面漆喷2~3道。

(3) 喷涂后在未完全干燥时,可逐步撤除遮盖纸及胶粘带。

(4) 烘干或自干。

7. 抛光、打蜡

油漆烘干完毕之后,可视漆面质量或应客户要求用抛光机(图 8.47)进行抛光,用打蜡机(图 8.48)进行打蜡作业,以获得更好的漆面质量。

图 8.47　抛光机

图 8.48　打蜡机

选用优质的车蜡(图 8.49)对车身漆面的保养至关重要。

(a) 抛光蜡

(b) 上光蜡

图 8.49　车蜡

复习思考题

1. 汽车车身常见的损伤形式有哪些?
2. 如何对车身尺寸进行测量?
3. 在对损坏的车身进行校正作业时应注意哪些问题?
4. 汽车钣金件的表面修整有哪几种常用方法?
5. 如何对已经发生变形的汽车金属表面进行收缩整形?
6. 简述汽车车身漆面的修复工艺过程。

第 9 章
汽车电气系统维修

教学提示

现代汽车具备的电子控制系统故障自诊断功能给汽车维修带来了极大的方便,掌握汽车电子控制系统的故障测试方法具有重要意义。

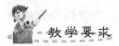
教学要求

本章主要介绍汽车电子控制系统的故障自诊断功能和故障测试方法。重点内容是汽车电子控制系统的故障测试方法。要求学生了解自诊断系统的功能,熟悉汽车电子控制系统的故障测试方法,掌握汽车电子控制系统检修的基本技能。

在现代汽车电气系统的维修中,对电子控制系统的故障诊断工作占有重要地位,有"三分维修,七分诊断"之说。限于篇幅,本章仅介绍汽车电子控制系统的故障诊断方法,关于具体的维修方法,读者可参阅本书参考文献第[4]~[7]项。

9.1 自诊断系统

9.1.1 自诊断系统的基本功能

顾名思义,自诊断就是电子控制系统自己诊断系统本身的技术状态是否良好。自诊断系统又称为故障自诊断系统,主要由电控单元(ECU,也称电控模块即 ECM,俗称电脑)及传感器与执行器的监测电路组成。

自诊断系统的功能包括三个方面:一是监测控制系统工作情况,一旦发现某个传感器或执行器参数异常,就立即发出报警信号;二是将故障内容编成代码(称为故障码)存储在随机存储器(RAM)中,以便维修时调用;三是启用相应的备用功能,使控制系统处于应急状态运行。

1. 发出报警信号

在发动机运转过程中,当某只传感器或执行器发生故障时,ECU 将立即接通仪表板上的故障指示灯电路,使指示灯点亮,提醒驾驶人控制系统出现了故障,应立即检修或送修理厂检修,以免故障范围扩大。

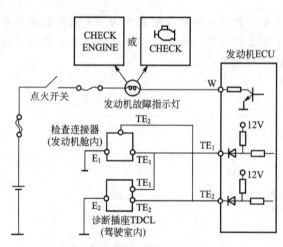

图 9.1 故障自诊断系统工作电路

故障指示灯又称为检查发动机指示灯(如图 9.1 所示,图中 TDCL 为故障诊断插座,安装在驾驶室内,检查连接器安装在发动机舱内)或立即维修发动机指示灯。

2. 存储故障码

当自诊断系统发现某只传感器或执行器发生故障时,ECU 会将监测到的故障内容以故障码的形式存储在随机存储器中。只要存储器电源不被切断,故障码就会一直保存在随机存储器中。

即使是汽车在运行中偶尔出现一次故障,自诊断电路也会及时检测到并记录下来。在控制系统的电路上,设有一个专用诊断插座,在诊断排除故障或需要了解控制系统的运行参数时,使用汽车制造商提供的专用检测仪或通过特定操作方法,就可通过故障诊断插座将存储器中的故障码和有关参数读出,为查找故障部位、了解系统运行情况和改进控制系统设计提供依据。

3. 启用备用功能

备用功能又称为失效保护功能。当自诊断系统发现某个传感器或执行器发生故障时,

ECU将以预先设定的参数取代故障传感器或执行器工作,控制发动机进入故障应急状态运行,使汽车维持基本的行驶能力,以便将汽车行驶到修理厂修理,这种功能称为控制系统的备用功能或失效保护功能,也有人形象地称之为"跛行回家"功能。

在备用功能工作状态下,发动机的性能将受到不同程度的影响,某些车型的自诊断系统还将自动切断空调、音响等辅助电器系统电路,以减小发动机的工作负荷。

9.1.2 自诊断系统的备用功能

某些传感器或执行器发生故障后,自诊断系统将自动启用备用功能,以便将汽车行驶到修理厂修理。备用功能主要包括以下几个方面。

(1) 冷却液温度传感器电路断路或短路时,ECU按固定温度值控制喷油器喷油。当冷却液温度传感器工作正常时,冷却液温度一般设定在-30～+120℃,其输出信号电压在0.3～4.7V范围内变化。

当冷却液温度传感器电路发生短路或断路故障时,其输出的信号电压就会低于0.3V或高于4.7V,ECU接收到低于0.3V或高于4.7V的冷却液温度信号后,自诊断系统就会判定冷却液温度传感器电路有短路或断路故障,并启用备用功能,按固定温度值控制喷油器喷油。

(2) 当进气温度传感器电路断路或短路时,ECU将按进气温度为20℃的状态控制喷油。

(3) 空气流量传感器或歧管压力传感器电路断路或短路时,ECU将按节气门位置传感器信号以3种固定的喷油量控制喷油。

当节气门位置传感器(桑塔纳2000GSi、捷达GT、GTX型乘用车为节气门控制组件)的怠速触点闭合时,以固定的怠速喷油量控制喷油;当怠速触点断开、节气门尚未全开时,以固定的小负荷喷油量控制喷油;当节气门全开或接近全开时,以固定的大负荷喷油量控制喷油。

(4) 当节气门位置传感器电路断路或短路时,ECU将根据发动机转速信号和空气流量传感器信号计算出一个替代值来控制喷油。

(5) 当大气压力传感器电路断路或短路时,ECU将按101kPa(1个标准大气压)控制喷油。

(6) 氧传感器电路断路、短路、输出信号电压保持不变或变化频率每10s变化低于8次时,ECU将取消反馈控制,并以开环控制方式控制喷油。

(7) 曲轴位置传感器电路断路或短路时,ECU接收不到曲轴转速与转角信号,无法控制点火时刻和喷油时刻,因此无法采取失效保护措施,发动机将无法运转。

(8) 执行器(如喷油器、点火控制器、怠速控制阀等)故障监测,有的能被ECU检测出来,有的则不能,依车型的控制软件设计而异。

9.2 故障自诊断测试

9.2.1 自诊断测试方式

自诊断测试是指利用故障检测仪或按照特定操作方式来读取或清除故障码、检测各种传感器或执行器的工作情况及其控制电路是否正常、与车载 ECU 进行数据传输等。汽车电子控制系统有无故障，均可通过自诊断测试进行检测诊断。

根据发动机工作状态不同，自诊断测试方式分为静态测试和动态测试两种。

静态测试简称为 KOEO(Key ON Engine OFF)方式，即在点火开关接通、发动机不运转的情况下进行诊断测试，主要用于读取或清除故障码。

动态测试简称为 KOER(Key ON Engine Run)方式，即在点火开关接通、发动机运转的情况下进行诊断测试，主要用于检测传感器或执行器工作情况及其控制电路是否良好、与车载 ECU 进行数据传输等。

9.2.2 自诊断测试内容

1. 读取故障码

诊断汽车电子控制系统故障最常用的自诊断测试方法是读取故障码。电控发动机汽车在使用过程中，只要蓄电池正极柱和负极柱上的电缆端子未曾拆下，ECU 中存储的故障码就能长期保存。将故障码从 ECU 中读出，即可知道故障部位或故障原因，为诊断排除故障提供依据。

读取故障码的方法有两种：一种是利用故障检测仪读取，另一种是利用特定的人工操作方法读取。

2. 数据传输

当发动机运转时，利用故障检测仪将车载 ECU 内部的控制参数和计算结果等以数据表和串行输出方式在检测仪屏幕上一一显示出来的过程，称为数据传输，通常称为"数据通信"或"读取数据流"。

通过数据传输，各种传感器输出信号电压的瞬时值、ECU 内部的计算与判断结果、各执行器的控制参数都能一目了然地显示在检测仪屏幕上。

根据发动机运转状态和传输数据的变化情况，即可判断控制系统的工作状态，将特定工况下的传输数据与标准数据进行比较，就能准确判断故障类型和故障部位。

3. 监控执行器

在发动机熄火状态下或运转过程中，通过故障检测仪向执行器发出强制驱动或强制停止指令来监测执行器动作情况，判定执行器及其控制电路有无故障。

例如，在发动机熄火状态下，控制电动燃油泵运转、控制某只电磁阀或继电器（如冷却风扇继电器、空调压缩机继电器等）工作、控制某只喷油器喷油等。当发出相应的控制指令后，如燃油泵不转（听不到运转声音）、电磁阀不工作（用手触摸时没有振动感）、冷却风扇或空调压缩机不转动，说明该执行器或其控制电路有故障。

在发动机运转状态下，如果发出控制某只喷油器停止喷油的指令后，用手触摸该喷油器仍有振动感或发动机转速不降低，说明其控制电路有故障；当控制模式设定为闭环控制模式时，系统将对空燃比 A/F 实施闭环控制，氧传感器将发挥作用，如果检测仪屏幕上显示发动机混合气浓度的红色指示灯（混合气浓）与绿色指示灯（混合气稀）交替闪亮，说明闭环控制系统工作正常；如果红色或绿色指示灯常亮不闪，说明氧传感器失效。

9.2.3 自诊断测试工具

汽车电子控制系统的自诊断测试工具有故障检测仪、调码器和跨接线等。

1. 故障检测仪

为了便于维修人员诊断测试汽车电子控制系统故障,汽车制造商都为自己生产的汽车设计有专用故障检测仪。

故障检测仪又称为故障诊断测试仪、故障阅读仪、汽车系统测试仪及解码器等。常用的汽车故障检测仪及适用车系见表9-1。

表9-1 常用的汽车故障检测仪及适用车系

汽车故障检测仪名称	适用车系
V.A.G1551故障阅读仪	德国大众车系(包括中国所有引进大众技术生产的合资合作车型)
V.A.G1552汽车系统测试仪	
V.A.S5051汽车系统测试仪	
GT1(Group Tester One)	德国宝马车系
XP-STAR检测诊断系统	德国奔驰车系
Tech-Ⅰ、Tech-Ⅱ	美国通用车系
SUPER STAR Ⅱ (Self Test Automatic Readout)	美国福特车系
DRB-Ⅱ、DRB-Ⅲ	美国克莱斯勒车系
修车王SY-380	取决于自诊断软件,几乎涵盖国内能见到的所有车型
V-Scanner(伟世)汽车故障电脑检测仪	
电眼睛	

故障阅读器V.A.G1551的结构如图9.2所示,汽车系统测试仪V.A.G1552的结构如图9.3所示,两种仪器的使用方法和功能完全相同,唯一区别在于V.A.G1552没有打印功能。

故障诊断仪主要由显示屏、键盘、打印机、测试线束插孔、程序卡安装槽(位于仪器后上部)和交叉线束连接插孔(位于仪器背面)组成。其中,16端子测试线束适用于具有16端子诊断插座的汽车,如桑塔纳GLi、2000GLi、2000GSi型乘用车;2端子测试线束适用于具有2端子诊断插座的汽车,如奥迪乘用车。

不同年份生产的车型,配有不同的磁卡,将其插入相应的故障测试仪,即可对不同的车型进行诊断测试。

汽车故障检测仪不仅可以检测诊断燃油喷射系统EFI故障,而且还能检测诊断防抱死制动系统(ABS)、安全气囊系统(SRS)、自动变速系统(ECT)等各种电子控制系统的故障。

故障测试仪型号不同,使用方法也不相同。因此,使用故障测试仪时,必须按照不同测试仪的使用说明进行操作。

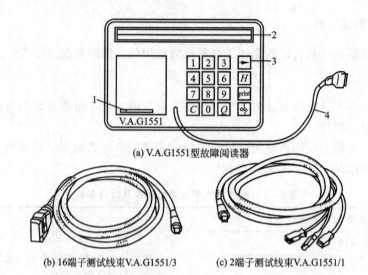

(a) V.A.G1551型故障阅读器

(b) 16端子测试线束V.A.G1551/3　　(c) 2端子测试线束V.A.G1551/1

图 9.2　故障阅读器 V. A. G1551 的结构与测试线束

1—打印纸输出口；2—显示屏；3—输入键盘；4—测试线束

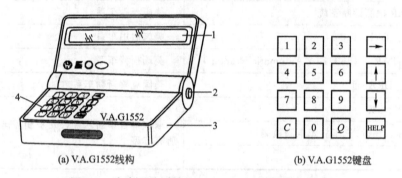

(a) V.A.G1552线构　　　　　　　(b) V.A.G1552键盘

图 9.3　汽车系统测试仪 V. A. G1552 的结构与键盘

1—显示屏；2—测试线束插座；3—程序卡插口盖板；4—输入键盘

2. 调码器

汽车故障检测仪功能齐全、使用方便，但价格昂贵。为了便于没有故障检测仪的用户通过读取故障码来诊断故障，大多数车型设计有利用调码器或跨接线来读取故障码的程序。

调码器是由发光二极管（LED）与一定阻值的电阻串联组成的显示器，如图 9.4 所示。将调码器与诊断插座上相应的端子连接，即可根据调码器上发光二极管的闪烁情况读取故障码。

3. 跨接线

跨接线是一根普通的或其两端带有鳄鱼夹的导线，将跨接线与诊断插座上相应的接线端子连接后，接通点火开关即可根据仪表板上发动机故障指示灯的闪烁情况读取故障码。

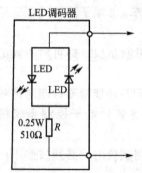

图 9.4　LED 调码器电路

9.2.4 自诊断测试过程

将故障检测仪、调码器或跨接线等自诊断测试工具与汽车上的诊断插座连接后,接通点火开关,即可触发自诊断系统进行诊断测试。根据读取的故障码查阅被测车型的维修手册,就可知道故障码表示的故障内容与故障原因。

诊断插座(TDCL)是故障诊断通信接口(Trouble Diagnostic Communication Link)的简称。在装备电子控制系统的汽车上,都设有诊断插座,一般安装在熔断器盒上、仪表板下方或发动机舱内。

1. 利用跨接线进行诊断测试

日本丰田、马自达、本田,美国通用、福特、克莱斯勒及欧洲各汽车公司生产的大部分汽车均可利用跨接线跨接诊断插座上某两个或某几个指定的接线端子,这样即可触发自诊断系统来读取故障码。

由于各型汽车诊断插座的形状、安装位置、端子分布、跨接端子的名称及故障码的显示方式各不相同,因此自诊断测试方法也各有不同。

下面以丰田乘用车及引进丰田技术生产的夏利2000型乘用车发动机电子控制系统读取与清除故障码的自诊断测试为例,说明利用跨接线进行诊断测试的方法。

丰田和夏利乘用车设有两个诊断插座,发动机舱与驾驶室各设置一个。发动机舱内的诊断插座又称为检查连接器,设在熔断器盒旁边,可用于读取与清除故障码;驾驶室内的诊断插座设在仪表板左下方或仪表台下面的工具箱内,用于数据传输。

通过诊断插座可以对发动机燃油喷射系统(EFI)、电子控制变速器(ECT)、防抱死制动系统(ABS)、空调器系统(A/C)、安全气囊系统(SRS)、空气悬架系统、牵引力控制系统(TRC)、巡航控制系统等进行自诊断测试。

丰田和夏利车系采用的诊断插座有3种形式,如图9.5所示。诊断插座上设有防护盖,打开防护盖即可看到图9.5中所示端子排列情况,各端子代号及功能见表9-2。

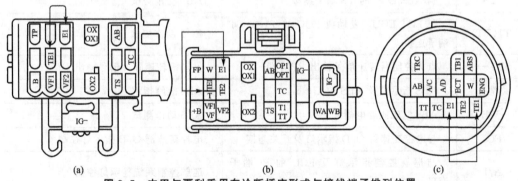

图9.5 丰田与夏利乘用车诊断插座形式与接线端子排列位置

表9-2 丰田乘用车诊断插座引线端子连接部位及其功能

端子代号	连接部位	功能
FP	与汽油泵"+"端子连接	将+B与FP连接时,其油泵运转
W	仪表板故障指示灯与发动机ECU控制端	当发动机ECU检测到故障时,使CHECK灯显示故障码

(续)

端子代号	连接部位	功能
E1	发动机 ECU 与车身搭铁线的引出端子	发动机 ECU 搭铁
OX(OX1)	No.1 氧传感器信号输入发动机 ECU 的引线端子	检测氧传感器输出信号
AB	与 SRSECU LA 端子连接，SRS 指示灯控制端	当 SRSECU 检测到故障时，控制 LA 端子搭铁，使 SRS 指示灯发亮
OP1(OPT)	与冷却液温度传感器至冷却风扇控制器 TH+端子连接	冷却风扇控制器控制信号
TE1(T)	发动机 ECU 和 ECT ECU 故障码诊断触发端子	读取发动机 ECU 和 ECT ECU 故障码（读 ECT ECU 故障码指发动机 ECU 和 ECT ECU 组合成一体的汽车）
TE2	发动机 ECU 开关动作触发端子	检查诊断开关动作
TC	与 ABS/SRS/巡航控制 ECU TC 端子连接	调取 ABS/SRS/巡航控制系统故障码
+B(B)	与主继电器输出端子连接	由主继电器控制蓄电池电源与 ECU 是否接通或切断
VF1(VF)(ENG)	与发动机 ECU 的 VF 或 VF1 端子连接，主氧传感器浓稀修正控制端	混合气浓稀测试
VF2	与发动机 ECU 的 VF2 端子连接，辅助氧传感器浓稀修正控制端	混合气浓稀测试
OX2	No.2 氧传感器信号输入 ECU 的引线端子	检测氧传感器输出信号
TS	与 ABS ECU 的 TS 端子连接	ABS 动作测试
T1(TT)	与 ECT ECU、发动机 ECU 的 T1 或 TT 端子连接	ECT 动作测试
IG—	点火控制器转速信号输出 RPM 端	发动机转速脉冲信号输出
WA	ABS 指示灯及 ABS ECU	ABS 故障指示
WB	ABS 电磁阀继电器	ABS 动作测试
ECT	与电控变速器 O/D 指示灯及开关连接	电控变速器 O/D 指示灯控制
A/D	与巡航控制指示灯及 ECU 的 PI 端子连接	巡航控制系统指示灯控制
ABS	与 ABS ECU D/G 端子连接	ABS ECU D/G 信号
TB1(AS)	与空气悬架指示灯及 ECU 的 AP 端子连接	空气悬架指示灯控制
TRC	与 ABS 指示灯及 ECU 的 B16 端子连接	ABS 故障指示灯控制
A/C	与空调器 ECU 的 D_{OUT} 端子连接	空调器 ECU 诊断输出信号

1) 自诊断测试条件

在读取故障码之前,控制系统必须满足以下条件。

(1) 蓄电池电压高于 11V。

(2) 节气门完全关闭(即节气门位置传感器的急速触点处于闭合状态)。

(3) 普通变速器的变速杆处于空挡位置,自动变速器(ECT)的挡位控制开关处于 P 位(停车挡)。

(4) 断开所有用电设备开关,如空调开关、音响开关、灯光开关等。

(5) 检查组合仪表板上的发动机故障指示灯(CHECK)及其线路是否良好。方法是:先将点火开关转到"ON"位置,但不起动发动机,此时故障指示灯应当发亮。如果指示灯不亮,说明指示灯灯泡或其控制线路有故障,应予检修。然后起动发动机,此时故障指示灯应立即熄灭。如果指示灯始终发亮,说明控制系统有故障。

2) 静态测试方式读取故障码

在静态测试方式下读取发动机控制系统故障码的程序如下。

(1) 用跨接线将诊断插座上端子"TE1"与"E1"跨接,如图 9.5 所示。

(2) 点火开关转到"ON"位置,但不起动发动机。

(3) 根据组合仪表板上的指示灯闪烁规律读取故障码。如果控制系统功能正常,则指示灯闪烁波形及时间如图 9.6(a)所示,每 0.52s 闪烁一次,每次灯亮与灯灭时间均为 0.26s,高电平时灯亮,低电平时灯灭。如果控制系统存储有故障码,指示灯的闪烁波形及时间将如图 9.6(b)所示。

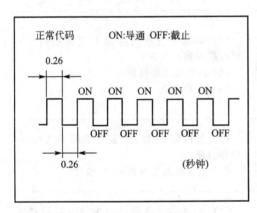 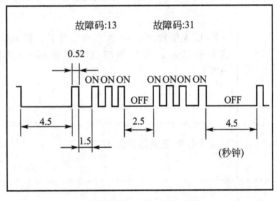

(a) 正常代码显示时间　　　　　　　　　(b) 故障码"13"、"31"显示时间

图 9.6　故障代码显示时间

丰田系列乘用车和装备 8A-FE 型燃油喷射式发动机的夏利 2000 型乘用车,其故障码均为两位数字。故障指示灯先显示十位数字,后显示个位数字。

同一数字灯亮与灯灭时间均为 0.52s,十位数字与个位数字之间间隔 1.5s。如有多个故障码,则在故障码与故障码之间间隔为 2.5s,并按故障码的大小按由小到大顺序显示。故障码全部输出后,间隔 4.5s 再重复显示。只要诊断插座上端子"TE1"与"E1"保持跨接,就会继续重复显示。故障码的含义及故障原因见表 9-3。

表 9-3　丰田(TOYOTA)与夏利 2000 型乘用车故障码的含义及故障原因

故障码	故障内容	故障原因及部位
11	ECU 电源瞬间中断	主继电器及其线路接触不良
12	(1) 起动机接通 2s 以上时间 ECU 未接收到曲轴转速信号 (2) 发动机转速在 600～4000r/min 范围内，ECU 在 3s 以上未接收到凸轮轴位置传感器信号	(1) 曲轴位置传感器(CPS)及其线路故障 (2) 凸轮轴位置传感器(CIS)及其线路故障 (3) 起动信号 STA 线路断路或短路 (4) ECU 故障
13	(1) 发动机转速在 1500r/min 以上，ECU 在 0.3s 以上时间内未接收到转速信号 (2) 发动机转速 500～4000r/min 范围内，ECU 未接收到凸轮轴位置传感器信号	(1) 曲轴位置传感器及其线路故障 (2) 凸轮轴位置传感器及其线路故障 (3) ECU 故障
14	ECU 连续发出 4～5 次点火信号后，仍未接收到点火监控信号(IGf 信号)	(1) 分电器至 ECU 之间的监控信号线路断路或短路 (2) 点火控制器故障 (3) ECU 故障
15	ECU 连续发出 4～5 次点火信号后，仍未接收到第二组点火线圈的点火监控信号(IGf 信号)	(1) No.2 点火线圈至 ECU 之间的监控信号线路断路或搭铁 (2) 点火控制器故障 (3) ECU 故障
16	电子控制变速器信号不正常	(1) 主 ECU 与电子控制变速器 ECU 之间线路故障 (2) 电子控制变速器 ECU 故障
17	No.1(左)凸轮轴位置传感器信号不良	(1) No.1(左)凸轮轴位置传感器线路断路、搭铁 (2) No.1(左)凸轮轴位置传感器故障
18	No.2(右)凸轮轴位置传感器信号不良	(1) No.2(右)凸轮轴位置传感器线路断路、搭铁 (2) No.2(右)凸轮轴位置传感器故障
21	左侧主氧传感器信号不正常(传感器输出电压在 0.35V 以下或 0.7V 以上超过 60s 无变化)	(1) 左侧主氧传感器损坏或线路断路、搭铁 (2) 氧传感器加热元件损坏或线路断路、搭铁

（续）

故障码	故障内容	故障原因及部位
22	冷却液温度传感器(CTS)线路断路或短路0.5s以上时间(ECU在0.5s以上时间内未接收到THM信号)	(1) 冷却液温度传感器线路短路或断路 (2) 冷却液温度传感器失效 (3) ECU故障
24	进气温度传感器(IATS)线路断路或短路0.5s以上时间(ECU在0.5s以上时间内未接收到进气温度信号)	(1) 进气温度传感器线路短路或开路 (2) 进气温度传感器失效 (3) ECU故障
25	混合气过稀、空燃比过大(ECU接收到氧传感器信号电压低于0.45V时间超过90s)	(1) 氧传感器失效、线路断路 (2) 冷却液温度传感器失效 (3) 喷油器线圈断路或阀针卡住 (4) 空气流量传感器工作不良 (5) ECU故障
26	混合气过浓、空燃比过小(氧传感器信号电压高于0.45V时间超过10s；发动机怠速运转冷却液温度在80℃以上)	(1) 喷油压力过高 (2) 喷油器密封不良、漏油 (3) 正时带跳齿、配气正时错乱 (4) 进气歧管漏气 (5) ECU故障
27	左侧副氧传感器信号不正常	左侧副氧传感器损坏或线路断路、搭铁
28	右侧主氧传感器信号不正常(传感器输出电压在0.35V以下或0.7V以上超过1 min无变化)	(1) 右侧主氧传感器损坏或线路断路、搭铁 (2) 氧传感器加热元件损坏或线路断路、搭铁
29	右侧副氧传感器信号不正常	右侧副氧传感器损坏或线路断路、搭铁
31	歧管压力(MAP)传感器线路断路或短路0.5s以上时间(怠速运转时ECU在0.5s以上时间未接收到PIM信号)	(1) 歧管压力传感器信号电压失常(标准值5V±0.5V) (2) 歧管压力传感器线路断路或短路 (3) ECU故障
32	空气流量传感器(AFS)信号不良(怠速运转时ECU在0.5s以上时间未接收到AFS信号)	(1) 空气流量传感器故障 (2) 空气流量传感器线路开路或短路 (3) ECU故障
33	怠速控制阀信号不良	(1) 怠速控制阀线路断路或短路 (2) 怠速控制阀故障
34	压力传感器信号不良(TURBO车型)	压力传感器损坏或线路断路、搭铁
35	大气压力传感器信号不正常	大气压力传感器损坏或线路断路、搭铁

(续)

故障码	故障内容	故障原因及部位
41	节气门位置传感器(TPS)线路断路或短路0.5s以上时间(ECU在0.5s以上时间内没有接收到VTA信号或怠速时信号电压低于0.4V或高于3.5V)	(1) 节气门位置传感器线路断路、搭铁 (2) 节气门位置传感器故障 (3) ECU故障
42	发动机转速在2500~5000r/min(普通变速器)或2800r/min(ECT)以上、冷却液温度高于80℃、歧管压力高于60kPa时,ECU在8s以上时间内未接收到车速传感器(VSS)信号(SPD信号)	(1) 车速传感器线路断路、搭铁 (2) 车速传感器故障 (3) P/N开关故障 (4) ECU故障
43	起动信号不良	(1) 起动STA信号线路断路、搭铁 (2) ECU故障
47	辅助节气门位置传感器(TPS)线路开路或短路0.5s以上时间(雷克萨斯LS400)	(1) 辅助节气门位置传感器线路断路、搭铁 (2) 辅助节气门位置传感器故障 (3) ECU故障
51	自诊断测试时,自动变速器的挡位控制开关处于空挡N,倒挡R,行驶挡D、2、1(应拨到停车挡P)位置或空调开关接通	(1) 操作不当 (2) 自动变速器的挡位控制开关故障 (3) 空调开关故障
52	No.1爆燃传感器信号不正常(发动机转速在1600~5200r/min范围内,爆燃传感器信号有6个循环未输入ECU)	(1) No.1爆燃传感器DS线路断路、搭铁 (2) No.1爆燃传感器DS故障 (3) ECU故障
53	发动机转速在650~5200r/min范围内,ECU检测到爆燃信号无法处理	ECU内部爆燃控制电路失效
54	涡轮增压器水温信号不良	(1) 冷却液温度传感器线路短路或断路 (2) 冷却液温度传感器失效 (3) ECU故障
55	No.2爆燃传感器信号不正常(发动机转速在1600~5200r/min范围内,爆燃传感器信号有6个循环未输入ECU)	(1) No.2爆燃传感器DS线路断路、搭铁 (2) No.2爆燃传感器DS故障 (3) ECU故障
71	废气再循环(EGR)系统工作不良	(1) EGR真空电磁阀故障或线路断路或搭铁 (2) EGR系统排气温度传感器故障 (3) ECU故障

(续)

故障码	故障内容	故障原因及部位
72	燃油切断电磁阀工作不良	(1) 燃油切断电磁阀故障或线路断路或搭铁 (2) ECU 故障
78	(1) 发动机转速低于 1000r/min 时,电动燃油泵线路开路或短路 1s 以上 (2) 发动机转速低于 1000r/min 时,燃油泵与 ECU 之间的线路开路或短路 (3) 发动机转速低于 1000r/min 时,燃油泵 ECU 的监测线路开路或短路	(1) 燃油泵 ECU 线路断路或搭铁 (2) 燃油泵 ECU 故障 (3) 燃油泵线路故障 (4) 发动机 ECU 故障
99	控制系统正常	

注：虽然表中列出了"ECU 故障",但是其可能性很小,汽车行驶 10 万 km ECU 故障约占总故障的 1‰。

(4) 故障码读取完毕,断开点火开关,拆下跨接线,盖好诊断插座护盖。

3) 动态测试方式读取故障码

动态测试方式读出的故障码与静态测试方式相比,检测能力和灵敏度较高。不仅可以读取在静态测试方式显示的故障码,而且还能检测起动信号、节气门怠速触点信号、空调信号和空挡开关信号等。

动态测试是在汽车运行状态下进行诊断测试,其测试程序如下。

(1) 将点火开关转到"OFF"位置。

(2) 用跨接线将诊断插座上的端子"TE2"与"E1"跨接,如图 9.7(a)所示。

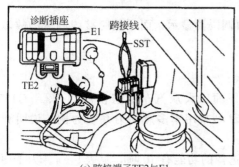 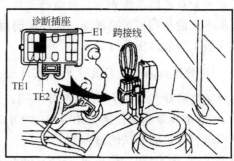

(a) 跨接端子 TE2 与 E1　　　　　　　　(b) 跨接端子 TE2、TE1 和 E1

图 9.7　诊断插座在动态测试时的跨接情况

(3) 将点火开关转到"ON"位置,但不起动发动机,此时组合仪表板上的故障指示灯将快速闪烁(大约每秒钟闪烁 4 次),如图 9.8 所示,发亮与熄灭时间均为 0.131s。

(4) 起动发动机,模拟驾驶人所述故障状态行驶,此时端子"TE2"与"E1"保持跨接,并且车速不低于 10km/h。

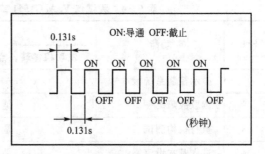

图 9.8　动态测试时指示灯闪烁时间

(5) 路试完毕,再用一根跨接线将诊断插座上的端子"TE1"与"E1"跨接,即将"TE2""TE1"和"E1"3个端子同时跨接,如图9.7(b)所示。

(6) 根据仪表板上的指示灯闪烁规律读取故障码。

(7) 故障码读取完毕,将点火开关转到"OFF"位置,拆下跨接线,盖好诊断插座护盖。

关于动态测试有如下几点说明。

(1) 在跨接端子"TE2"和"E1"时,如果点火开关处于"ON"位置,那么控制系统将不能进入动态测试状态,即不能读取故障码。

(2) 如果指示灯显示17、18、42、43、51等故障码,分别表示No.1(左)和No.2(右)凸轮轴位置传感器信号、车速信号、起动信号、开关信号不正常。

4) 清除故障码

根据故障指示灯闪烁显示的故障码查阅维修手册中表示的故障原因将故障排除后,故障码仍将存储在ECU的存储器中,并不能随故障的排除而自动消除。因此,为了便于以后检修,排除故障后应清除故障码。

丰田与夏利乘用车清除故障码的方法:将熔断器盒中的EFI熔断器(20A或15A)拔下10s以上时间,即可清除故障码。

清除故障码的另一种方法是将蓄电池搭铁线拆下10s以上时间,这种方法同时也会清除存储器中存储的所有信息(包括时钟、音响系统的密码等),因此必须慎重使用。

2. 利用调码器进行诊断测试

部分乘用车(如日本三菱、韩国现代、中国猎豹等汽车)可以利用调码器进行自诊断测试,测试方法与利用跨接线测试基本相同,将调码器跨接诊断插座上某两个指定的接线端子,即可触发自诊断系统来读取故障码。

有所不同的是利用调码器测试的故障码由调码器显示,而利用跨接线测试的故障码由组合仪表板上的故障指示灯显示。

3. 利用故障检测仪进行自诊断测试

各种故障检测仪的使用方法各有不同,下面以大众汽车普遍使用的V.A.G1551和V.A.G1552型故障测试仪测试桑塔纳2000GSi型乘用车多点喷射系统为例,说明利用故障测试仪进行自诊断测试的过程。

测试仪V.A.G1551或V.A.G1552可供选择的功能有10项,见表9-4。为了便于读者掌握测试仪的使用,下面以英文版本测试仪为例说明。

表9-4 测试仪V.A.G1551或V.A.G1552可供选择的功能

代码	功能	前提条件	
		发动机停转,点火开关接通	发动机怠速运转
01	显示控制系统版本号	—	—
02	读取故障码	是	是
03	执行机构测试	是	否
04	进入基本设定	是	是

(续)

代码	功能	前提条件	
		发动机停转，点火开关接通	发动机急速运转
05	清除故障码	是	是
06	结束输出	是	是
07	控制模块编号	—	—
08	读取测量数据块	是	是
09	读取单个测量数据	×	×
10	自适应测试	×	

注：(1) 发动机停转，点火开关接通进行基本设定时，必须在更换电控单元 J220、节气门控制组件 J338、发动机或拆下蓄电池电缆后，才能选择代码"04"进行基本设定。

(2) 发动机急速运转进行基本设定时，冷却液温度高于80℃才能进行，如果冷却液温度低于80℃，基本设定功能将被锁止。

(3) 自适应测试目前仅用于厂内检查。

1) 读取故障码

使用故障诊断仪进行诊断测试时，蓄电池电压必须高于11.5V；燃油喷射熔断器正常；发动机和变速器上的搭铁线连接必须可靠。读取故障码的操作程序如下。

(1) 起动发动机进行至少220s试车。试车中应当满足的条件有：必须在发动机冷却液温度高于70℃的情况下至少运转174s；发动机至少高速运行6s；发动机运转210s后至少再急速运转10s；发动机转速至少有一次超过2200r/min。

对于发动机不能起动的车辆，首先应当排除机械故障，然后反复接通起动开关，使发动机转动数次。

(2) 连接故障测试仪。桑塔纳2000GSi型乘用车电控汽油喷射系统设有一个16端子故障诊断插座，又称为故障阅读仪接口，是一个标准的OBD-Ⅱ插座(第二代车载故障诊断插座)，安装在变速杆下端皮质护套下面，如图9.9所示。诊断电控系统故障时，断开点火开关，用测试线束 V.A.G1551/3 将故障阅读仪 V.A.G1551 或汽车系统测试仪 V.A.G1552 与诊断插座连接，即可进行诊断测试。

图9.9 桑塔纳2000GSi型乘用车故障诊断插座安装位置

(3) 接通电源进入诊断测试程序。首先接通点火开关或起动发动机急速运行(如故障导致发动机不能起动，则接通点火开关)，然后接通故障诊断仪电源开关。此时故障诊断仪进入"车辆系统测试"模式，显示如图9.10所示。

图9.10 进入"车辆系统测试"模式时显示的信息

(4) 输入"发动机控制系统"的地址指令"01",并单击"Q"键确认,地址指令代表的系统名称就会出现在屏幕上(单击"C"键可以改变输入指令)。电控单元确认后将显示如图 9.11 所示的电控单元信息(注意:只有在点火开关接通或发动机运转时,才能显示控制器的编号和代码)。需要特别指出的是:由于汽车使用的电控单元及诊断仪使用的程序卡型号不同,各项功能所显示和打印的内容会有所不同。

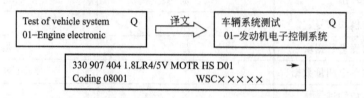

图 9.11　输入电控单元地址代码"01"后显示的信息

330 907 404—电控单元零件编号(实际编号参见配件目录);1.8L—发动机排量;
R4/5V—直列 4 缸 5 气门发动机;MOTR—燃油喷射系统(MOTRONIC)名称;
HS—手动变速器;D 01—电控单元软件代码(程序编号);
Coding 08001—电控单元编码;WSC××××—服务站代码

(5) 单击"→"键,直到诊断仪屏幕上显示输入"功能选择代码",如图 9.12 所示。

图 9.12　单击"→"键后显示的功能选择信息

(6) 输入读取故障码的功能选择代码"02",并单击"Q"键确认,屏幕上将首先显示存储故障的数量或显示"没有故障被识别",如图 9.13 所示。如果没有故障码,屏幕显示如图 9.14 所示。

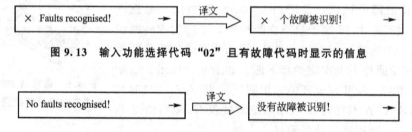

图 9.13　输入功能选择代码"02"且有故障代码时显示的信息

图 9.14　输入功能选择代码"02"但无故障代码时显示的信息

(7) 单击"→"键继续运行,每一个故障的文字说明将单独显示在屏幕上,如图 9.15 所示。

图 9.15　显示每个故障的文字说明信息

如果使用 V.A.G1551 型测试仪，单击"Print"键接通打印机（"Print"键上的指示灯将发亮），存储的一个或多个故障码及其文字说明将按存储故障的顺序打印出来。为了使打印输出的故障码与维修手册印制的故障码表一一对应，故障码均按 5 位数字排列，桑塔纳 2000GSi 型乘用车发动机电控系统故障码见表 9-5。

表 9-5 桑塔纳 2000GSi 型乘用车发动机电控系统故障码

V.A.G 打印码	故障部位	排除方法
0000	无故障	如果汽车有故障，说明故障没有被控制系统识别
00513	发动机转速传感器 G28	（1）检查曲轴位置传感器有无松动 （2）检查线束有无短路、断路或搭铁 （3）检查传感器有无故障或更换传感器
00515	霍尔式凸轮轴位置传感器 G40	（1）检查霍尔传感器转子的安装位置是否准确 （2）检查线束有无短路、断路或搭铁 （3）检查传感器有无故障或更换传感器
00518	节气门控制组件的节气门位置传感器（电位计）G69	（1）检查线束有无短路、断路或搭铁 （2）检查传感器有无故障或更换传感器
00522	冷却液温度传感器 G62	（1）检查线束有无短路、断路或搭铁 （2）检查传感器有无故障或更换传感器
00524	1、2 缸用 1 号爆燃传感器 G61	（1）检查线束有无短路、断路或搭铁 （2）更换传感器
00527	进气温度传感器 G72	（1）检查线束有无短路、断路或搭铁 （2）检查传感器有无故障或更换传感器
00530	节气门怠速位置传感器 G88	（1）检查线束有无短路、断路或搭铁 （2）检查传感器有无故障或更换传感器
00540	3、4 缸用 2 号爆燃传感器 G66	（1）检查线束有无短路、断路或搭铁 （2）更换传感器
00553	空气流量传感器 G70	（1）检查线束有无短路、断路或搭铁 （2）检查传感器至发动机之间是否漏气 （3）检查传感器是否脏污
00668	30 号电源线电压过低	（1）检查蓄电池电压是否过低 （2）检查整体式交流发电机能否发电
01165	节气门控制组件 J338 基本设定错误	（1）检查控制组件与 ECU 是否匹配 （2）检查节气门或控制电动机 V60 是否卡死 （3）重新进行基本设定

(续)

V.A.G 打印码	故障部位	排除方法
01247	活性炭罐电磁阀 N80	(1) 检查电磁阀线圈电阻(20℃时标准值 40～80Ω) (2) 检查线束有无短路、断路或搭铁
01249	第1缸喷油器 N30	(1) 检查线束有无短路、断路或搭铁 (2) 检查喷油器线圈电阻(20℃时标准值 13～18Ω)
01250	第2缸喷油器 N31	(1) 检查线束有无短路、断路或搭铁 (2) 检查喷油器线圈电阻(20℃时标准值 13～18Ω)
01251	第3缸喷油器 N32	(1) 检查线束有无短路、断路或搭铁 (2) 检查喷油器线圈电阻(20℃时标准值 13～18Ω)
01252	第4缸喷油器 N33	(1) 检查线束有无短路、断路或搭铁 (2) 检查喷油器线圈电阻(20℃时标准值 13～18Ω)

在显示屏下面一行显示的是故障类型,如果故障类型后面显示有"/SP"字样,表明该故障为偶然性故障。

故障码及其类型显示完毕,显示屏将显示输入"功能选择代码",如图9.12所示。此时输入"功能选择代码",可继续进行诊断测试。

2) 清除故障码

故障排除后应及时清除故障码,否则再次读取故障码时,此次故障码会一并调出,影响工作效率。

如果电控单元电源切断(如控制器插头被拔下)或蓄电池极柱上的电缆端子被拆下,那么故障码存储器中存储的故障信息将被清除。

利用故障诊断仪V.A.G1551或V.A.G1552清除桑塔纳2000GSi型轿车发动机电子控制系统故障码的操作程序如下。

(1) 按读取故障码的操作程序(1)～(5)进入诊断测试"功能选择"。当诊断仪屏幕上显示输入"功能选择代码"时,如图9.12所示,输入"读取故障码"的功能选择代码"02",并单击"Q"键确认。

(2) 单击"→"键,直到显示出所有的故障码,并在屏幕上显示输入"功能选择代码"时,输入"清除故障码"的功能选择代码"05",并单击"Q"键确认,显示如图9.16所示。

图 9.16 输入功能选择代码 "05" 时显示的信息

(3) 单击 "→" 键,直到故障码被清除,并在屏幕上显示输入 "功能选择代码" 时,输入 "结束输出" 功能选择代码 "06",并单击 "Q" 键确认。

(4) 重新试车并再次读取故障码,不得有故障码显示。

3) 执行机构测试

桑塔纳 2000GSi 型乘用车发动机电子控制系统执行机构的诊断测试又称为 "最终控制诊断(Final control diagnosis)"。诊断测试执行机构时,电控单元将逐一激活每一个执行元件并产生相应的执行动作,从而可以检查每一个执行元件及其电路的技术状况。

桑塔纳 2000GSi 型乘用车发动机电子控制系统执行机构诊断测试需要注意以下几点。

(1) 电控系统执行机构诊断测试只能在接通点火开关、发动机不运转的情况下进行。如果起动发动机运转,电控单元接收到转速信息时就会立即终止执行元件测试。

(2) 在诊断测试执行元件期间,被测执行元件将连续动作,直到单击 "→" 键时该元件动作才结束,并进入下一个执行元件测试。

(3) 在测试期间,能够听到执行元件动作的声音或通过触摸感觉到动作情况。

(4) 需要重复进行执行元件测试时,必须断开点火开关 2s 以后,才能再次进行测试。

(5) 在执行元件测试期间,电动燃油泵将连续工作,测试进行 10min 之后将自动结束。

(6) 执行元件测试顺序为:第 1 缸喷油器(N30)、第 2 缸喷油器(N31)、第 3 缸喷油器(N32)、第 4 缸喷油器(N33)、活性炭罐电磁阀(N80)。

桑塔纳 2000GSi 型乘用车发动机电子控制系统执行机构诊断测试测试程序如下。

(1) 按读取故障码的操作程序(1)~(5)进入诊断测试 "功能选择"(但只接通点火开关,不起动发动机)。在诊断仪屏幕上显示输入 "功能选择代码" 时,输入 "执行机构自诊断" 的功能选择代码 "03",显示如图 9.17 所示。

图 9.17 输入功能选择代码 "03" 时显示的信息

(2) 单击 "Q" 键确认后,便开始对执行元件进行诊断测试。执行元件的诊断顺序由电控单元决定,并通过显示屏显示出来,如图 9.18 所示。

图 9.18 测试第 1 缸喷油器时显示的信息

此时踩下加速踏板，使节气门控制组件 J338 中的怠速触点断开，第 1 缸喷油器将连续发出 5 次"咔嗒"声；如果没有发出"咔嗒"声，说明第 1 缸喷油器或其线路有故障，需要检修或更换喷油器。

（3）单击"→"键，切换到下一个执行元件(即第 2 缸喷油器)测试，显示如图 9.19 所示。并用踩下加速踏板测试第 1 缸喷油器的相同方法，分别检查其他各缸喷油器是否发出"咔嗒"声。

图 9.19　测试第 2 缸喷油器时显示的信息

（4）单击"→"键切换到对活性炭罐电磁阀 N80 进行诊断测试，显示如图 9.20 所示。此时活性炭罐电磁阀必须连续动作（可以听到"咔嗒"声，用手触摸电磁阀时应有振动感），并持续到单击"→"键切换到对下一个执行元件测试。如果活性炭罐电磁阀不动作，则需检修或更换电磁阀。

图 9.20　诊断测试活性炭罐电磁阀 N80 时显示的信息

（5）继续单击"→"键切换到对其他执行元件继续诊断测试。执行元件测试完毕，诊断仪返回到输入"功能选择代码"状态。此时输入"结束输出"的功能选择代码"06"，并单击"Q"键确认，结束执行机构测试。

9.3　OBD-Ⅱ车载自诊断系统

9.3.1　OBD-Ⅱ车载自诊断系统简介

1993 年以前的电控自诊断系统为第一代自诊断系统，由于各厂家采用不同的诊断插座、不同的诊断代码和不同的诊断功能，给检测诊断带来很大的不便。

OBD-Ⅱ是第二代车载自诊断系统(ON BOARD DIAGNOSTICS-Ⅱ)的简称。OBD-Ⅱ是由美国汽车工程学会(SAE)制定的汽车自诊断标准。该标准要求各汽车厂家采用统一的诊断模式、统一的诊断插座、统一的诊断代码(故障码)。

这样一来，只需要一台诊断仪器就可检测诊断所有车系，大大简化了汽车检测诊断、维护修理工作。

到 1996 年，全世界所有汽车制造商都已经采用了 OBD-Ⅱ标准。

9.3.2 OBD-Ⅱ车载自诊断系统的特点

OBD-Ⅱ车载自诊断系统有以下特点。

(1) 统一诊断插座,将各种车型的诊断插座统一为16端子,OBD-Ⅱ诊断插座结构如图9.21所示。

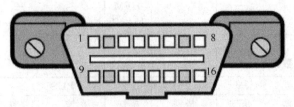

图 9.21 OBD-Ⅱ诊断插座的结构

(2) 统一诊断插座位置,均安装在驾驶室内位于驾驶人侧仪表板下方。
(3) 故障诊断仪和车辆之间采用标准通信规则。
(4) 统一各个车型的故障码含义。
(5) 具有数值分析和数据传输功能。
(6) 具有重新行驶记忆故障码的功能。
(7) 具有行车记录器功能。
(8) 具有可由仪器直接消除故障码的功能。
(9) 监控排放控制系统。
(10) 标准的技术缩写术语定义系统的工作元件。

数据传输线有两个标准,一个是国际标准,即ISO(International Standards Organization);另一个是美国汽车工程学会统一标准,即SAE(Society of Automotive Engineers)。

1. OBD-Ⅱ诊断插座

OBD-Ⅱ的DLC(Data Link Connection)诊断插座,其16端子的定义见表9-6。

表 9-6 OBD-Ⅱ诊断插座端子定义

端子号	端子定义	端子号	端子定义
1	供汽车制造商使用	9	供汽车制造商使用
2	SAE J1850 数据传输(BUS+)	10	SAE J1850 数据传输(BUS-)
3	供汽车制造商使用	11	供汽车制造商使用
4	接地(搭铁)	12	供汽车制造商使用
5	信号反馈接地(搭铁)	13	供汽车制造商使用
6	供汽车制造商使用	14	供汽车制造商使用
7	ISO 9141(即K线)数据传输线	15	ISO 9142 数据传输(即L线)
8	供汽车制造商使用	16	接蓄电池正极

诊断连接器的插针端子代号虽已基本统一,但每个端子所连接的内容却因各个汽车制造商而有所不同。现将通用、福特、克莱斯勒、奔驰、沃尔沃、丰田和三菱等公司的端子

代号定义列于表 9-7 中。

表 9-7 OBD-Ⅱ诊断连接器端子代号及内容

端子号	通用 GM	福特 Ford	克莱斯勒 Chrysler	奔驰 BENZ	沃尔沃 VOLVO	丰田 TOYOTA	三菱 MITSUBISHI
1	—	—	—	DM7#/1 HFM 15#/1	—	—	触发发动机故障码
☆2 SAE J1850 数据传输（BUS＋）	"M"发动机数据	BUS	—	—	—	SDL	—
3	悬架	—	SRS—4#	—	A2#BUS	—	—
4	搭铁	搭铁	搭铁	搭铁	搭铁	搭铁	搭铁
5	搭铁	搭铁	搭铁	搭铁	搭铁	搭铁	搭铁
6	"B"触发	—	发动机 9#	—	—	—	A/T 故障码 9#
☆7 ISO 9141 数据传输（即 K 线）	—	发动机 30# ABS5#	DM 23#/1	A 6#BUS	—	—	发动机数据 92#
8	防盗	—	—	—	—	—	ABS 故障码 22#
9	BCM 数据	—	—	DM 6#/1 HFM 16#/1	—	—	—
☆10 SAE J1850 数据传输（BUS—）	—	BUSS	—	—	—	—	发动机数据 86#
11	悬架	—	—	—	—	—	—
12	—	—	—	—	—	—	SRS 诊断 9#
13	触发	—	—	—	—	—	巡航 24#
14	音响空调	—	—	—	—	—	—
☆15 ISO 9141 数据传输（即 L 线）	—	—	—	—	—	—	—
16	B+	B+	B+	B+	B+	B+	B+

注：带有"☆"的端子的具体定义及相关内容请参看本书参考文献 [6]。

2. OBD-Ⅱ诊断测试模式

OBD-Ⅱ规定了 14 个诊断测试模式，分别为：回到正常模式；传输诊断数据；记忆数据清除；检测 RAM 数据；元件控制功能；RAM 数据选择；RAM 数据修改；数据指令显示；切断正常传输；连接正常传输；清除故障记忆；暂停正常传输；根据数值定义诊断和根据记忆故障码定义诊断。

3. OBD-Ⅱ硬件特点

典型的装备 OBD-Ⅱ的车辆具有以下特点。

（1）氧传感器通常是加热型氧传感器。附加的氧传感器位于催化转化器之后。前后的氧传感器组合起来对催化转化器的净化率进行监控，同时对燃油控制进行补偿。

（2）具有 32 位处理器的增强功能的传动系统控制模块（PCM），适应 OBD-Ⅱ 的需要，增加了 1.5 万个新的标定常数。

（3）带有 EEPROM 的 PCM，使其中的软件可重新编程，通过终端接口及外部计算机可对其重新写入新版的软件。

（4）改进的燃油蒸发污染控制系统。

（5）增强的 EGR 系统，带有一个电子控制的线性 EGR 阀和一个针阀位置传感器，实现对 EGR 量的精确监控。

（6）燃油喷射方式由多点顺序喷射（SFI）取代了普通多点喷射（MPI）和单点喷射（TBI）。

（7）进气歧管绝对压力（MAP）传感器和空气流量（MAF）传感器同时使用，能更精确地监测发动机的空气流量。

9.3.3 故障码

1. 故障码的组成

SAE 规定 OBD-Ⅱ 故障码由 5 位组成。

第 1 位是英文字母，代表测试系统，例如，B 代表车身（BODY）；C 代表底盘（CHASSIS）；P 代表发动机、变速器（POWER TRAIN）；U 代表未定义，由 SAE 另行发布。

第 2~5 位为数字码，每一个代码均有特殊含义。例如，故障代码 P1352 可表示如下含义：P 代表测试系统，在此表示发动机和变速器；1 代表汽车制造商；3 代表 SAE 定义的故障码范围；52 代表原厂故障码。

2. 故障码的含义

故障码前 2 位代码表示下列不同含义。例如：

P0——发动机和变速器计算机控制系统，由 SAE 统一制定故障码；
P1——发动机和变速器计算机控制系统，由汽车制造商自行制定故障码；
P2——发动机和变速器计算机控制系统预留故障码；
P3——发动机和变速器计算机控制系统预留故障码；
C0——底盘计算机控制系统，由 SAE 统一制定故障码；
C1——底盘计算机控制系统，由汽车制造商自行制定故障码；
C2——底盘计算机控制系统预留故障码；
C3——底盘计算机控制系统预留故障码；
B0——车身计算机控制系统，由 SAE 统一制定故障码；
B1——车身计算机控制系统，由汽车制造商自行制定故障码；
B2——车身计算机控制系统，预留故障码；
B3——车身计算机控制系统，预留故障码；
U0——网络联系相关故障码；
U1——网络联系相关故障码；
U2——网络联系相关故障码；
U3——网络联系相关故障码。

故障码第3位代表SAE定义故障范围：
1表示燃油或空气测试系统不良；
2表示燃油或空气测试系统不良；
3表示点火系统不良或发动机间歇熄火；
4表示废气控制系统辅助装置不良；
5表示汽车或怠速控制系统不良；
6表示计算机或输出控制元件不良；
7表示变速器控制系统不良；
8表示变速器控制系统不良。

3. 故障码的区分

OBD-Ⅱ发动机和变速器的故障码大致分为如下10类：

P01XX——燃油和进气系统；

P02XX——燃油和进气系统；

P03XX——点火系统；

P04XX——排放污染物控制相关系统；

P05XX——车速传感器和怠速控制相关系统；

P06XX——控制计算机相关系统；

P07XX——变速器故障码；

P08XX——变速器故障码；

P09XX——SAE预留部分；

P00XX——SAE预留部分。

故障码P0000~P0999为SAE统一规定部分，见表9-8。

表9-8 SAE定义的OBD-Ⅱ故障码说明

故障码	故障码含义	故障码	故障码含义
P0100	空气流量计线路故障	P0117	冷却液温度传感器线路短路
P0101	怠速时空气流量计电压不良	P0118	冷却液温度传感器线路断路
P0102	空气流量计信号太低	P0120	节气门位置传感器信号不良
P0103	空气流量计信号太高	P0121	节气门位置传感器调整不当
P0105	大气压力传感器信号不良	P0122	节气门位置传感器信号太低
P0107	进气歧管绝对压力传感器信号太高	P0123	节气门位置传感器信号太高
P0108	进气歧管绝对压力传感器信号太低	P0125	发动机无法达到闭环工作温度
P0110	进气温度传感器线路故障	P0130	主氧传感器信号电压过高或过低
P0111	进气温度传感器信号不良	P0131	氧传感器信号电压过低
P0112	进气温度传感器线路短路	P0132	氧传感器信号电压过高
P0113	进气温度传感器线路断路	P0133	主氧传感器信号电压变化不灵敏
P0115	冷却液温度传感器线路故障	P0135	主氧传感器加热线路不良
P0116	冷却液温度传感器信号不正确	P0136	副氧传感器信号电压过高或过低

(续)

故障码	故障码含义	故障码	故障码含义
P0137	副氧传感器信号电压过低	P0304	第四缸有间歇性不点火
P0138	副氧传感器信号电压过高	P0305	第五缸有间歇性不点火
P0140	副氧传感器线路断路	P0306	第六缸有间歇性不点火
P0141	副氧传感器加热线路短路	P0307	第七缸有间歇性不点火
P0150	后氧传感器信号电压过高或过低	P0308	第八缸有间歇性不点火
P0151	前副氧传感器信号电压过低	P0320	发动机转速信号不良
P0152	前副氧传感器信号电压过高	P0321	曲轴位置传感器信号不良
P0153	后氧传感器信号变动率太慢	P0325	前爆燃传感器信号不良
P0154	前副氧传感器线路断路	P0330	后爆燃传感器信号不良
P0155	后氧传感器加热线路短路	P0335	起动或运转中未收到曲轴传感器信号
P0158	后副氧传感器信号电压过高	P0336	曲轴传感器和凸轮轴传感器信号不良
P0160	后副氧传感器信号线路不良	P0402	ECR阀怠速时漏气
P0161	后副氧传感器信号线路受干扰	P0403	EGR控制系统线路不良
P0171	氧传感器信号电压过低	P0420	三元催化转化器不良或后氧传感器不良
P0172	氧传感器信号电压过高	P0421	三元催化转化器不良
P0174	后氧传感器信号电压过低	P0422	三元催化转化器不良
P0175	后氧传感器信号电压过高	P0430	后催化转化器不良（福特等）
P0201	第一缸喷油器线路不良	P0440	活性炭罐堵塞或控制不良
P0202	第二缸喷油器线路不良	P0443	活性炭罐电磁阀线路不良
P0203	第三缸喷油器线路不良	P0444	活性炭罐电磁阀信号过低
P0204	第四缸喷油器线路不良	P0445	活性炭罐电磁阀信号过高
P0205	第五缸喷油器线路不良	P0550	车速信号始终收不到
P0206	第六缸喷油器线路不良	P0501	实际车速在29km/h以上，但无车速信号（如通用车）
P0207	第七缸喷油器线路不良	P0502	已挂入前进挡且发动机转速在3000r/min以上，但无车速信号（如通用车）
P0208	第八缸喷油器线路不良	P0505	怠速步进电动机故障
P0300	发动机有间歇性不点火	P0510	节气门位置传感器不良
P0301	第一缸有间歇性不点火	P0605	主计算机ROM记忆不良
P0302	第二缸有间歇性不点火	P0703	制动灯开关信号不良
P0303	第三缸有间歇性不点火	P0705	挡位开关信号不良

(续)

故障码	故障码含义	故障码	故障码含义
P0707	挡位开关信号过低	P0750	换挡电磁阀 A 不良
P0708	挡位开关信号过高	P0751	换挡电磁阀 A 卡在全开位置
P0712	变速器油温传感器搭铁	P0753	换挡电磁阀 A 短路或断路
P0713	变速器油温传感器断路	P0755	换挡电磁阀 B 不良
P0720	变速器输出轴车速传感器信号不良	P0756	换挡电磁阀 B 卡在全开位置
P0740	变矩器离合器(TCC)电磁阀不良	P0758	换挡电磁阀 B 短路或断路
P0741	变矩器离合器电磁阀不良或卡在全开位置	P0770	变矩器离合器电磁阀不良
P0743	变矩器离合器电磁阀控制线路不良	P0773	变矩器离合器电磁阀短路或断路

9.3.4 故障码的读取

(1) 通用(GM)车系。读取发动机故障码的方法是跨接 OBD-Ⅱ 诊断插座的 6 号、5 号端子，由仪表板"CHECK ENGINE"灯闪烁读出。

(2) 克莱斯勒(CHRYSLER)车系。读取发动机故障码的方法是跨接 OBD-Ⅱ 诊断插座的 13 号、15 号端子，由仪表板"CHECK ENGINE"灯闪烁读出。

(3) 奔驰(BENZ)车系。1996 年以前的奔驰车系仍然采用 38 针诊断插座，由第 4 孔读取 HFM 发动机计算机故障码，或由第 19 孔读取 DM 发动机计算机故障码。1996 年以后的奔驰车则采用标准的 OBD-Ⅱ 诊断插座读取故障码。

(4) 沃尔沃(VOLVO)车系。读取发动机故障码的方法是在 OBD-Ⅱ 诊断插座 3 号跨接指示灯。

(5) 丰田(TOYOTA)车系。读取发动机故障码的方法是跨接 OBD-Ⅱ 诊断插座的 5 号、6 号端子，或将 TE1 和 E1 端子跨接，由仪表板"CHECK ENGINE"灯闪烁读出。

(6) 三菱(MITSUBISHI)车系。三菱车系可由 OBD-Ⅱ 诊断插座读取下列 5 个系统的故障码。

① 发动机故障码：可将诊断插座 1 号端子接地，由仪表板"CHECK ENGINE"灯闪烁读出。

② 变速器故障码：可将指示灯跨接诊断插座的 6 号、4 号端子，由跨接灯闪烁读出。

③ ABS 计算机故障码：可将指示灯跨接诊断插座的 8 号、4 号端子，由跨接灯闪烁读出。

④ SRS 计算机故障码：可将指示灯跨接诊断插座的 12 号、4 号端子，由跨接灯闪烁读出。

⑤ 巡航控制系统故障码：可将指示灯跨接诊断插座的 13 号、4 号端子，由跨接灯闪烁读出。

(7) 北京切诺基汽车。北京切诺基汽车发动机故障码的读取方法：3s 内完成点火开关的下述循环："ON—OFF—ON—OFF—ON"（即通—断—通—断—通）。发动机 ECU 得到此信息后，将一系列数字以"CHECK ENGING"灯闪烁的形式输出故障码。

9.3.5 故障码的清除

诊断出的故障在排除之后，必须将存储的故障码清除，其基本手段是切断 ECU 中随机存储器的电源。

丰田车系故障码的清除方法：关闭点火开关，从熔断器盒里拆下 20A 的 EFI 熔断器 10s 以上。福特轿车系故障码的清除方法：先进入静态测试状态，当故障码刚要显示时，立刻拆下连接自诊断输入接头和自诊断插座上的信号返回接头的跨接线，若拆线时机掌握不好，可反复进行。

奥迪车系在自诊断测试结束后，LED 指示灯将闪烁故障码"0000"，这时接通跨接线 4s 以上，即可清除故障码。

VOLVO 车系故障码的清除方法比较麻烦：置点火开关于"ON"位置，压下诊断按钮 5s 以上，然后放开，过 3s 后 LED 点亮，再次压下诊断按钮 5s 以上，待 LED 灭后放开，再次进入诊断测试状态，LED 将显示新的故障码，或显示代码"111"，表明已排除的故障码均被清除。

三菱车系 ABS 故障码的清除方法：在点烟器后方有一个两针插头，分别为红/黄和绿/白线，这两条线分别与 ABS ECU 的 9 号、10 号端子连接。跨接上述两接头，将点火开关置于"ON"，测试 ABS 电磁阀全关，显示灯闪烁；等待 7s 以上将点火开关置于"OFF"，并将跨接线断开；将点火开关再置于"ON"，即完成清除 ABS 故障码的工作。

通常，在清除故障码后，故障指示灯即熄火，而且不再有故障症状，这说明其排除彻底。若清除故障码后，故障指示灯不灭，说明故障排除不彻底，应重新进行一轮故障码的读取和清除。

9.4 数据流与波形分析

9.4.1 汽车数据流

1. 故障码的局限性

汽车故障码一般只能监测汽车电控系统的电路信号，并且只能监测信号的极限值，并不能监测传感器和执行器工作特性的变化。

例如，线性节气门位置传感器要输出与节气门开度成比的电压信号，控制系统根据其输出的电压信号来判断节气门的开度（即负荷的大小），从而决定对喷油器的持续喷油时间（喷油量）的控制。如果节气门位置传感器的工作特性发生了变化，传感器输出的电压信号虽然在规定的范围内，但并不与节气门的开度成规定的比例变化，这时就会出现发动机工作不良，而发动机故障指示灯却不会点亮，当然也不会有故障码存储。

由此可见，通过汽车故障检测仪读取故障码仅能发现汽车电子控制系统中大部分传感器、执行器或电控单元线路短路、断路及元件损坏所导致的无输出信号及信号超出极限值的故障,而对于传感器、执行器精度误差等方面的故障则无法检测。

事实上,各种传感器出现的模拟性故障(如工作不正常和偏差严重等)是无法依靠故障码功能检测出来的。因此,在诊断故障时不能完全依赖故障码功能检测诊断,而只能把它作为检测诊断时的一种重要参考依据。

目前,许多汽车的故障诊断系统除了具有故障码的存储、记录功能以外,还具有行车记录仪功能,能存储、记录车辆行驶过程中的有关技术数据(技术参数)。其功能、作用与飞机的飞行状态记录仪(俗称飞机黑匣子)非常相似,故也称汽车黑匣子。

对于汽车故障码无法反映出来的故障,可以利用汽车黑匣子的数据流功能进行较准确的判断和分析。

2. 汽车数据流及其作用

汽车数据流是指汽车电子控制单元(ECU/ECM)与各种传感器和执行器之间交流的、能够动态反映汽车实际运行状态的技术数据的总和。

这些反映汽车实际运行状态的技术数据(或称技术参数),可由汽车故障诊断仪通过汽车故障自诊断系统的诊断接口进行读取和显示。在汽车故障自诊断系统的诊断接口与汽车故障诊断仪之间,如实反映汽车实际运行状态的技术数据犹如队伍排队一样,一个一个地通过数据传输导线流向诊断仪,并可在诊断仪屏幕上显示出来,因此,被形象地称为汽车数据流。

汽车数据流真实地反映了各种传感器和执行器的工作电压和工作状态,为汽车故障诊断提供了有力依据。汽车数据流可作为汽车电子控制单元的输入/输出数据,使维修人员随时可以了解汽车的工作状况,及时诊断汽车的故障。

通过读取和分析汽车数据流,不仅可以了解和掌握汽车的动态运行参数,还可以大大提高汽车故障诊断的效率,显著降低误诊率。此外,还可以对汽车的运行数据进行初始化设定。

9.4.2 数据流的读取

下面以用 V.A.G 1551/1552 型故障测试仪读取(或称检测)上海桑塔纳 2000GSi 乘用车 AJR 型发动机电子控制系统数据流为例,介绍汽车数据流的读取方法。

1. 数据流的读取条件

数据流的读取(或称检测)条件为:冷却液温度不低于 80℃;发动机散热器风扇未运转;空调系统及其他用电设备应该关闭;故障存储器中应该没有故障存储。

2. 数据流的读取方法

(1) 连接 V.A.G 1552 型故障测试仪,并让发动机怠速运转。选择地址代码"01",进入"发动机电子控制系统",屏幕显示如图 9.12 所示。

(2) 输入"读取测量数据流"功能代码"08",按"Q"键确认,屏幕显示如图 9.22 所示。

(3) 输入相关的显示组号,按"Q"键确认,屏幕即显示相关的数据流。例如输入"基本功能"的显示组号"0",按"Q"确认,屏幕显示如图 9.23 所示。

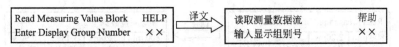

图 9.22 输入"读取测量数据流"功能代码"08"

图 9.23 输入"基本功能"的显示组号

9.4.3 数据流的分析

1. 基本功能数据流(显示组号"01")

在发动机怠速运转,冷却液温度大于 80℃ 时检测,基本功能数据流(显示组号"01")显示如图 9.24 所示。

图 9.24 基本功能数据流(显示组号"01")

数据流含义及分析如下:

第 1 位数据的含义是"发动机转速",其正常值为 830r/min±30r/min。如果该转速超差,应检查并调整发动机怠速。

第 2 位数据的含义是"发动机负荷(发动机曲轴每转 1 周,喷油器的持续喷油时间)",其正常值为 1.00~2.5ms。

如果显示值小于 1.00ms,则说明进气系统漏气或者燃油系统压力太高,应排除进气系统漏气故障和检查燃油系统压力或更换燃油压力调节器;如果显示值大于 2.5ms,则说明发动机负荷太大。如果发动机怠速转速正常,则表示空气流量传感器性能不良,应检测或更换空气流量传感器。

第 3 位数据的含义是"节气门角度值,即节气门开度值",其正常值为 0∠°~5∠°。

如果显示值大于 5∠°,则说明节气门拉索调整不当;节气门控制器 J338 未进行基本设定;节气门控制器 J338 损坏。应调整节气门拉索;对节气门控制器进行基本设定。如果该数据仍显示大于 5∠°,则应更换节气门控制器 J338。

第 4 位数据的含义是"点火提前角",其正常值为 12°±4.5°(上止点前)。如果其值不在正常范围内,则应检修电子点火系统;如果点火系统工作正常,则说明当前发动机负荷太大。

2. 基本功能数据流(显示组号"02")

在发动机怠速运转,冷却液温度大于 80℃ 时检测,基本功能数据流(显示组号"02")显示如图 9.25 所示。

数据流含义及分析如下:

图 9.25　基本功能数据流(显示组号"02")

第 1 位数据的含义是"发动机转速",其正常值为 830r/min±30r/min。如果该转速超差,应检查并调整发动机怠速。

第 2 位数据的含义是"发动机负荷(发动机曲轴每转 1 周,喷油器的持续喷油时间)",其正常值为 1.00~2.5ms。

如果显示值小于 1.00ms,则说明进气系统漏气或者燃油系统压力太高,应排除进气系统漏气故障和检查燃油系统压力或更换燃油压力调节器;如果显示值大于 2.5ms,则说明发动机负荷太大。如果发动机怠速转速正常,则表示空气流量传感器性能不良,应检测或更换空气流量传感器。

第 3 位数据的含义是"发动机每循环(曲轴回转 2 周)喷油器的持续喷油时间",其正常值为 2.0~5.0ms。

如果显示值小于 2.0ms,则说明从燃油蒸发控制系统排入进气歧管的燃油蒸气比例较高(可能是活性炭罐电磁阀处于常开位置);如果显示值大于 5.0ms,则说明发动机负荷太大。如果发动机怠速转速正常,则表示空气流量传感器性能不良,应检测或更换空气流量传感器。

第 4 位数据的含义是"进气空气质量",其正常值为 2.0g/s~4.0g/s。如果显示值小于 2.0g/s,则说明进气系统存在漏气故障;如果显示值大于 4.0g/s,则说明发动机负荷太大。

3. 基本功能数据流(显示组号"03")

在发动机怠速运转,冷却液温度大于 80℃时检测,基本功能数据流(显示组号"03")显示如图 9.26 所示。

图 9.26　基本功能数据流(显示组号"03")

数据流含义及分析如下:

第 1 位数据的含义是"发动机转速",其正常值为 830r/min±30r/min。如果该转速超差,应检查并调整发动机怠速。

第 2 位数据的含义是"蓄电池电压",其正常值为 10.0V~14.5V。如果显示电压值超差,则应检查蓄电池、发电机及发动机控制单元的工作情况。

第 3 位数据的含义是"冷却液温度",其正常值为 80℃~105℃。如果显示值小于 80℃,则说明发动机没有完成暖机过程,应该在发动机暖机后再进行检测;如果暖机后此显示值仍小于 80℃,则说明冷却液温度传感器有故障;如果显示值大于 105℃,则说明冷却液温度传感器有故障。

第4位数据的含义是"进气温度",其值应随外界环境温度的变化而变化。如果显示值始终为19.1℃而不发生变化或与环境温度不符,则说明进气温度传感器有故障。

4. 怠速稳定数据流(显示组号"04")

在发动机怠速运转,冷却液温度大于80℃时检测,怠速稳定额定数据流(显示组号"04")显示如图9.27所示。

图9.27 怠速稳定数据流(显示组号"04")

数据流含义及分析如下:

第1位数据的含义是"节气门角度值,即节气门开度值",其正常值为0∠°~5∠°。

如果显示值大于5∠°,则说明节气门拉索调整不当;节气门控制器J338未进行基本设定;节气门控制器J338损坏。应调整节气门拉索;对节气门控制器进行基本设定。如果该数据仍显示大于5∠°,则应更换节气门控制器J338。

第2位数据的含义是"怠速空气质量测量值(空挡位置)",其正常值为-1.7g/s~+1.7g/s。如果显示值小于-1.7g/s,则说明存在节气门泄漏故障;如果显示值大于+1.7g/s,则说明进气系统有泄漏或进气系统有堵塞故障。

第3位数据的含义是"怠速空气质量测量值(自动变速器)",手动变速器正常值为0.00g/s不变。如有变化,则说明发动机怠速不稳,应调整发动机怠速转速。

第4位含义是"工作状态",正常显示为"Leer lauf(德文,意为怠速)"。如果显示其他内容,则应检修或更换怠速开关。

5. 怠速稳定数据流(显示组号"05")

在发动机怠速运转,冷却液温度大于80℃时检测,怠速稳定数据流(显示组号"05")显示如图9.28所示。

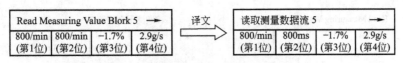

表9.28 怠速稳定数据流(显示组号"05")

数据流含义及分析如下:

第1位数据的含义是"发动机转速",其正常值为830r/min±30r/min。如果该转速超差,应检查并调整发动机怠速。

第2位数据的含义是"怠速转速规定值",其正常值为800r/min,在发动机处怠速运转时该值应保持不变。

第3位数据的含义是"怠速控制",其正常值为-10%~+10%,表示发动机处于怠速运转状态。如果显示数据超差,则应检查并调整节气门控制器中的怠速节气门电位计,并再次进行基本设定。

第4位数据的含义是"进气空气质量",其正常值为2.0~4.0g/s。如果显示值小于

2.0g/s，则说明进气系统存在漏气故障；如果显示值大于 4.0g/s，则说明发动机负荷太大。

6. 怠速稳定数据流（显示组号"06"）

在发动机怠速运转，冷却液温度大于 80℃ 时检测，怠速稳定数据流（显示组号"06"）显示如图 9.29 所示。

表 9.29　怠速稳定数据流（显示组号"06"）

数据流含义及分析如下：

第 1 位数据的含义是"发动机转速"，正常值为 830r/min±30r/min，如果该转速超差，应检查并调整发动机怠速。

第 2 位数据的含义是"怠速控制"，其正常值为 -10%～+10%，表示发动机处于怠速运转状态。如果显示数据超差，则应检查并调整节气门控制器中的怠速节气门电位计，并再次进行基本设定。

第 3 位数据的含义是"混合气 λ 调节，即可燃混合气的浓度——空燃比 λ 控制"，其正常值为 -10%～+10%。如果显示值不在此范围内，则说明 λ 调节超差，应检查发动机的 λ 闭环控制系统的性能。

第 4 位数据的含义是"点提前角"，其正常值为 12°±4.5°（上止点前）。如果显示值不在正常范围内，则应检修电子点火系统；如果点火系统正常，则说明发动机负荷太大。

7. λ 调节和 ACF 阀系统数据流（显示组号"07"）

在发动机怠速运转，冷却液温度大于 80℃ 时检测，λ 调节和 ACF 阀系统数据流（显示组号"07"）显示如图 9.30 所示。

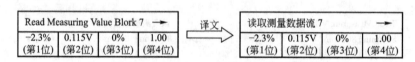

图 9.30　λ 调节和 ACF 阀系统数据流（显示组号"07"）

数据流含义及分析如下：

第 1 位数据的含义是"混合气 λ 调节"，其正常值为 -10%～+10%。如果显示值不在此范围内，则说明 λ 调节超差，应检查发动机的 λ 控制系统的性能。

第 2 位数据的含义是"λ 传感器输出电压"，如果 λ 传感器输出电压在 0.1～1.0V 范围内不断跳动、变化，则表示 λ 调节正常。

第 3 位数据的含义是"活性炭罐电磁阀（ACF 阀）N80 的占空比"。显示值为 0%，说明电磁阀关闭；显示值为 99%，说明电磁阀打开。如果显示值与活性炭罐电磁阀 N80 的工作状态不符，则说明活性炭罐电磁阀 N80 控制系统有故障，应检修活性炭罐电磁阀 N80 控制系统。

第4位数据的含义是"燃油蒸发控制系统动作时的混合气修正系数"。如果显示值小于1.00，说明燃油蒸发控制系统为气缸内输送浓混合气，λ控制系统将缩短喷油器持续喷油时间；如果显示值等于1.00，说明燃油箱没有排气或燃油蒸发控制系统为气缸内输送标准混合气($\lambda=1$)；如果显示值大于1.00，说明燃油蒸发控制系统为气缸内部输送稀混合气，λ控制系统将延长喷油器的持续喷油时间。

8. λ调节值数据流(显示组号"08")

在发动机怠速运转，冷却液温度大于80℃时检测，λ调节值数据(显示组号"08")显示如图9.31所示。

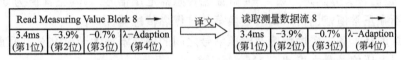

图9.31 λ调节值数据流(显示组号"08")

数据流含义及分析如下：

第1位含义是"发动机每循环喷油持续时间"，其正常值为2.0～5.0ms。如果显示值小于2.0ms，则说明从燃油蒸发控制系统排入进气歧管的燃油蒸气比例较高(可能是活性炭罐电磁阀常开)；如果显示值大于5.0ms，则说明发动机负荷太大，在发动机怠速转速正常时，一般情况下表示空气流量传感器性能不良，应检测或更换空气流量传感器。

第2位含义是"怠速时λ调节值"，其正常值为-10%～$+10\%$。如果不在此范围内则说明λ控制超差，应检查发动机的λ控制系统的性能。

第3位含义是"部分负荷时λ调节值"，其正常值为-8%～$+8\%$。如果不在此范围内则说明λ控制超差，应检查发动机的λ闭环控制系统的性能。

第4位含义是"燃油蒸发控制系统"。如果显示为"TE aktive"，说明活性炭罐电磁阀动作；如果显示为"TE n. Aktive"，说明活性炭罐电磁阀关闭；如果显示为"λ-Adaption"，说明活性炭罐电磁阀关闭，λ调节在起作用。

9. 爆燃控制数据流(显示组号"13")

在发动机处于大油门(节气门开度超过50％)状态，变速器以3挡行驶，并且发动机冷却液温度大于80℃时检测，爆燃控制数据流(显示组号"13")显示如图9.32所示。

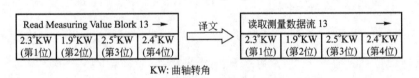

KW：曲轴转角

图9.32 爆燃控制数据流(显示组号"13")

数据流含义及分析如下：

第1～4位含义分别是"第1～4缸爆燃控制点火滞后角"，正常值为0°～15°的曲轴转角。如果显示值超出正常范围，则说明爆燃控制系统不良，应检修爆燃控制系统。

10. 爆燃控制数据流（显示组号"16"）

在发动机怠速时检测，爆燃控制数据流（显示组号"16"）显示如图 9.33 所示。

图 9.33　爆燃控制数据流（显示组"16"）

数据流含义及分析如下：

第 1～4 位的含义分别是"第 1～4 缸爆燃传感器电压信号"，其正常值为 0.3～1.4V。如果显示值不在正常值范围内，则应更换第 2 缸爆燃传感器。

需要注意的是，各缸爆燃传感器电压信号之间的偏差不得大于 50%；在猛踩加速踏板时爆燃传感器电压信号最大可达 5.1V。

9.4.4　波形分析

应该指出，除上述的汽车数据流分析外，利用专用示波器对汽车电子控制系统的传感器、执行器的工作波形及汽车网络系统的各种总线波形进行分析，也是进行汽车电子控制系统故障诊断的极有效的方法。

关于示波器的使用方法及汽车网络系统的各种总线波形的分析方法，可参阅本书参考文献 [6]，在此不再赘述。

复习思考题

1. 现代汽车故障自诊断系统主要有哪 3 个方面的功能？
2. 根据发动机工作状态不同，自诊断测试方式分为哪两种？各有何特点？
3. 自诊断测试的主要内容有哪些？
4. 简述常用的汽车故障检测仪的名称及适用车系。
5. 简述 OBD-Ⅱ 车载诊断系统的特点。

第 10 章 汽车维修质量的评定

教学目标

汽车大修完成之后,需要进行竣工质量评定。满足汽车大修竣工出厂技术条件,汽车维修方告竣工。

教学要求

本章主要介绍汽车维修质量的评定方法。重点内容是汽车大修竣工质量评定方法。要求学生熟悉发动机大修竣工出厂技术条件和汽车大修竣工出厂技术条件,掌握汽车修理质量的检查和评定方法。

10.1 发动机大修竣工出厂技术条件

GB/T 3799.1—2005《商用汽车发动机大修竣工出厂技术条件 第1部分：汽油发动机》和 GB/T 3799.2—2005《商用汽车发动机大修竣工出厂技术条件 第2部分：柴油发动机》对发动机大修竣工出厂技术条件做出了明确的规定，详见表 10-1。

表 10-1 发动机大修竣工出厂技术条件

序号	评定项目	技术要求
1		发动机外观及装备
1.1	发动机外观	发动机的外观应整洁，无油污。发动机外表应按规定喷漆，漆层应牢固，不得有起泡、剥落和漏喷现象
		对于汽油发动机，发动机点火、燃料供给、润滑、冷却和进排气等系统的附件应齐全，安装正确、牢固
		对于柴油发动机，发动机辅助起动、燃料供给、润滑、冷却和进排气系统的附件应齐全，安装正确、牢固
		发动机各部位应密封良好，不得有漏油、漏水、漏气现象；电器部分应安装正确、绝缘良好
1.2	发动机装备	外购的零、部件和附件均应符合其制造或修理技术要求
		修复的零、部件装配前应经检验，其性能应达到规定的技术要求
		发动机应按装配工艺要求装配齐全；装配过程中应按要求进行过程检验，过程检验合格后再进行下一步装配
		装配后的发动机应按原设计规定加注润滑油、润滑脂、冷却液
		对于柴油发动机，喷油泵、喷油器、调速器均应进行调试、检测，其性能指标符合原制造厂维修技术要求
		带有增压或中冷增压的发动机，增压装置应按原厂规定进行装配和检验，增压器工作应正常，转速应达到原设计规定。具有增压器旁通管道控制的发动机，旁通管道的开启与关闭应灵活可靠，开启及关闭的转速应符合原设计规定
		对原设计规定需加装限速装置的发动机，维修人员应对限速装置作相应调整并加铅封。限速装置宜在发动机走合期满进行首次维护后拆除
		电子控制燃油喷射系统装置应齐全有效
		装配后的发动机如需进行冷磨、热试，应按工艺要求和技术条件进行冷磨、热试、清洗，并更换润滑油、机油滤清器或滤芯。原设计有特殊规定的按相应规定进行

(续)

序号	评定项目	技术要求
2		发动机性能
2.1	发动机运转状况及检查	发动机在各种工况下运转应稳定,不得有过热现象;不应有异常响声;突然改变工况时,应过渡圆滑,不得有突爆、回火、放炮等异常现象。 对于柴油发动机,当发动机转速超过额定转速时,断油控制装置正常有效。紧急停机装置在发动机整个运转过程中可靠有效,不得出现失控现象
2.2	起动性能	按 GB/T 18297—2001《汽车发动机性能试验方法》中的检验方法进行检验。发动机在正常环境温度和低温-18℃(汽油发动机)/-10℃(柴油发动机)时,都能顺利起动。允许起动 3 次
2.3	怠速运转性能	在正常工作温度下,发动机怠速运转稳定,其怠速转速应符合原设计规定,并能保证向其他工况圆滑过渡
2.4	进气歧管真空度	在正常工作温度和标准状态下,发动机怠速运转时,进气歧管真空度符合原设计规定,其波动范围:6 缸汽油发动机一般不超过 3kPa;4 缸汽油发动机一般不超过 5kPa
2.5	增压发动机的增压压力及温度	增压发动机的增压压力及温度应符合原设计规定
2.6	调速率	按 GB/T 18297—2001 中的检验方法进行检验。柴油发动机稳定调速率应符合原设计规定
2.7	机油压力	在规定转速下,发动机润滑系统工作正常,机油压力和机油温度应符合原制造厂维修技术要求,警示装置可靠、有效
2.8	额定功率和最大转矩	按 GB/T 18297—2001 中的检验方法进行检验。 在标准状态下,发动机额定功率和最大转矩不得低于原设计标定值的 90%
2.9	最低燃料消耗率和机油消耗率	按 GB/T 18297—2001 中的检验方法进行检验。 最低燃料消耗率不得大于原设计标定值的 105%;机油消耗量符合原设计规定
2.10	排放性能	发动机排放装置应齐全有效,排放污染物限值应符合国家有关标准的规定
2.11	噪声	发动机的噪声应符合国家有关标准的规定
2.12	电子控制燃油喷射系统	电子控制燃油喷射系统技术参数与性能应符合原制造厂维修技术要求。
3		质量保证
3.1	性能指标	承修单位应按要求对修竣发动机额定功率、最大转矩、燃料经济性进行检验,并达到本部分相应条款规定的要求

(续)

序号	评定项目	技术要求
3.2	过程检验	发动机的装配过程中,要根据工艺要求进行过程检验并保持记录,过程检验合格的发动机进行下一步装配,装配完成后进行竣工检验,经竣工检验合格的发动机应签发合格证,并提供必要的技术文件
3.3	档案管理	发动机维修技术资料应归档管理,包括发动机型号、编号、送修单位及送修人、维修过程中的更换件、维修部位、工时、人员、检验结果、判定依据和维修日期等
3.4	质量保证期	承修单位对大修竣工出厂的发动机应给予质量保证,质量保证期自竣工出厂之日起,不少于半年或行驶里程为20000km(以先到者为准)。送修方应按技术文件要求进行使用和维护

其中,关于发动机动力性的测定,台架测试汽车额定转矩转速下的驱动轮输出功率应符合 GB/T 18297—2001 的规定。环境温度在 15~30℃,海拔高度变化后,驱动轮输出功率可按式(10-1)进行修正。

$$P_{修正} = P_{输出}/k \tag{10-1}$$

式中　$P_{修正}$——修正功率(kW);

　　　$P_{输出}$——驱动轮输出功率(kW);

　　　k——不同海拔高度输出功率修正系数,见表 10-2。

表 10-2　不同海拔高度的输出功率修正系数

海拔高度/m	1000	2000	3000	4000	5000
汽油机修正系数 k	0.87	0.77	0.67	0.57	0.47
柴油机修正系数 k	0.93	0.85	0.77	0.69	0.61

10.2　汽车大修竣工出厂技术条件

GB/T 3798.1—2005《汽车大修竣工出厂技术条件　第 1 部分:载客汽车》和 GB/T 3798.2—2005《汽车大修竣工出厂技术条件　第 2 部分:载货汽车》对汽车大修竣工出厂技术条件做出了明确规定,详见表 10-3。

表 10-3　汽车大修竣工出厂技术条件

序号	项目	技术要求
1		基本要求
1.1	整车外观	整车外观应整洁、完好、周正,附属设施及装备应齐全、有效
1.2	结构参数	主要结构参数应符合原设计规定,由修理改变的整备质量,不得超过新车出厂额定值的3%

(续)

序号	项目	技术要求
1.3	轴距差	左右轴距差不得大于原设计轴距的 1/1000
1.4	四漏检查	各部运行温度正常，各处无漏油、漏水、漏电、漏气现象
1.5	仪表	各仪表运行正常，指示正确
1.6	涂装	发动机、底盘等各总成均应按原设计规定喷（涂）漆
1.7	润滑及其他工作介质	润滑及其他工作介质的使用要求： 润滑脂（油）嘴应装配齐全、功能有效，各总成应按原设计规定加足润滑剂；动力转向装置、变速器、分动器、主减速器、液力传动装置、发动机冷却系统、气压制动防冻装置、液压制动装置、空调冷媒、风窗清洗装置等均应按原设计要求，加注规定品质与数量的介质
1.8	连接、支撑	各总成与车架连接部位的支撑座、垫应齐全，固定可靠
1.9	拧紧力矩	全车所有螺栓、螺母应装配齐全，锁止可靠。关键部位螺栓、螺母的拧紧顺序和力矩应符合原制造厂维修技术要求；一般紧固件应牢固可靠，不得有松动、缺损现象。一次性锁止螺栓不得重复使用
1.10	铆接质量	各铆接件的结合面应贴合紧密；铆钉应充满钉孔、无松动；铆钉头不应有裂纹、缺损或残缺现象；不得用螺栓连接代替铆接
1.11	焊接质量	各焊接部位应按规定焊接，焊缝应平整、光滑；不应有夹渣、裂纹等焊接缺陷
1.12	安全机件	影响汽车行驶安全的转向系统、制动系统和行驶系统的关键零部件，不得使用修复件
1.13	悬架系统	对有关悬架减振系统的大修作业，不应改变其原车的平顺性能指标
2		各总成机构要求
2.1	发动机	发动机性能应符合 GB/T 3799.1—2005 和 GB/T 3799.2—2005 的规定
2.2	转向操纵机构	转向盘应转动灵活、操纵轻便，无异响，无偏重或卡滞现象。转向机构各部件在汽车转向过程中不得与其他部件相干涉
		转向盘应能自动回正，具有稳定的直线行驶能力。在平坦的道路上行驶不得有摆振或其他异常现象，曲线行驶时不得出现过度转向
		转向盘的最大自由转动量，应符合 GB 7258—2012《机动车运行安全技术条件》中有关条款的要求
		汽车转向轮的横向侧滑量，应符合 GB 7258—2012 中有关条款的要求
		车轮定位、最大转向角应符合原设计规定
		转向节及臂，转向横、直拉杆及球销应无裂纹和损伤；并且球销不得松旷，横、直拉杆不得拼焊

(续)

序号	项目	技术要求
2.3	传动机构	离合器接合平稳、分离彻底、操作轻便、工作可靠,不得有异响、打滑或发抖现象;踏板力不大于300N
		离合器踏板的自由行程、有效行程应符合原设计规定;动作时不应与其他非相关件发生干涉,放松踏板能迅速回位。衬套与轴的配合应符合原制造厂维修技术要求
		手动变速器及分动器应换挡轻便、准确可靠;互锁和自锁装置有效,不得有乱挡和自行跳挡现象;运行中无异响,正常工况下不过热
		自动变速器的操纵装置除位于P、N外的任何挡位,发动机均应不能起动;当位于P位时,应有驻车锁止功能;车辆行驶中能按规定的换挡点进行升、降挡;换挡平顺、不打滑,无冲击、无异响。正常工况下不过热
		传动轴及中间轴承应工作正常,无松旷、抖动、异响及过热现象。装备有缓速器的车辆,缓速器应作用正常有效。缓速率应符合原设计要求
		主减速器、差速器和轮边减速器应工作正常,无异响,正常工况下不过热
2.4	行走机构	车轮总成的横向摆动量和径向跳动量应符合GB 7258—2012中有关条款的要求
		最大设计车速不小于100km/h的汽车,车轮应进行动平衡试验,其动不平衡质量应不大于10g
		汽车装用的轮胎应与其最大设计车速相适应
		轮胎胎冠和胎侧不得有足以暴露出轮胎帘布层的破裂或割伤
		轮胎胎冠上的花纹深度应符合GB 7258—2012中有关条款的要求;同轴上装用的轮胎型号、品种、花纹应一致;汽车转向轮不得装用翻新轮胎;轮胎气压应符合原设计规定;用滚型工艺制作的轮辋损坏后必须换装相同的轮辋
		转向节与衬套的配合及轮毂轴承预紧度应符合原制造厂维修技术要求
		非独立悬架式车辆,转向节与衬套的配合、轴颈与轴承的配合、轴承预紧度调整符合原制造厂维修技术要求,无异响,正常工况下不发热;减振器、钢板弹簧作用良好、有效,无异响;各部连接杆件不松旷
		独立悬架式车辆,转向节上下球销不松旷;轴承与轴颈的配合,轴承预紧度调整符合原制造厂维修技术要求,无异响,正常工况下不发热;减振弹簧、扭杆弹簧、气囊弹簧、减振器,作用正常、有效,无异响;各部连接杆件衬套、球销、垫片齐全、不松旷

(续)

序号	项目	技术要求
2.5	制动机构	汽车在行驶中无自行制动现象
		采用气压制动的汽车,制动系统的装备及其性能应符合 GB 7258—2012 中有关条款的规定
		制动系统装备的比例阀、限压阀、感载阀、惯性阀或制动防抱死装置,应工作正常有效
		装有排气制动的柴油车,当排气制动装置关闭 3/4 行程时,联动机构应使喷油泵完全停止供油;而当排气制动装置开启时,又能正常供油
		制动踏板的自由行程、有效行程应符合原设计规定。动作时不应与其他非相关件发生干涉,放松踏板能迅速回位。衬套与轴的配合应符合原制造厂维修技术要求。采用液压制动的汽车踏板行程应符合 GB 7258—2012 中有关条款的规定
		驻车制动操纵杆的有效行程应符合原设计规定。动作时不应与其他非相关件发生干涉。衬套与轴的配合应符合原制造厂维修技术要求
2.6	车身、车架	对于载客汽车: 车身应符合 GB/T 5336—2005《大客车车身修理技术条件》的规定。车身、保险杠及翼子板左右对称,各对称部位离地面高度差不大于 10mm
		对于载货汽车: 车架纵梁上平面及侧面的纵向直线度公差,在任意 1000mm 长度上为 3mm,在全长上为其长度的 1‰。 车架总成左、右纵梁上平面应在同一平面内,其平面度公差为被测平面长度的 1‰。 车架分段(前钢板前支架销孔轴线—前钢板后支架销孔轴线—后钢板前支架销孔轴线—后钢板后支架销孔轴线)检查,各段对角线长度差不大于 5mm 驾驶室、货厢、保险杠及翼子板左右对称。各对称部位离地面高度差:货厢不大于 20mm,其他不大于 10mm 货厢边板和底板应平整完好;左、右边板应平行,其高度差不大于 10mm,边板关闭后,各边缝隙不应超过 5mm;货厢铰链支架及锁钩应按原设计配齐全、有效。 备胎架安装牢固可靠、操纵灵活
2.7	照明和信号装置及其他电气设备	全车电气线路应布置合理、连接正确;线束包扎良好、牢固可靠;线束通过孔洞处应有防护设施且距离排气管不小于 300mm;导线规格及线色符合规定,接头牢固、良好;熔丝、熔断线及继电器的使用应符合原设计规定;裸露的电气接头及电气开关应距燃油箱的加油口和通气口 200mm 以上

(续)

序号	项目	技术要求
2.7	照明和信号装置及其他电气设备	灯光、信号、电器设备等及其控制装置应齐全有效,各元器件性能良好,工作正常,符合原设计要求。
		前照灯光束的照射位置和发光强度应符合 GB 18565—2001《营运车辆综合性能要求和检验方法》中有关条款的规定
		装备有空调系统的载客汽车空调性能应符合原设计要求
		装备有其他与制动、行车安全有关的电子控制系统的元器件,应按原设计装备齐全、监控有效、正常。电子控制装置(ECU)应无故障码显示
		蓄电池外观应整洁、安装牢固,桩头完好、正负极标志分明,桩卡头及搭铁线连接牢实;电解液密度、液面高度及电压差应符合规定
3		主要性能指标要求
3.1	动力性	台架测试汽车额定转矩转速下的驱动轮输出功率应符合 GB/T 18276—2000《汽车动力性台架试验方法和评价指标》的规定
		其中,关于发动机动力性的测定,台架测试汽车额定转矩转速下的驱动轮输出功率应符合 GB/T 18297—2001 的规定。环境温度在 15~30℃,海拔高度变化后,驱动轮输出功率可按式(10-1)进行修正
3.2	经济性	汽车大修走合期满后,每百公里燃料消耗量不得大于该车型原设计规定的相应车速等速百公里燃料消耗量的 105%
3.3	排放性能	各种排放控制装置应齐全、有效,汽车的排放指标应符合国家标准的要求
3.4	制动性能	试验台或道路检验制动性能,应符合 GB 18565—2001 中有关条款的规定
		制动系统装有比例阀、限压阀、感载阀、惯性阀或制动防抱死装置的,在试验台上达不到规定制动力的车辆,应以满载路试的检验结果为准。装用 ABS 的汽车的制动性能应符合国家标准的规定
3.5	滑行性能	滑行性能应符合 GB 18565—2001 中有关条款的规定
3.6	转向轻便性	转向轻便性应符合 GB 18565—2001 中有关条款的规定
3.7	汽车噪声	车内噪声和车外噪声均应符合 GB 7258—2012 的有关规定
3.8	喇叭声级	喇叭声级应符合 GB 7258—2012 的有关规定
4		质量保证
4.1	出具合格证	大修竣工出厂的汽车,经检验合格,应签发"汽车大修出厂合格证"及有关技术文件
4.2	质量保证期	承修单位对大修竣工的汽车应给予质量保证,质量保证期自出厂之日起,不少于半年或行驶里程不少于 20000km(以先到者为准)

10.3 汽车修理质量检查评定方法

GB/T 15746—2011《汽车修理质量检查评定方法》规定了汽车修理质量检查的评定要求及评定规则,适用于发动机、车身及汽车整车修理质量的行业检查。

10.3.1 评定要求

1. 汽车发动机修理质量评定

汽车发动机修理质量评定是指对汽车发动机修理竣工质量和汽车发动机修理过程中维修档案完善程度的综合评价。

1) 维修档案评定

汽车发动机修理质量维修档案的评定包括核查维修合同、汽车发动机修理进厂检验单、过程检验单及竣工检验单、机动车维修竣工出厂合格证、维修工时费和材料费结算清单6个核查项目,具体要求见表10-4。

表10-4 汽车发动机修理维修档案的评定

序号	核查项目	技术要求
1	汽车维修合同（或委托书）	合同填写应字迹清晰;合同条款中应明确修理项目(含补充项目)、维修费用及完工时间;合同应由托修、承修双方签字或盖章确认
2	汽车发动机修理进厂检验单	检验单填写应字迹清晰并包括下列内容:进厂编号、品牌/型号、发动机型号和编号、发动机装备及附件、客户主诉及检验记录、检验日期、承修方处理意见、检验员签字、托修方签字
3	汽车发动机修理过程检验单	检验单填写应字迹清晰;过程检验项目应与维修合同中规定的作业项目一致;检验结果记录应真实准确;检验单应有编号、检验日期、主修人员及检验员签字
4	汽车发动机修理竣工检验单	竣工检验项目应符合 GB/T 3799.1—2005 和 GB/T 3799.2—2005 的相关规定,检验结果记录应真实准确并有检验员签字
5*	机动车维修竣工出厂合格证	应使用由省级道路运输管理机构统一印制的机动车维修竣工出厂合格证;合格证填写应字迹清晰并有质量检验员签字
6	汽车维修工时费和材料费结算清单	清单中应列出工时费和材料费明细,并注明所更换配件的类别(原厂配件、副厂配件、修复件)

注:带"*"项是关键项,其余为一般项。

2) 竣工质量评定

汽车发动机修理竣工质量的评定包括发动机外观及装备检查、起动性能检查、运转性能检查及动力性、经济性、排放性能检测等。其中,汽油发动机和柴油发动机各有11个核查项目,具体要求见表10-5。

表 10-5 汽车发动机修理竣工质量的评定

序号	评定项目	技术要求
1		发动机外观及装备
1.1	外观	发动机外观应整洁、无油污,各部无漏油、漏水、漏气、漏电现象
1.2	装备	发动机装备应齐全、有效
1.3	润滑油(脂)及冷却液	发动机应按原设计规定加注润滑油、润滑脂及冷却液
2		起动性能
2.1	冷机起动	汽油发动机在环境温度不低于－5℃,柴油发动机在环境温度不低于5℃时,应能顺利起动。允许起动3次,每次不超过5s
2.2	热机起动	在正常工作温度下,发动机应能在5s内一次顺利起动
3		运转性能
3.1	怠速运转性能	从起动后到正常工作温度,发动机怠速应运转稳定,怠速转速应符合原设计的规定
3.2	运转状况	发动机在各种工况下应运转稳定,改变工况时应过渡圆滑
3.3	加速或减速	发动机在急加速或急减速时,不应有突爆声
3.4	异响	发动机在正常工况下运转时,不应有异常响声
4	进气歧管真空度	在正常工作温度和标准状态下,发动机怠速运转时,进气歧管真空度应符合原设计的规定;其波动范围,6缸汽油发动机一般不超过3kPa,4缸汽油发动机一般不超过5kPa
5*	气缸压缩压力	在正常工作温度下,气缸压缩压力应符合原设计的规定;其压力差,汽油发动机应不超过各缸平均压力的5%,汽油发动机应不超过各缸平均压力的8%
6	机油压力	在正常工作温度和规定转速下,机油压力应符合原设计的规定
7	紧急停机装置	柴油发动机紧急停机装置应可靠、有效
8	额定功率	应符合 GB/T 3799.1—2005 和 GB/T 3799.2—2005 的相关要求
9	最大转矩	应符合 GB/T 3799.1—2005 和 GB/T 3799.2—2005 的相关要求
10	燃料消耗率	发动机的最低燃料消耗率不应大于原设计标定值的105%。
11*	排放性能	发动机排放装置应齐全有效;车载诊断系统(OBD)应工作正常;排气污染物排放应符合国家标准的规定

注:带"*"项是关键项,其余为一般项。

2. 汽车车身修理质量评定

汽车车身修理质量评定是指对汽车车身修理竣工质量和汽车车身修理过程中维修档案完善程度的综合评价。

1)维修档案评定

汽车车身修理质量维修档案的评定包括核查维修合同、汽车车身修理进厂检验单、过程检验单和竣工检验单、机动车维修竣工出厂合格证、维修工时费和材料费结算清单6个核查项目，具体要求见表10-6。

表10-6 汽车车身修理维修档案的评定

序号	核查项目	技术要求
1	汽车维修合同（或委托书）	合同填写应字迹清晰；合同条款中应明确修理项目（含补充项目）、维修费用及完工时间；合同应由托修、承修双方签字或盖章确认
2	汽车车身修理进厂检验单	检验单填写应字迹清晰并包括下列内容：进厂编号、品牌/型号、车身附件、客户主述及检验记录、检验日期、承修方处理意见、检验员签字、托修方签字
3	汽车车身修理过程检验单	检验单填写应字迹清晰；过程检验项目应与维修合同中规定的作业项目一致；检验结果记录应真实准确；检验单应有编号、检验日期、主修人员及检验员签字
4	汽车车身修理竣工检验单	竣工检验项目应符合 GB/T 3798.1—2005 和 GB/T 3798.2—2005 的相关规定，检验结果记录应真实准确并有检验员签字
5*	机动车维修竣工出厂合格证	应使用由省级道路运输管理机构统一印制的机动车维修竣工出厂合格证；合格证填写应字迹清晰并有质量检验员签字
6	汽车维修工时费和材料费结算清单	清单中应列出工时费和材料费明细，并注明所更换配件的类别（原厂配件、副厂配件、修复件）

注：带"*"项是关键项，其余为一般项。

2）竣工质量评定

汽车车身修理竣工质量的评定包括外观尺寸、内外蒙皮及油漆的外观检查，货箱、行李舱、门窗、座椅及附件的检查等。其中，客车和货车各有19个核查项目，具体要求见表10-7。

表10-7 汽车车身修理竣工质量的评定

序号	评定项目	技术要求
1	外形尺寸	应符合原设计的规定
2	整备质量	车身修理竣工汽车整备质量及轴荷分配不得超过原设计的3%
3*	外蒙皮	外蒙皮外表应平整光滑，曲面过渡均匀，无裂损，无严重锈蚀
4	内蒙皮（围板）	内蒙皮（围板）应无裂损、翘曲。软质内顶篷不应折皱、松弛、破损
5*	油漆涂层	外观应色泽均匀，表面漆膜附着牢固，漆面和漆层无流痕、脱层、裂纹、起泡、皱纹和漏漆
6	货厢	边板和底板应平整完好，无裂损、无锈蚀，左右边板应平行，其高度差应不超过10mm，边板关闭后，各边缝隙不应超过5mm；货厢边板、铰链应铰接牢固，启闭灵活

(续)

序号	评定项目	技术要求
7	车门、车窗	车门、车窗应启闭轻便,锁止可靠,不得有自行开启现象;门窗应密封良好,无漏水现象;自动门窗防夹装置有效、可靠;安全门的技术性能应符合原设计的规定
8	门窗玻璃	应采用安全玻璃,并符合GB 7258—2012中有关条款的要求
9	行李舱	舱门应无翘曲变形,关闭严密、启闭灵活、锁止可靠
10	发动机罩	应无裂损、变形,盖合严密,附件齐全、有效,开启灵活、支撑牢固
11	空调系统	各管路接头应无泄漏,冷凝器应清洁通畅,风道结构及出风口应符合原设计要求
12	座椅及卧具	座椅架及卧铺架应无裂损、变形、锈蚀,安装牢固,排列整齐,间距符合原设计的规定;座椅及卧具的调节机构应灵活、有效、锁止可靠,安全带应牢固、有效
13	仪表板	应无裂损、凹瘪、松动,仪表齐全,各开关、指示灯完好,刻度清晰,标志分明
14	刮水器	应工作可靠,有效刮水面积应达到原设计的要求
15	后视镜	应成像清晰,调节灵活,支架无裂损及锈蚀,安装牢固
16	遮阳板	应无翘曲、裂损,支架松紧适宜、作用良好
17	保险杠	应周正完好,安装牢固
18	散热器面罩	应安装牢固,完好可靠
19	照明灯具	应齐全完好,工作有效

注:带"*"项是关键项,其余为一般项。

3. 汽车整车修理质量评定

汽车整车修理质量评定是指对汽车整车修理竣工质量和汽车整车修理过程中维修档案完善程度的综合评价。

1) 维修档案评定

汽车整车修理质量维修档案的评定包括核查维修合同、汽车整车修理进厂检验单、过程检验单及竣工检验单、机动车维修竣工出厂合格证、维修工时费和材料费结算清单6个核查项目,具体要求见表10-8。

表10-8 汽车整车修理维修档案的评定

序号	核查项目	技术要求
1	汽车维修合同(或委托书)	合同填写应字迹清晰;合同条款中应明确修理项目(含补充项目)、维修费用及完工时间;合同应由托修、承修双方签字或盖章确认

(续)

序号	核查项目	技术要求
2	汽车整车修理进厂检验单	检验单填写应字迹清晰并包括下列内容：进厂编号、品牌/型号、车辆识别代号（或底盘号）、发动机型号和编号、里程表记录、整车装备及附属设施、客户主述及检验记录、检验日期、承修方处理意见、检验员签字、托修方签字
3	汽车整车修理过程检验单	检验单填写应字迹清晰；过程检验项目应与维修合同中规定的作业项目一致；检验结果记录应真实准确；检验单应有编号、检验日期、主修人员及检验员签字
4	汽车整车修理竣工检验单	竣工检验项目应符合 GB/T 3798.1—2005、GB/T 3798.2—2005 和 GB/T 3799.1—2005、GB/T 3799.2—2005 的相关规定，检验结果记录应真实准确并有检验员签字
5*	机动车维修竣工出厂合格证	应使用由省级道路运输管理机构统一印制的机动车维修竣工出厂合格证；合格证填写应字迹清晰并有质量检验员签字
6	汽车维修工时费和材料费结算清单	清单中应列出工时费和材料费明细，并注明所更换配件的类别（原厂配件、副厂配件、修复件）

注：带"*"项是关键项，其余为一般项。

2）竣工质量评定

汽车整车修理竣工质量的评定包括整车外观及装备检查、总成机构检查及主要性能要求等方面的 50 个评定项目，具体要求见表 10-9。

表 10-9 汽车整车修理竣工质量的评定

序号	评定项目	技术要求
1	整车外观及装备	
1.1	外观	整车外观应整洁、完好、周正，各处无漏油、漏水、漏气、漏电现象
1.2	整车装备	附属设施及装备应齐全、有效，各链接部件紧固完好
1.3*	整备质量	由修理改变的整备质量，应不超出原车规定整备质量的 3%
1.4	左右轴距差	左右轴距差应不大于原设计的 1/1000
1.5	润滑及其他工作介质	各总成应按原设计规定加注规定品质与规定数量的润滑油（脂）及其他工作介质
2	各总成机构	
2.1	发动机	

(续)

序号	评定项目	技术要求
2.1.1	起动性能	汽油发动机在环境温度不低于-5℃时,柴油发动机在环境温度不低于5℃时,应能顺利起动。允许起动3次,每次不超过5s
2.1.2	怠速运转性能	从起动后到正常工作温度,发动机怠速应运转稳定,怠速转速应符合原设计的规定
2.1.3	运转状况	发动机在各种工况下应运转稳定、无异响;改变工况时应过渡圆滑;发动机在急加速或急减速时,不应有突爆声
2.1.4	压缩压力	在正常工作温度下,气缸压缩压力应符合原设计的规定;其压力差,汽油发动机应不超过各缸平均压力的5%,柴油发动机应不超过各缸平均压力的8%
2.1.5	机油压力	在正常工作温度和规定转速下,机油压力应符合原设计的规定
2.2	转向操纵机构	
2.2.1	转向盘	应转动灵活、操纵轻便,无偏重和卡滞现象;车辆直线行驶时,转向盘应处在中间位置
2.2.2	转向盘最大自由转动量	应符合GB 7258—2012中有关条款的规定
2.2.3	车轮定位、转向轮的最大转向角	车轮定位、转向轮的最大转向角应符合原设计的规定
2.2.4	转向轮横向侧滑量	前桥采用非独立悬架的车辆,转向轮横向侧滑量应符合GB 7258—2012中有关条款的规定
2.2.5	转向连接件	转向横、直拉杆及转向连接球销应无松旷、裂纹和损伤,而且不得拼焊
2.3	传动机构	
2.3.1	离合器	应接合平稳、分离彻底,不得有异响、抖动或打滑现象
2.3.2	离合器踏板	踏板力不大于300N,踏板自由行程应符合原设计的规定
2.3.3	变速器	手动变速器的互锁和自锁装置可靠、有效,不得有乱挡和自行跳挡现象;挂挡平顺、无干涉,运转无异响
		自动变速器的操纵装置除位于P、N外的任何挡位,发动机均应不能起动;当位于P位时,应有驻车锁止功能
2.3.4	传动轴	运转时不应有振抖和异响
2.3.5	主减速器、差速器	应工作正常、无异响,正常情况下不得过热
2.4	行走机构	
2.4.1	车轮总成	横向摆动量和径向跳动量应符合GB 7258—2012中有关条款的规定

(续)

序号	评定项目	技术要求
2.4.2	轮胎	胎冠花纹深度应符合 GB 7258—2012 中有关条款的规定；同轴上装用的轮胎规格、花纹应一致；转向轮不得装用翻新轮胎
2.4.3	减振器	应作用正常、有效，不允许有明显的渗油、漏油现象
2.4.4	钢板弹簧、气体弹簧	钢板弹簧应无裂纹和断片现象，弹簧形式、片数符合原厂规定；气体弹簧应作用正常、有效，无异响
2.4.5	车桥与悬架	车桥与悬架之间的各种拉杆和导杆应无变形；各接头和衬套不得松旷和移位
2.5	制动机构	
2.5.1	行车制动踏板行程	制动踏板的自由行程应符合原设计的规定；采用液压制动的汽车，其制动踏板行程应符合 GB 7258—2012 中有关条款的规定
2.5.2	行车制动踏板力	行车制动在产生最大制动效能时的踏板力，对于乘用车应不大于 500N，其他车辆应不大于 700N
2.5.3	驻车制动操纵杆或踏板	应有足够的储备行程，其有效行程应符合 GB 7258—2012 中有关条款的规定。
2.5.4	驻车制动操纵力或踏板力	驻车制动在产生规定的制动效能时，手操纵力或脚踏板力应符合 GB 7258—2012 中有关条款的规定。
2.5.5	制动系统密封性	应符合 GB 18565—2001 中有关条款的规定
2.6	车身、驾驶室	
2.6.1	车身、驾驶室外观	应周正完好、曲面过渡均匀；蒙皮平整，无裂损，无锈蚀
2.6.2	车身、驾驶室、货厢、保险杠和翼子板	应左右对称，对称部位离地高度差：货厢不大于 20mm，其他部位不大于 10mm；货厢边板、铰链应铰接牢固、启闭灵活，边板关闭后，各边缝隙应不超过 5mm
2.6.3	车身、驾驶室漆面	应色泽均匀，漆膜附着牢固，漆面和漆层无流痕、脱层、裂纹、起泡、皱纹和漏漆等缺陷
2.6.4	座椅及安全带	驾驶人座椅的前后位置应可以调整，并锁止有效；乘客座椅排列应符合相关规定；安全带应牢固、有效。
2.6.5	车门、车窗	应启闭轻便，锁止可靠，闭合严密，无漏水现象
2.6.6	门窗玻璃	应采用安全玻璃，并符合 GB 7258—2012 中有关条款的要求
2.7	照明和信号装置及其他电气设备	
2.7.1	照明和信号装置	灯光、信号和电气设备及其控制装置应齐全有效，各元器件性能良好，工作正常，符合原设计要求
2.7.2	仪表	各仪表应运行正常，指示准确

(续)

序号	评定项目	技术要求
2.7.3	电气线路	应布置合理、连接正确；线束包扎良好、牢固可靠，通过孔洞处应有防护措施，并且距离排气管不少于300mm
2.7.4	发电机	运转平稳、无异响，输出电压符合原设计要求
2.7.5	空调系统	应工作正常，符合原设计要求
2.7.6	前照灯	前照灯远光光束发光强度和远、近光光束照射位置应符合GB 7258—2012中有关条款的要求
3		主要性能要求
3.1*	动力性	汽车动力性应符合GB/T 3798.1—2005和GB/T 3798.2—2005的相关要求
3.2	经济性	汽车百公里燃料消耗量应不大于该车型原设计规定的相应车速等速百公里燃料消耗量的105%
3.3*	排放性能	发动机排放装置应齐全、有效；车载诊断系统(OBD)应工作正常；排气污染物排放应符合国家标准的规定
3.4*	行车制动性能	行车制动性能应符合GB 7258—2012中有关条款的规定
3.5*	驻车制动性能	驻车制动性能应符合GB 7258—2012中有关条款的规定
3.6	滑行性能	滑行性能应符合GB 7258—2012中有关条款的规定
3.7	转向轻便性	转向轻便性应符合GB 18565—2001中有关条款的规定
3.8	喇叭声级	喇叭声级应符合GB 7258—2012中有关条款的规定

注：带"*"项是关键项，其余为一般项。

10.3.2 评定规则

汽车修理质量评定结果用综合项次合格率表示，分为优良、合格、不合格3个等级。

每个核查项目的内容全部符合技术要求，即可判定该项目为合格，否则判定为不合格。

核查项目按其重要程度分为关键项和一般项，关键项中出现一项不合格的，即可判定该汽车修理质量为不合格。

关键项均合格时，综合项次合格率 β_0 按照式10-2计算。

$$\beta_0 = \left(k_1 \frac{n_1}{m_1} + k_2 \frac{n_2}{m_2}\right) \times 100\% \qquad (10-2)$$

式中 β_0——综合项次合格率；

n_1——汽车维修档案核查合格项目数之和；

n_2——汽车修理竣工质量核查合格项目数之和；

m_1——汽车维修档案应核查项目数之和；

m_2——汽车修理竣工质量应核查项目数之和;
k_1——汽车维修档案核查的权重系数,取 $k_1=0.2$;
k_2——汽车修理竣工质量核查的权重系数,取 $k_2=0.8$。
汽车修理质量的综合判定标准见表 10-10。

表 10-10 汽车修理质量的综合判定标准

质量等级	综合判定标准
优良	关键项均合格且 $β_0≥95\%$。对于大型营运货车(指最大允许总质量大于或等于 25000kg 的营运货车,下同)$β_0≥90\%$
合格	关键项均合格且 $85\%≤β_0<95\%$。对于大型营运货车 $80\%≤β_0<90\%$
不合格	关键项均合格但 $β_0<85\%$。对于大型营运货车 $β_0<80\%$

复习思考题

1. 汽车发动机大修竣工出厂技术条件包括哪些主要内容?
2. 汽车大修竣工出厂技术条件包括哪些主要内容?
3. 简述汽车修理质量的检查项目和评定方法。
4. GB/T 15746—2011 规定汽车修理质量评定结果用什么表示,分为哪几个等级?

参 考 文 献

[1] 凌永成. 汽车维修技术与设备 [M]. 北京：北京大学出版社，2008.
[2] 凌永成. 汽车检测诊断技术 [M]. 北京：清华大学出版社，2009.
[3] 凌永成. 汽车运行材料 [M]. 2版. 北京：北京大学出版社，2013.
[4] 凌永成. 汽车电气设备 [M]. 2版. 北京：北京大学出版社，2010.
[5] 凌永成. 汽车电子控制技术 [M]. 2版. 北京：北京大学出版社，2011.
[6] 凌永成. 车载网络技术 [M]. 北京：机械工业出版社，2013.
[7] 凌永成. 汽车空调技术 [M]. 北京：机械工业出版社，2014.
[8] 张金柱. 汽车维修工程 [M]. 北京：机械工业出版社，2005.
[9] 丛守智. 汽车维修技术及设备 [M]. 北京：机械工业出版社，2005.
[10] 李丽，毕建军. 汽车检测维修设备结构原理与使用 [M]. 北京：国防工业出版社，2005.
[11] 薛庆文，王力田. 汽车无级变速器（CVT）结构原理与维修精华 [M]. 北京：机械工业出版社，2006.
[12] 阎连新，孟金法. 汽车维修技术 [M]. 北京：北京理工大学出版社，2005.
[13] 张金柱. 汽车维修技术 [M]. 北京：机械工业出版社，2005.
[14] 徐元强. 施红星，其建成汽车发动机检测诊断技术 [M]. 北京：电子工业出版社，2006.
[15] 舒华，姚国平. 汽车新技术 [M]. 北京：国防工业出版社，2007.